JN095434

社会をひらく スポーツ人文学

身体・地域・文化

スポーツ人文学

今泉 隆裕
大野 哲也 編著

嵯峨野書院

はじめに

　会議でなにが議題だったかは忘れた。ただ意見を求められた一人が「上司のいうことであれば，私は文句をいいません。体育会系の人間ですから」と発言したのには閉口した。求められたのは意見だったが，議論の文脈とは無関係に個人的な方針が述べられたのであった。

　やや遠回りになるが，「パンとサーカス」の話から始めたい。「パンとサーカス」といえば，政治が衆目を欺くことの警句として知られる。

　そもそも「パンとサーカス」は，古代ローマの諷刺詩人ユウェナリス（60―130 年頃）が残した言葉である。ちなみに本書第 15 章でも触れる「健全なる身体に健全なる精神が宿る」の標語も，彼の残した諷刺詩に由来するとされてきた。「パンとサーカス」も「健全なる……」も，同じく『諷刺詩集』第十歌に見られる。そこに次のようにある。

> 　われわれローマ市民は，選挙権を失って票の売買が出来なくなって以来，長いあいだ政治的な責任を放棄している。つまり，かつては政治と軍事の全てにおいて権威の源泉だった民衆は，今ではわれと，わが欲望を制限し，<u>ただ二つのことしか気にかけず，ただそれだけを願っているのだ。穀物の無償配給と大競争場の催しを</u>（傍線筆者，国原吉之助訳『ローマ諷刺詩集』岩波書店）。

　傍線箇所，他の訳では「（民衆が）熱心に求めるのは，今や二つだけ：パンとサーカス（duas tantum res anxius optat,/ panen et circenses）」（柳沼重剛編『ギリシア・ローマ名言集』岩波書店）となる。

　食料配給は意図的に物乞いの所作を伴う。施すものと施されるものの関係性が儀礼的に表現された。サーカスはラテン語「circenses（キルケンセス）」で「円」を意味するから，実際にはサーカス（見世物）よりも当時の円形競技場で実施されていた戦車競技を意味した。時代が下ると戦車競技以外にも，剣闘士の殺し合い，喜劇などを含むようになり，われわれが考えるような見世物を意味するようにもなる。

　権力者から無償で支給された食料に見世物，それらは市民の政治への関心を奪う結果ともなった。

　しかし，最近の研究では，ユウェナリスの真意はさておき，「パンとサーカス」に対する見方には疑問も呈されている。食料と見世物の提供は人類学でいう再分配に該当し，為政者の名誉を高めるための行為だったというのである。実際ユウェナリスの「パンとサーカス」の警句ののち，ローマの繁栄は300年続いた。ローマ帝国の衰退を象徴するかのようにイメージされることが多いこの警句だが，時系列に照らしてみるとそこには大きなタイムラグがあったことがわかる。食料と見世物の提供は権力を独占するための方策というより，自らを権威づけるためになされた行為であったというのが最近の見立てらしい。

　とはいえ，ローマの文脈から切り離せば，この警句は，現在でも政治が衆目を欺く行為として，パンとサーカスを利用するとき，その意味を失わない。しかも，この警句がピタリと該当する社会状況も，現在われわれのまわりに散見されるのではないだろうか。言い換えれば，ばら撒きと娯楽，この娯楽の一翼をスポーツが担っているという側面もあるだろう。最近では政治がスポーツイベントを利用して衆目を欺くことを「スポーツ・ウォッシング」と称する。たしかに，スポーツはそうした利用をされてきたのである。

　また，娯楽および見世物としてのスポーツには危険が伴う。そのことは，多くの識者が指摘するところであった。

　たとえば，ヴェブレンは『有閑階級の論理』で，そもそもスポーツを，暴力，抑圧，獲物をあさる爆発とし，野性的なものと見なす。スポーツはこうした「略奪気質」を表出するもので，さらに妙技によって評判を得ようとする顕示的活動であるとした[1]。

　彼は，スポーツ的暴力行為と，大衆を操作する指導者層との間に類縁性を認める。「(スポーツは)別な方向に向かうと危険なものになりうるエネルギーの排出であり，無意味な活動に厳粛なものと，意義という欺瞞に満ちたバッチを着用させる」。衆目を欺くと同時に，実際の身体活動によってエネルギーを発散させるという単純な効果もあるだろう。さらにヴェブレンは，宗教儀式がものごとの因果関係をくもらすとして排撃するが，スポーツのなかにある「幸運を信ずる心」は，この宗教儀式に満足を見出す精神構造と同じだと述べる[2]。スポーツの勝敗がときに偶然の産物である以上，ジンクスを信じる非合理的思考を促す。さらには，神の支配に服することは，優越者と劣悪者，高貴と低俗，支配と従属，主人と奴隷という支配原理を受け入れることであり，スポーツや運動競技の習慣が，神への帰依と同様の性向を人びとにもたらすとした。絶対者を受け入れることで序列はより明瞭になる。「スポーツ行事は全体主義的な大衆集会のモデルだった。それは許された暴力行為として，無慈悲と攻撃性の契機とおとなしいルールの遵守という権威主義的契機とを結合している」と，アドルノは『プリズメン』でヴェブレンを要約している。

　これに加えて，アドルノは，スポーツにある種のマゾヒズムが内在すると指摘する。

　　スポーツには暴力を加えたいという熱望だけでなく，みずから

服従し，そして苦しみたいという衝動がある。ヴェブレンの合理主義的心理学はスポーツにおけるマゾヒズムの要素を隠してしまった。スポーツ精神には過去の社会形態の遺物としてのみならず，むしろ差し迫った新たな社会への適応も刻印されている。いってみれば，現代のスポーツは機械が肉体から奪い取った機能をそこに取り戻そうと試みる。スポーツはしかし，機械の条件にしたがって人間をより一層調教しようとしている。スポーツは性格上，肉体を機械そのものと同化させようともくろんですらいる（渡辺祐邦訳『プリズメン』筑摩書房）。

　攻撃性をヴェブレンが強調したことで，スポーツに内在するマゾヒズムが隠蔽されたというのだ。しかし政治に向かう力のガス抜き，加えて権力に従順な辛抱する性向を，スポーツは人びとにもたらす。しかも非人間的に。命令の前で人びとは思考することなく，機械と化す。「する」にしても「みる」にしても，「こうしてスポーツはペテンの要素になる」。アドルノはそう述べる。

　スポーツそのものに，こうした危険性が包含されているとすれば，われわれはそのことに自覚的でありたいものである。どのような事柄にも両面ある。スポーツにも肯定的側面だけでなく，否定的側面も存在することを忘れてはならない。

　冒頭の人物は，スポーツの否定的側面を公の場で証明してみせたとも解せる。

　sport の語源は，ラテン語 desportare に由来する。その語は「de-（離れる）」（英語 away に同じ），「-portare（持つ）」（英語 carry に同じ）の合成語で，「持ち去る」を意味した。ここから，憂鬱な気分を「持ち去る」こと，転じて「気晴らし」，さらには「遊び」を意味するようになる。desportare は，フランス語 desport となり，イギリス

で disport と変化し，やがて「di-」の語頭音が消失して sport となった。松井良明によれば，1755 年刊行サミュエル・ジョンソン『英語辞典』に「気散じ（diversion）―スポーツ（sport）憂いからひき離すことで心をなごませるもの（something that unbends the mind by turning it off from care）」とあって，もともとスポーツは身体とは無関係で，あくまで気分にかかわる語であり，その範疇には冗談まで含まれたことを指摘している。

　だとすれば，スポーツにはさまざまな切り口があるといえよう。

　本書は『スポーツをひらく社会学』の続編として企画した。前著同様，執筆陣はスポーツを中心に扱ってきた専門家ばかりではない。専門を異にする研究者が，それぞれの専門からスポーツを取り扱う。いわば門外漢の人文・社会学系（人文学系）の研究者がスポーツを論じる他流試合を試みている。そうすることで従来の「スポーツ」とは異なる視点を導入し，ブレークスルーをもたらしたい。そう願って本書を構成した。

　ただし，今回は執筆にあたって各自のスポーツにまつわる経験を踏まえていただいた。そうすることで，身近な問題からスポーツを論じ，それぞれの専門的な内容に話が及ぶよう試みている。読者にも身近な話題と思えるのではないだろうか。同時にスポーツを介して，それぞれの専門を知る手がかりにもしてほしい。

　また，人文・社会学系に関心があるがスポーツに関心のない方に，スポーツがさまざまな分野にかかわる問題群であることを知ってもらえれば幸いである。

本書の構成

　本書の構成は，スポーツへの 5 つのかかわり方として「しる」「はじめる」「ふかめる」「ひろめる」「ひらく」とし，それぞれの論考を配した。

第1部「スポーツをしる」

　ここでは，さまざまな専門分野の概説・理論に言及したものを配した。第1章，大野哲也「スポーツとコミュニケーション」では，パプアニューギニアでのJICA経験から説き起こし，コミュニケーションに関する社会学等の理論がわかりやすく解説される。スポーツはしばしば言外のコミュニケーション手段とされるが，いったいどこまで交流は可能なのか。さまざま考えさせられることだろう。

　第2章，福浦一男「スポーツと宗教」では，スポーツ競技の多くが宗教起源であること，さらにはスポーツと宗教に共通性が見られることに言及している。宗教，儀礼，呪術といった宗教人類学の基本概念を網羅して解説を加えており，宗教人類学の入門的な内容にもなっている。

　第3章，木島由晶「スポーツと身体感覚」では，「TVゲームなどeスポーツは，スポーツなのか？」という疑問からスタートして考察を加えている。カイヨワやマクルーハンの議論について，わかりやすく紹介・解説されているのもありがたい。

　【コラム①】濱田武士「スタジアムの熱狂と記憶」では，スタジアムなど施設が記憶装置として機能することについて，モーリス・アルヴァックスの議論を紹介している。記憶といえば個人のものと考えがちだが，じつは社会性を帯びており，純粋に個人的な所産ではないのである。

第2部「スポーツをはじめる」

　ここでは，スポーツを実践するうえで参考になる論考を配した。第4章，井口祐貴「スポーツとコンディショニング」では，アスリートのコンディション調整，とくに食事と睡眠について概説している。睡眠についての基本的な知識は，アスリートにとって必須だろう。

　第5章，大西史晃「スポーツとダイエット」では，アスレティッ

クトレーナー資格を有する筆者が，ダイエット・トレーニングを実施する際の基礎的な知識について概説している。ダイエットは，誤った方法が広く流布した例も少なくない。

第6章，木原弘恵「スポーツと地域社会」では，岡山県笠岡市白石島で国の重要無形民俗文化財に指定されている白石踊を用いた地域活性化について取り上げる。白石島は過疎地域で少子化，高齢化，空洞化と無縁ではない。白石踊を用いた地域活性化と，地元住民間の葛藤などを紹介し，考察を加えている。踊りの実践と地域社会の変容は興味深いものがある。

【コラム②】堂本直貴「スポーツと公園」では，近代化のなかでそれまで日本に存在しなかった「公園」なるものが，どのように移入され，定着し，さらにその限られたスペースで子どもたちがどんな工夫をしながら遊びに興じるかに言及している。制限のもとでなされる工夫こそ，遊びの真骨頂といえるだろう。

第3部「スポーツをふかめる」

ここでは，スポーツについて多様な視点から深める論考を配した。第7章，水野英莉「スポーツと性的マイノリティ」では，サーフィン界において同性愛者がカミングアウトしづらい空気があることから説き起こし，その傾向がスポーツ界に広く見られることを指摘する。各種競技は「男らしさ」「女らしさ」を求め，この「らしさ」の強要こそ，カミングアウトを困難にしている一因とし，その歴史的背景に迫る。

第8章，北村也寸志「スポーツと部活」では，筆者が高校部活動の顧問をしてきた経験から，2022年6月のスポーツ庁「運動部活動の地域移行に関する検討会議提言」の内容を検討している。日本におけるスポーツが学校と密接な関係にあることの功罪を取り上げつつ，今後の運動部活動を展望している。部活顧問の生の声を記している点は，提言と現場の乖離を浮き彫りにしていて興味深い。

第9章，福井元「スポーツと用具」では，スポーツで用いられる道具，たとえば陸上競技におけるシューズの改良と記録の関係などが具体的に紹介される。各競技にどのようなニーズがあるかによって，開発の方向性も変わることが示される。記録は，必ずしもアスリート自身だけによる努力の成果ではないのだ。

第10章，周重雷「スポーツと政治」では，卓球を介した外交を中国国内の報道等を通して詳述している。いかにスポーツが米中・日中の国交正常化に寄与したか。かつて国策として政治利用された中国スポーツだが，近年は変質しつつあり，その事例も併せて紹介している。政府が選手に外交上の理由で棄権を強要するくだりに，読者は驚かされるに違いない。

【コラム③】雨森直也「スポーツイベントと同年齢集団」では，中国雲南省の少数民族ペー族（白族）の「バンベイ」と呼ばれる伝統的同年齢集団におけるスポーツイベントの役割について紹介している。少数民族のスポーツの実状を，第10章と合わせて読んでいただきたい。

第4部「スポーツをひろめる」

ここでは，学校部活動や障がい者スポーツの実践に関する論考を配した。スポーツは競技者のみでは成立しない。支援して広める人がいて初めて可能になるスポーツも存在する。第11章，松本直也「スポーツの心理的要因」では，2017年からU21サッカー日本代表において監督を務めた筆者が，チームビルディングの際，選手のどのような心理的側面に着目したかを論じている。

第12章，竹内靖子「スポーツとレクリエーション」では，筆者のアメリカ留学で得た知見，「セラピューティック・レクリエーション（TR）」の内容が紹介される。理学療法や，作業療法同様，アメリカでは治療行為としてレクリエーションが用いられてきた。同じリハビリでも，障がいをもつ個々人に寄り添った「楽しいリハビ

リ」としてのレクリエーションの可能性が示される。

第13章，水流寛二「スポーツのアレンジ」は，筆者が障がい者スポーツに携わり，さまざまな「アレンジスポーツ」を考案してきた具体例とその実践報告となっている。新しい競技をつくる際にはチクセントミハイの「フロー理論」に基づき，「適度な難易度」と「能力」のバランスが重要であることを説いている。第12章と合わせて読んでいただきたい。

第5部「スポーツをひらく」

ここでは，これまであまり論じられてきていないスポーツに関する論考を配した。スポーツに潜む否定的側面を扱ったものが多い。第14章，高井昌吏「スポーツと暴力」では，戸塚ヨットスクール・戸塚宏校長による私刑としての直接的暴力に加え，登山家・三浦雄一郎がエベレスト大滑走に挑戦した際，犠牲となったシェルパと三浦との関係に「見えない暴力」を見出している。

第15章，今泉隆裕「スポーツと格言」では，戦前から戦後にかけて，しばらく用いられたスローガン〈健全なる身体に健全なる精神が宿る〉が，その出典とされたユウェナリスの諷刺詩には存在しないこと，にもかかわらず，この標語が広く悪用されたことに言及している。ナチスもこの標語を悪用し，多くの不幸な出来事が生じた。

第16章，中川千草「スポーツとエスニシティ」では，ヒップホップやサンバの原点とされるアフリカンダンス，そのさまざまなリズム・パターンに，それぞれのエスニシティ（民族性）が反映されていること，さらには，それが「国民文化」としての政治性を帯びることが紹介されている。ダンスは観る，踊るだけのものではない。さまざまな知識へのアクセス手段でもある。同じ文化を共有することで，「想像の共同体」が形成される点にも言及している。

第17章，伊海孝充「スポーツと芸道」では，武道と芸能の共通

性について紹介している。両者ともに，技の伝授が感覚的な言葉でなされ，身体で覚えることばかりで，技の言語化は困難なことが多い。この章では，とくに武術と能楽のカマエの共通性に着目して，そのことについて具体的に紹介している。

【コラム④】廣瀬立朗「スポーツと性欲」では，スポーツで男性機能が向上するかの真偽を扱う。雑誌などでは，スポーツすることで男性機能が向上するかのごとき記事も散見される。そこで，欧米で発表されている学術雑誌から，男性ホルモン・テストステロンに関する論文の内容を紹介している。テストステロンは運動後すぐにベースラインに戻るため，安易にスポーツと男性機能向上を結びつけるべきではないと戒めている。第 15 章に関連している。合わせて読んでいただきたい。

各論考はそれぞれ独立しているので，どれから読んでもかまわない。読者の興味関心に従って自由に使いこなしてほしい。ただし，それぞれの論考は緩やかに関連している。それが本書のまとまり感を醸成している。たとえば，今泉論考は廣瀬コラムと関連性が強い。また中川論考は大野論考を参照し，木原論考は中川論考を参照している。木島と水流，水流と竹内は同じ社会学理論を応用して独自の論理を展開している。井口論考は大西論考を参照して肥満について考察している。こうした相互性によって，読者は，一つのテーマはそのなかだけに閉塞しているのではなく，異なったテーマと接続していることに気づくだろう。それを理解したうえで，俯瞰的な視点からものごとを考察することの重要性を知ってほしい。

以上，論考 17 章とコラム 4 つから本書は構成されている。前記したようにスポーツ・体育を専門とするものもあるが，社会科学も含めた人文系を専門とする執筆者が多い。その専門は多岐にわたる。しかも，その内容も必ずしも簡易なものばかりではない。が，編集

方針としては，前著同様，平易な文章で難解な内容を紹介するよう心がけた。スポーツに関する初学者にとっても，はたまた人文系学徒で，これまでスポーツに関心のなかったものにとっても楽しめる内容になるよう工夫した。ぜひ関心のある章から読み進めていただきたい。

今泉隆裕

【注】

1）ヴェブレンは，かなり辛らつに次のように述べる。「掠奪的な競争に向かわせる気質が基本的には幼稚なものであることは，すでに言及したように掠奪的行為よりも狩猟やスポーツの方によく当てはまるし，すくなくとも明確に現れている。だからスポーツへの熱中は，精神的発達が途中で止まってしまったことを如実に表していると言えよう。スポーツや賭け事を好む人に固有のこの幼稚な気質を見抜くにはあらゆるスポーツに見受けられるこけおどしの要素に注意するとよい」（村井章子訳『有閑階級の論理』筑摩書房）。

2）たとえば，「野蛮時代の掠奪的な人々や現代社会のスポーツ好きや賭け事好きには，高度に発展した運頼みの感覚が明確に認められる。この感覚には，アニミズム信仰と超自然的な力への信頼という二つの要素が含まれている。二つは同じ基本的な思考習慣の異なる段階と捉えることが出来るし，同一の心理要因の二つの連続する発展段階と捉えることもできる」（ヴェブレン同前）。

目　　次

第5部　スポーツをひらく　　　　　　　　　　　273

●第1部●

スポーツをしる

第1章 スポーツとコミュニケーション

伝わるのか，それとも伝わらないのか

大野哲也

1 パプアニューギニアで2年間暮らしてみた

　大学を卒業して教員採用試験を受験し運良く合格した筆者は，高知県と愛媛県の県境に近い全校生徒11名という小さな中学校に赴任した。山深いからだろう，南国高知と謳われているはずなのに冬には積雪で休校になり，サルやウサギがぴょんぴょん飛び跳ねている自然豊かな場所だった。生徒が少ないので教員も少なく，専門の体育の他に数学，美術，技術を教えるなんでも屋だった。生徒はみな素朴で純真，真面目を絵に描いたような子どもばかりで，なかには毎朝5時に起床して家業の手伝いをしてから1時間以上歩いて登校するという女子もいた。

　体育の時間には，全員で近くの山に山菜を採りに行ったりした。遠足のときには保護者が筆者の分まで弁当をつくってきてくれた。そんな田舎の家族同然の暮らしは楽しかった。ところが，元来の飽きっぽい性格だからだろう，陸の孤島生活を2年も続けているうちに，だんだん「なにか他に面白いことはないかな」と新たな刺激を求めるようになっていた。

　そんなときに偶然見つけたのが，国際協力機構がおこなっている青年海外協力隊という国際ボランティア事業だった。この制度は，開発途上国に2年間派遣されて，現地の人たちのために草の根の活動をおこなうというもので，海外での生活に強い憧れをもっていた

写真 1 - 1　パプアニューギニア
　　　　　　にて

筆者は「これだ！」と飛びついた。そして受験してみるとこれまた運良く合格することができ，教員を休職したまま（現職参加という），南半球の島国パプアニューギニアに派遣されることになった。

　派遣された 1988 年当時のパプアニューギニアは「地球最後の秘境」と形容されていて，たとえ首都であっても靴を履いている人はほぼおらず，大多数の人が裸足で生活をしていた。急峻な山岳地帯が国土のほとんどを占めていることから道路が敷設しづらく，交通の便がとても悪かった。こうした環境が強く影響しているのだろう，全国には 700 の部族が暮らしているといわれていて，それぞれの部族は孤立的な生活を営んでいた。部族ごとに言葉が違うということが大きな特徴で，部族間の仲は悪く，しょっちゅう弓矢と槍で部族間戦争をしていた。暮らした町の周辺でも頻繁に戦争が起こっていて，怒りが沸騰した部族が町に乗り込んできて暴動を起こすことも時々あった。すこぶる治安が悪いので，派遣されていた 2 年間は夜間外出禁止令がずっと発令されていた。とはいえ，たとえ平安なときでさえ，すべての店は夕方の早い時間に閉まってしまうので，日没後に町に出て行く用事はなにもなく，外出禁止令が出ていても日常生活にはなんの不便もなかった。

　筆者自身も，弓矢を顔面に向けて引かれたり，ショットガンの銃口を向けられたりと，危険な目に遭ったのも一度や二度ではなかった。だが，そんな刺激が強い異文化を，危険な要素も含めて「面白い」と感じ，毎日を楽しく暮らしていた。

　与えられたミッションは，山岳地帯の小さな町にあるスポーツ研

修所に所属して，現地の人たちにスポーツ指導をするというものだった。具体的には，一つは，周囲のコミュニティや学校から出前指導の依頼があるとバスに乗って現地に向かい，そこに暮らす人たちにスポーツの楽しさを教えるということ。

　もう一つは，町にある小さなホテルがもっている小さなプールを使って，幼児から大人まで，水泳を教えるという役割を与えられた。こちらの方は，理由は定かではないものの，スポーツ研修所の所長から「授業は英語でおこなうように」と指示された。現地の人にとっては日常で使う言語ではないし，筆者のほうも派遣された当初は片言しか話すことができなかった。双方が使い慣れていない言葉でコミュニケーションをおこなうのだから，「英語の勉強になる」とは思ったものの，この指示はとてもハードルが高かった。水泳指導では重大な事故が起こる可能性がつねにあるので，不安はなおさらだった。

　ところが，実際にやってみるとそんな心配は杞憂に終わった。当たり前だが，水泳は体の動きを伴うので，言葉に加えて，身振り手振りでこちらの意思を相手に伝えることができたからだ。たとえ言葉による会話が成立しなかったとしても，「水のなかで泳ぐ」ということがどのような行為であり，どのような身体技法が必要なのかということが，それを実践する場で共有されていれば，コミュニケーションはとれるのだということを，身をもって実感した。言葉にジェスチャーを交えて，息継ぎの方法や手足の動かし方を説明すると，幼児でも正しく理解してくれた。国内には700の部族が暮らしていて，部族ごとに異なる言語を使うという日本では考えられない異文化のなかで2年間暮らしてみて，言葉をつかうというのとは違うコミュニケーションの方法の重要性に気づくことができた。そして「その場のメンバーが一つのルールを共有しておこなう活動」であるスポーツがもつコミュニケーションの可能性にも気づかされた

のである。

2　コミュニケーションとはなにか

　現代社会では，「マス・コミュニケーション」「異文化コミュニケーション」「コミュニケーション障害」など，「コミュニケーション」という言葉が溢れている。そのなかでも，私たちが頻繁に耳にするのが「コミュニケーション能力」であることは間違いあるまい。とはいえ，その意味や内容を十分に理解している人はどのくらいいるのだろう。あまりにも身近すぎる言葉なので，その意味を深く考えたことはないものの，なんとなく理解しているつもりでいる人が多いのではないだろうか。

　英語のコミュニケーション（communication）という単語には「伝達」「通信」などの意味があるが，語源はラテン語で「分かち合う」という意味をもつ *communis* である。英語には「共通する」という意味をもつコモン（common）という単語もあり，これも同じ語源だといわれている。

　大学の授業で「人と人，つまり人間間に限定して，"コミュニケーション"あるいは"コミュニケーション能力"とはなんだと思うか？」と問うと，多くの学生が「情報のやりとりのこと」だとか，「自分の気持ちや状況などを相手へ正確に伝えることができる能力であるとともに，相手のメッセージを正確に理解することができる能力」というような回答をする。

　人間間に限定しているのは，この世の中にはじつに多様なコミュニケーションのあり方があるからだ。人間以外の動物間のコミュニケーション，植物間のコミュニケーション[1]，人間と動植物とのコミュニケーション，人間と神とのコミュニケーション，さらには霊媒師による死者とのコミュニケーションもあれば，人間と人形や

亡き人の形見というような無生物とのコミュニケーションもあり，内なる自己とのコミュニケーションもあろう。このように「コミュニケーション」の位相はさまざまで範囲は広大だ。

　つまり，「コミュニケーション」を定義するのは相当難しい。学術的には「『情報』や『記号』を伝達したり理解したりする人間同士のやりとり」（長谷 2009：10）だとか，コミュニケーション能力を「シンボルを創造しそのシンボルを介して意味を共有するプロセス」（末田・福田 2003：10）というような定義はある。字面だけを追えば，それはそうかもしれない。だが，「人間と無生物とのコミュニケーション」までをも日常的におこなっている私たちは，コミュニケーションはこれらの定義よりもっと深い意味をもつことを生活論的に知っている。そこで，ここからは人間間のコミュニケーションに限定して，私たちが現実に生きる生活世界から，具体的にその内実に迫っていくことにしよう。

　コミュニケーションを社会学的に考えるとき，ドイツの社会学者ゲオルク・ジンメル（1858-1918）をはずすわけにはいかない。というのも，ジンメル社会学は，社会における相互作用を中心に据えているからだ。

　彼が考える相互作用とは次のようなものだ。

　　人びとがたがいにまなざしを交わしあい，相互に妬みあい，たがいに手紙を書き交わしたり，あるいは昼食を共にし，またいっさいの具体的な利害のまったくない彼方でたがいに同情して触れあったり，あるいは反感をいだいて接触しあい，利他的な行いにたいする感謝によって裂くことのできない結合的な作用が存続したり，ある者が他者に道を尋ねたり，あるいはたがいに着飾って装いをこらしたりすること，─これらの例は無数の関係からまったく偶然に選びだされたものであるが，このような関係は…（略）…われわれを絶

　　えまなく一緒に結びつける（ジンメル 2016：29‑30）。

　　ジンメル社会学が切り開いたこのようなものの見方，すなわち「相互作用」は，コミュニケーションを考える際にも非常に重要である。なぜなら，コミュニケーションは，「まなざしを交わす」「手紙を書き交わす」「昼食を共にする」「道を尋ねる」というように，なんらかの「モノ」を介しておこなわれる相互作用であるからだ。前述した学生が回答したコミュニケーションやコミュニケーション能力の定義を，もう一度見てみよう。そこでは情報やシンボルというモノを介しておこなわれる相互作用としてコミュニケーションが示されているといえる。

　　人間同士がモノを介して相互行為をする場合，具体的にはどのようなモノを使うのだろうか。それは大きく分けて二つあるといわれている。一つは言語でありこれを言語コミュニケーションという。これはその名の通り，言葉を介しておこなわれるコミュニケーションである。もう一つは非言語コミュニケーションで，これはジェスチャー，目配せなどの視線，汗や涙や震えなど身体というモノを介しておこなわれるコミュニケーションである。これら二つのコミュニケーションは，その人がどのような集団（コミュニティ）に属しているのかで，大きな違いがある。言語コミュニケーションであれば，どのような言葉で会話するのかということであり，非言語コミュニケーションであれば身体の使い方がコミュニティによって異なっているからだ。たとえば，日本社会では多くの場合，感謝の意を表す場合，あるいは謝罪の意を表す場合，言葉とともに無意識的に頭を下げる。お辞儀をすることで感謝や謝罪というメッセージを相手に送っているのである。しかし欧米では，基本的には，頭を下げることに感謝や謝罪の意味はない。

　　また，時代によっても大きく変化する。たとえば，言語でいえば，

毎年発表される流行語大賞を見ても理解できるように，新しい言葉や表現方法がどんどん生み出されているのはその一例だ。非言語でいえば，日々刻々と刷新されている髪型，化粧の仕方，ファッションの流行や好み，あるいは趣味というようなものなどは，それを通して言外になんらかのメッセージを他者に向けて発信しているのである。

　また，了解を意味する「はい」というとき，日本社会の多くの人は首を縦にふる（頷く）。しかしネパール社会では，日本では「いいえ（ノー）」のサインである首を横にふる動作が「はい」を意味している[2]。このように言語コミュニケーションと非言語コミュニケーションは自身が属している社会の文化によって相当程度規定されていると同時に，時代によって大きな変化がもたらされている。

　言語／非言語とは異なり，音声コミュニケーション／視覚コミュニケーション／臭覚コミュニケーションという分類もある。音声は，発話やパトカーのサイレンなど，音がメッセージの送受信を媒介する。視覚は，絵画や横断歩道のゼブラゾーンなどカタチや色がメッセージの送受信を媒介する。臭覚は，洋菓子店の甘い香りやトイレ消臭剤など，匂いがメッセージの送受信を媒介する。

　このようにコミュニケーションを詳細に見ていけば，人間社会のあらゆる場面はコミュニケーションで構成されていることがわかる。私たちはコミュニケーションを生きているのである。

3　「自分の気持ちや状況などを相手に正確に伝えること」は可能か

　前述したように，学生に「コミュニケーション能力とはなにか」と問うと多くの者は「自分の気持ちや状況などを相手に正しく伝えることができる能力であるとともに，相手のメッセージを正しく理

解することができる能力」などと答える。しかし，果たしてそれは可能だろうか。

　カルチュラルスタディーズ（文化研究）の代表的な研究者であるスチュワート・ホール（1932-2014）は，コミュニケーションのコード化／脱コード化モデル（Encoding/Decoding Model of Communication）を提出して，この問題を検討している（Hall 1980＝2003：117-127）。ここでは，理解しやすいように話を単純化して，二人の人間が言語コミュニケーションをしている場面を想定してみよう。ホールによれば，両者がコミュニケーションをとるためには，前提条件として，両者が依拠する知識の枠組みが一致していなければならない。たとえば日本語がわからない人に日本語で話しかけても理解されないだろうし，飛行機を知らない人に飛行機がいかにすばらしいかを一所懸命に説いたとしても会話は成立しないだろう。

　大学生の A さんが頭に浮かんだ「昨日見た，神社の新緑の巨木」のことを，友人の B さんに日本語で伝える場面を考えてみよう。まず A さんは，脳裏に浮かんだ木の映像を日本語に変換しなければならない。A さんの脳内にある映像を，そっくりそのまま B さんの脳に送信することはできないからだ。B さんに送信できるのは，映像を日本語に変換した言葉だけである。この映像を言語化することをホールはコード化と呼んだ。A さんは大きな木を思い描きつつ「昨日，家の近くの神社に行って新緑の巨木を見てきた」というような言葉を B さんに伝える。

　次の作業は，この言葉を聞いた B さんがそれを映像に変換することである。このプロセスをホールは脱コード化と名づけた。そして，ここに大きな問題が発生する。A さんの「新緑の巨木」は一度言語に変換しなければ B さんに送信できず，その言葉を受信した B さんは，言葉を映像に変換しなければ「新緑の巨木」を脳内で再現できない。コード化と脱コード化という二度の人為的な作業をす

るわけだが，このプロセスで齟齬が起きる。Aさんの脳内で思い描かれていた「新緑の巨木」と，Bさんが脳内で思い描いた「新緑の巨木」が同じ色，同じ形状にならないからだ。もちろん宝くじに当選するような確率で二本の木が同じ色と形状になる可能性もあるにはあるが。つまり，「自分の気持ちや状況などを相手に正確に伝えること」はほぼ不可能なのである。

　一方，アメリカの社会学者タルコット・パーソンズ（1902–1979）は『行為の総合理論を目指して』という著書のなかで「相互作用には固有な二重の依存性（double contingency）がある」といっている（パーソンズ 1960=1968：25）。ダブル・コンティンジェンシーを社会学では「二重の条件依存性」あるいは「二重の偶然性」と訳していて，人と人との相互行為やコミュニケーションを考える際のキーワードの一つとなっている。

　たとえば，あなたが非常に細い田舎のあぜ道を歩いている場面を想像してみよう。あなたの左側には川が流れていて，右側には田畑が続いている。そして，前方からこちらに向かって歩いてくる人がいる。このままいけば二人は必ずぶつかってしまう。そのとき，あなたは相手が，川側か田畑側のどちらに避けるかを推論して，それとは反対側に避けようとするだろう。だが，おそらく相手もまったく同じことを考えているに違いない。あなたが避ける方向は相手の出方にかかっているが（第一の依存性），同時に，相手の避ける方向はあなたの出方にかかっている（第二の依存性）。このように，二人がぶつからずにすれ違うためには，あなたが避ける方向と相手が避ける方向が同調していなくてはならない。こうした二重の条件依存性のうえに，ぶつからずにすれ違うという相互行為は成立しているのである。

　AさんとBさんの会話も二重の条件依存性に支えられている。Aさんの発話はBさんの聞く姿勢やBさんの反応に依存しており，

Aさんの発話に対するBさんの返事もAさんの聞く姿勢やAさんの反応に依存している。こうした二重の条件依存性のうえに日常的な会話は成立しているのである。

　ホールが指摘したコード化／脱コード化，そしてパーソンズが指摘したダブル・コンティンジェンシーを踏まえれば，私たちのコミュニケーションが非常にあやふやな土台の上でおこなわれている不安定な行為であることがわかるだろう。二つの理論を前提にすれば，「自分の気持ちや状況などを相手に正確に伝えること」も「相手のメッセージを正確に理解すること」も不可能に近い。

　すなわちコミュニケーションとは，両者の間で交わされる，固定化された意味の単なる伝達ややりとりなのではない。コミュニケーションは，折衝や交渉の場であり，AさんがBさんに伝えた言葉は，その場で意味が生成されていく，きわめて流動的で状況的なプロセスなのである。AさんがBさんに伝達しようとしたメッセージの意味はけっして保証されておらず，字義通りに理解してもらえる場合もあれば，不完全にしか理解されないこともある。あるいはまた，誤解されることもあれば，まったく違う意味に解釈されることもある。コミュニケーションは両者の相互行為であるとともに，両者が相互作用を通して意味を創造していく共同行為の場なのである。しかし同じ意味が共有されるかどうかはわからないということは自覚しておく必要があるだろう。

4　スポーツとはなにか

　スポーツにおけるコミュニケーションを考える前に，まず，スポーツとはなんなのかを考えてみよう。陸上競技，サッカー，水泳，ゴルフ，ボクシングなど近代スポーツの多くは18から19世紀にかけてイギリスで誕生した。当時のイギリスは産業革命が起こり社会

が劇的に変化していた。とくに，職人（とその家族）が自分たちの手でモノをつくり上げる家内制手工業から，雇用労働者が工場で機械を用いて分業体制を敷き協業してモノをつくり上げる工場制機械工業へと大変革を遂げていた。

　この生産プロセスの変化は，単に生産効率を高めただけでなく，人びとのライフスタイルまでをも劇的に変化させた。というのも，家内制手工業では，ものづくりの主導権は職人本人が握っているが，工場制機械工業では，機械の動きに合わせて人間（雇用労働者）が動かなければならず，いうなれば，ものづくりの主導権は機械が担うことになったからだ。さらに，家内制手工業では職人は衣食住という「生活」のなかに仕事が埋め込まれており両者をきれいに二分することはできなかった。だが，工場制機械工業では，雇用労働者は朝自宅を出て工場に出勤して夕方まで働き時間がきたら帰宅するというような，いわば工場にいるときだけが労働で，工場を一歩出ればその瞬間に労働から完全に解放された。衣食住という「生活」から「労働」が分離した，すなわち「余暇」が誕生したのである。

　この余暇を使って，労働から解放された労働者はなにをしたのか。それは，機械にこき使われ大きなストレスを抱えた心身を解放し，明日の労働のために疲労した心身をリフレッシュすることだった。すなわち，彼らは一所懸命遊んだのである。スポーツ（sports）の語源はディスポート（disport）であり，この単語は「気晴らし」や「遊ぶ」という意味をもっていた。原初のスポーツは遊びだったのである。

　ところが，授業で学生に「スポーツとはなにか」と問うと多くの者は「身体活動」や「からだを動かすこと」などと答える。「遊び」と答える者はいない。私たちが部活動やテレビ中継などで日常的に触れているスポーツを思い浮かべてみれば，スポーツが「身体活動」「からだを動かすこと」であると理解されることに違和感はな

い。しかし，本来的にはスポーツは，ディスポートの「遊び」に近い，もう少し広い意味をもっており，それは近年まで維持されていた。

　たとえば，近代オリンピックは，フランスの教育学者ピエール・ド・クーベルタン（1863-1937）の尽力によって第 1 回大会が 1896 年にギリシャ・アテネで開催された。それ以降，4 年ごとに世界各地で開催されているのは承知の通りだが，1912 年のスウェーデン・ストックホルム大会から 1948 年のイギリス・ロンドン大会まで，建築，絵画，彫刻，音楽，文学などが競技として採用・実施されていたのである[3]。

　現代社会に生きる私たちは，スポーツと芸術はまったく違うジャンルだと捉えがちだが，ひと昔前までは両者はそれほどかけ離れた存在ではなく，というよりも重なり合ったものとして人びとに認識されていた。こうした「身体活動」や「からだを動かすこと」を重要視しない，遊びに近いスポーツ観は，現代において復活しつつある。たとえば，現在，圧倒的な人気を誇っておりオリンピック競技に採用しようという動きがある，対戦型のビデオゲームやコンピューターゲームのことを指す「e スポーツ（エレクトロニック・スポーツ）」はその代表的な例であろう。

　遊びとして，身体活動にこだわらないスポーツが，徐々に身体活動に特化されていったのだが，現在は過去と違った形で再びスポーツの範囲が拡大してきているといってよい。このことを踏まえたうえで，もう少し詳細にスポーツを見ていこう。

　スポーツはさまざまな基準で分類することが可能だ。一人でおこなう「個人競技」とチームでおこなう「集団競技」という分け方ができる。ボールを使う「球技」とボールを使わない「非球技」という分類も可能だ。あるいは，誰かと対戦して勝敗を決める「対戦型」，新体操などパフォーマンスを採点して順位を競う「採点型」，

走り幅跳びなどパフォーマンスの記録で順位を競う「記録型」という見方もできる。また，誰かと競うことが前提にある「競技スポーツ」と，健康のためにジョギングをするというような競うことを前提としない「生涯スポーツ[4]」に二分することもできる。さらには，金銭を得ておこなう「プロスポーツ」と金銭を得ずにおこなう「アマチュアスポーツ」という分類もあろう。

写真1-2　ニューヨークのヤンキースタジアム

　こうした分類を見てもわかるように，多様なスポーツのあり方があるのだが，すべてのスポーツに共通する要素がある。それがコミュニケーションだ。たとえばバスケットボールの試合を想像してみよう。ボールをもってドリブルしているオフェンスの選手は，「シュートを決めてやるぞ」というメッセージを発信し，その選手の前にはだかるディフェンスの選手は「ここから先には行かせないぞ」と両手を広げて進路を塞ぐ。オフェンスの同僚は「こっちにパスを出せ」というメッセージを発し，それを見た他のディフェンスの選手は，「パスは通させないぞ」とメッセージを発信する。そればかりではない。監督からはいろいろな指示が出ており，その指示に従って選手たちは動きを変える。また敵の監督が相手チームに指示するその声にも反応している。さらに，ファンの声援も選手を後押しする。勝利者インタビューで「皆さんの声援で今日は勝つことができました。どうもありがとうございます」というような言葉をよく耳にするが，これはファンの声援が選手のパフォーマンスに影響を与えることを意味している。サッカーで，ホームとアウェーの勝率が大きく異なっていることは，まさに

写真 1-3　バルセロナのカンプ・ノウ

それを実証しているといえる。ファン同士のコミュニケーションもある。「ニッポンチャチャチャ」という大声援はファン同士のコミュニケーション的連帯を象徴しているし，対戦型ゲームにおけるファン同士のやじり合いもコミュニケーションである。

そのようなことを考えれば，スポーツが単なる「身体活動」や「からだを動かすこと」ではないことが理解できるだろう。スポーツは，味方の選手同士，敵と味方，選手と監督，ファンと選手，ファン同士というような，さまざまな位相でおこなわれているコミュニケーション・ゲームでもあり，そのようなコミュニケーションがおこなわれるなかから勝者が決まっていくのである。

　この状況は，チームスポーツに限らないし，競技スポーツに限定されるものでもない。100m走などの個人競技においても，あるいはまた趣味や健康のために一人でおこなう生涯スポーツでも同じだ。隣のレーンを走るライバルと競い合っているそのとき，両者は「絶対に負けないぞ」というメッセージを発信し合っている。だからこそ競り合ったレースではいいタイムが出るのだ。

　一人でおこなう健康のため，あるいは趣味のジョギングであったとしても，他のランナーとすれ違うときに軽く会釈したりする。これは一人で楽しむハイキングや登山などでも同じだ。たとえ言葉は交わさなくとも，私たちは知らず知らずのうちに他者とコミュニケーションをとり合っているのである。

⁙5　コミュニケーション不全の悲劇

　2021 年 7 月 8 日，コミュニケーション不全が原因の一つとなっ
て起こった事故が発生した。東京都練馬区の東武東上線の東武練馬
駅近くの踏切で 31 歳の女性が電車にはねられたのだ。19 時 30 分
頃，彼女は歩いて踏切を渡ろうとしていた。スマートフォンに集中
していたようだ。お気に入りのコンテンツに夢中になっていたのか，
あるいは仕事のことで重要なやりとりをしていたのだろうか。いま
となっては誰にもわからない。

　ちょうどそのとき，列車が来ることを知らせる警告音とともに遮
断機が降下し始めた。女性はもちろん立ち止まった。ただそこは踏
切の外ではなく，踏切内の線路の上だった。彼女はそれに気づかず，
ずっとスマホに目を落としたままだったようだ。まさか踏切内に佇
んでいるとは露ほども思わなかったに違いない。踏切の外，遮断機
の前に立っていると思い込んでいたのだろう。そこへ列車がやって
来た。女性は衝突し，その後死亡が確認された。

　この事故が悲劇的なのは，周囲の人びとが彼女の存在に気づいて
いなかったということだ。テレビのニュース番組で事故を検証して
いたが，19 時 30 分頃の当該踏切は帰宅する人らで混雑する時間帯
だった。なにせ東京都練馬区だ。だが誰一人として，彼女が錯誤し
て踏切内に立っていることに気づかなかった。その理由の一つは，
偶然そこに居合わせた人の多くもスマホに熱中していたからだと考
えられている。

　本章第 3 節で述べた非常に細い田舎のあぜ道で人とすれ違うケー
スを，もう一度思い出してみよう。二人は否が応でも濃密なコミュ
ニケーションをとらざるを得ない。そうしなければ行き交うことが
できない。そして両者の緊密なコミュニケーションを基礎とする共
同作業によって接触せずにすれ違うという奇跡は成立する。これが

人間社会の基本的なルールでもある。公共の場ではたとえ見ず知らずの他者であっても，相互にコミュニケーションをとり続けなければ日常的な行為が成立しない。だが本件の場合はその「当たり前」がなされていなかった。人びとは一心不乱にコミュニケーションしているが，その相手は前後左右から思い思いの方向へ思い思いのスピードで歩を進めるあかの他人ではなく，自分の手のひらのなかにあるスマホ画面であった。その場に居合わせた人の多くは，周囲の他者への意識や配慮に欠けていた。

　警察は「この雑踏で誰一人として女性の存在に気づかないことなどあり得ない」と疑い，自殺の可能性も含めて捜査したという。しかし目撃者はいなかった。そして結局，自分は踏切外で電車の通過を待っているのだと彼女が錯誤したことによって起こった事故だと結論づけた。

　現代日本社会は個人化が進んでいる。「他者に迷惑をかけなければ個人はなにをやっても自由」という考えを基底にする自己責任論で満ち溢れている。このような思想が正しいとされるとき，そのような考え方が充満している空間では，見知らぬ他者とのコミュニケーションに価値が置かれない，意識が向かないのは当然のことだ。人びとが考えていることはただ一つ，自分自身についてだけである。本件は，こうした超個人化社会だからこそ起こった事故であり，女性の死は現代日本社会の病理を鋭く象徴してもいたのである。

【注】
　1）近年の研究によって，害虫からの攻撃を受けた植物がそのときに発する匂いを，まだ害虫の攻撃を受けていない植物が，しかもこの植物は攻撃を受けた植物と血縁関係がないにもかかわらず，その匂いに反応して自己防衛に備える場合があることがわかった。
　2）正確にいえば両者は微妙に違う。日本社会では「いいえ」を示すとき，「首を左右に振る」イメージに近い。それに対しネパール社会で「はい」

を示すとき，首は左右に振るのではなく，「左右に倒す」イメージに近い。

3）芸術競技における日本人メダリストは二人いる。1936 年のベルリン大
　会における絵画部門で銅メダルをとった藤田隆治と，同大会の水彩画部門
　で銅メダルをとった鈴木朱雀である。

4）文部科学省は生涯スポーツについて「我が国においては，自由時間の増
　大，体力・健康づくりへの国民の関心の高まりなどを背景にスポーツ需要
　が増大しており，誰もがいつでもどこでも気軽に参加できる生涯スポーツ
　振興のための環境の整備が求められています」と述べている（文部科学省
　2021）。

【参考文献】

大野哲也，2024，『大学 1 冊目の教科書　社会学が面白いほどわかる本』KA
　DOKAWA。

長谷正人，2009，「コミュニケーションと社会学」長谷正人・奥村隆編『コ
　ミュニケーションの社会学』有斐閣アルマ，3-22。

末田清子・福田浩子，2003，『コミュニケーション学　その展望と視点』松
　柏社。

Hall, Stuart, 2003, "Encoding/Decoding," Stuart Hall, Dorothy Hobson, Andrew
　Lowe, Paul Willis eds, *Culture, Media, Language : Working papers in Cultur-
　al Studies, 1972-1979,* Routledge, 117-127.

タルコット・パーソンズ，[1960] 1968，『行為の総合理論をめざして』日本
　評論社。

文部科学省，2021，「生涯・スポーツ・体力つくり全国会議 2011（平成 22
　年度）」，文部科学ホームページ
　（https://www.mext.go.jp/a_menu/sports/syougai/attach/1348330.htm）（2021
　年 12 月 20 日閲覧）

ゲオルク・ジンメル，2016，『社会学（上）』白水社，29-30。

第2章 スポーツと宗教

その歴史的・現代的関係

福浦一男

1 はじめに
── スポーツと宗教の関係を実感する小旅行

　スポーツと宗教の関係を実感するために小旅行に行ってみよう。まずは京都市の下鴨神社である。境内を歩くと，八咫烏命を祀る任部社に行き当たる。社にはプロサッカー選手のものと思われる複数のサイン入りボールが奉納されている。そういえば，八咫烏命は日本サッカー協会のシンボルマークだった。さらに境内の糺の森を散策すると，神魂命を祀る雑太社が見えてくる。2017年に再興されたこの社には巨大なラグビーボールの彫刻が設置され，ラグビー絵馬が奉納されている。これは，1910年9月にこの地で旧制三高と慶應義塾の学生による関西初のラグビーがおこなわれたこと，そして祭神の「魂」が「玉」に通じることに因んでいるのだという。

　次は，同じ市内の白峯神宮である。境内には蹴鞠道の守護神である精大明神が祀られているが，そこから近年は，野球・サッカーなどの球技，さらにさまざまなスポーツの上達を願う参拝者が多く訪れる場所となっている。実際，小中高のアマチュアチームからプロチームや日本代表チームまで，さまざまな参拝者が必勝祈願の祈禱札を奉納しており，「闘魂守」「健脚守」，種目別の「叶う輪」など，バラエティに富むお守りが目を引く。奉納された提灯のなかにはJリーグのチーム，さらには「FCバルセロナ」などもあった。

写真 2 - 1　白峯神宮に奉納されたボール

　さらに西へ，西宮市へと足を伸ばす。ま
ずは西宮神社である。西宮神社はゑびす様
を祭神とし，参拝一番乗りを競う 1 月の
「福男選び」で知られるが，阪神タイガー
スは，シーズン前にチーム全員でこの神社
に参拝するのが通例である。社務所には監
督・コーチ・選手が奉納した絵馬が飾られ
ている。

写真 2 - 2　廣田神社の
　　　　　　「タイガー
　　　　　　ス絵馬」

　次は，同じ市内の廣田神社である。タイ
ガースは天照大神の荒魂を祀るこの神社に
も毎年参拝している。願いごとを記して
「タイガース絵馬」を奉納した後，辺りを
見回すと，タイガースのロゴ入りの清酒の
樽が視界に飛び込んできた。

　そろそろ日が暮れてきた。この小旅行の
最後を締めくくるのは，甲子園球場に隣接
する甲子園素戔嗚神社である。観戦前のファ

写真 2 - 3　甲子園素戔
　　　　　　嗚神社

ンにとり，素戔嗚 尊 を祀るこの神社は必勝祈願のための最も重
要な場所である。境内には球団ゆかりの岡田彰布氏の「野球塚」や
星野仙一氏のボール型モニュメントが設置されており，絵馬奉納場
所の巨大なロゴマーク，そしてその背後にそびえる球場が一体とな

って眼前に迫ってくる。

　スポーツ選手やスポーツファンが勝利を願って神々に祈りを捧げる場所は，意外と身近にあるものである。

2　文化としてのスポーツと宗教

　スポーツは，広い意味で人類の文化の一つである。そして宗教も，人類の文化の一つである。では文化とはなんだろうか。文化人類学の父と称されるイギリスの人類学者エドワード・タイラーは，19世紀後半に，21世紀のいまでも妥当な文化の定義を提示している。彼によると，「〈文化〉または〈文明〉とは，民族誌的な広い意味で捉えるならば，知識，信念，技術，道徳，法，慣習など，社会の成員としての人間が身につけるあらゆる能力と習慣からなる複合的な全体である」。

　「あらゆる能力と習慣からなる複合的な全体」という説明を，そのままスポーツ文化全般に当てはめることができるだろう。では宗教についてはどうだろうか。彼によると，「宗教の最小限の定義は，諸々の霊的存在への信念である」。この定義は，キリスト教，イスラーム教，仏教などの正典をもついわゆる世界宗教，ヒンドゥー教や神道など，信仰者の大部分が特定のエスニック集団である民族宗教，さらにはさまざまな呪術など，大規模な宗教から小規模なものに至るまで，幅広い宗教を包含することができる。本章では，このような観点からスポーツと宗教の間のさまざまな関係を見ていくことにしよう。

3　スポーツと宗教の歴史的関係

　まず，スポーツと宗教の歴史的関係を概観してみよう。古代のス

ポーツと宗教は未分化の状態にあった。たとえば古代エジプトのファラオは狩りや弓術をおこない，卓越した腕前を誇示することでその超人間的な能力を示した。古代ギリシャのオリンピックは政治的にも宗教的にも重要であり，それは聖なる場所で聖なるときに実施される聖なるゲーム，神々を称える崇拝行事であった。古代オリンピックでは，大地の女神ガイアの祭壇が最高神ゼウスとその妃ヘラの寺院のそばに存在し，英雄ペロプスの葬送儀礼が実施されるなど，宗教的な混淆主義の様相を呈していた。古代ローマでは数々の年中行事的な祝祭「ルーディー（ludi）」が実施された。この祝祭がスポーツイベント，演劇パフォーマンス，そしてオリュンポスの神々の像を供犠会場へと運ぶ馬車の大行列を包含していることから，この語は通常「競技会」と訳される。

　スポーツは宗教儀礼の一部であり，儀礼的側面を包含していた。北米先住民の成人男女のゲームは，多産性を確実にし，雨を降らせ，生命を授け長寿をもたらし，悪魔を祓い，病気を治癒するなどの目的で神々を喜ばせるための儀礼であった。たとえばラクロスの原型であるスティックボール・ゲームはコロンブスによる新大陸「発見」以前の北米のほぼ全域でおこなわれていた。チェロキー一族の場合，ゲームの実施に際しては禁欲が義務づけられ，さらに選手たちは日常から引き離され，シャーマンの監督下で厳しい儀礼を経験した。

　日本の相撲も宗教と深いつながりがある。『古事記』ではアマテラスの使神タケミカヅチが葦原中津国のタケミナカタとの「力くらべ」に勝利し，『日本書紀』ではスクネとクェハヤが「力くらべ」をし，スクネが勝利したと記されている。この「力くらべ」は現代の相撲とは違い，足で蹴り合うというものであるが，これが相撲の起源説話とされ，スクネは「相撲の神様」として東京都墨田区の野見宿禰神社に祀られている。「相撲」は水田農耕儀礼と結びつけら

23

れつつ「七夕」を求心点として統合され，平安朝の年中行事として定着していった。

　宗教は近代スポーツの発展においても重要な役割を果たした。19世紀中頃のイギリスのパブリックスクールの教師や生徒は，のちに「近代スポーツ」と呼ばれることになる身体活動を体系化し，統制していった。彼らは自己の発明が，男性であり，キリスト教徒であり，白人であり，大英帝国の長である自己の揺るぎない優越性のさらなる証拠であると確信していた。彼らは身体活動が神・国に奉仕するものであると確信しつつ，スポーツのルールを体系化していった。男性性・身体活動・禁欲主義・人種的純血・白人の義務といった項目が集約された「筋肉的キリスト教（Muscular Christianity）」は，イギリスおよび初期のグローバル化における近代スポーツの発展に関する最も重要なイデオロギーの一つになった。「理性的にレクリエーションを楽しむひとびと」と筋肉的キリスト教運動は，うわべではイギリス本国の労働者階級や貧困層，そして世界の他地域の植民地の「他者」の「救出」や「文明化」を試みた。

　近代オリンピックの創設者であるクーベルタンも筋肉的キリスト教を信奉していたが，彼はスポーツをもとに世俗宗教をつくり出したいと願い，それを「アスリート宗教（religio athletae）」と呼んだ。

　20世紀末以降世界各地に勃興した新たな宗教現象や宗教運動はスポーツにも少なからぬ影響をおよぼしている。さらに現代世界ではスポーツそれ自体を，国民国家レベルで社会的連帯を強化する「市民宗教（civil religion）」，あるいは「世俗宗教（secular religion）」と解釈することも可能である。たとえばアメリカのアメリカンフットボール，野球，バスケットボールは，国民共通の社会的・文化的・集合的連帯の中心に位置している。

4 スポーツと宗教の類似点・相違点

このように，歴史的に見てもスポーツと宗教の間には密接な関係がある。一般に，神への祈りは個人の精神活動や生活のめまぐるしさに起因する諸問題を和らげることとなり，その結果，信者は神との「対話」に集中できると考えられている。神は全能だと信じられており，もしそうなら，神は試合の結果にも影響を与えることができるということになる。

では，現代社会における両者の関係はどうなっているのだろうか。デラネイ・マディガンが指摘する両者の類似点・相違点について見てみよう。

4.1. スポーツと宗教の類似点

スポーツにも宗教にも①「信仰体系」と呼べるものが存在し，そこには②「真の信奉者」が存在する。③「識者」の証言に基づき，ファンも信者も自分たちが「No. 1」だと公言してはばからない。

歴史的に見ると，宗教もスポーツも男性支配，つまり④家父長制支配の傾向がある。⑤聖者・神・スーパースターに対する信仰，そしてカトリック教会・オリンピック委員会のように，規則を創造・維持・解釈するいわゆる⑥最高評議会が存在する。

宗教もスポーツも情報を幅広く伝える⑦筆記者，記者に依拠する部分が大きい。有名なスタジアムでのゲーム，そして「天国」などはいずれも「約束の地」であり，そこには⑧神の国を探し求める人びとが存在する。宗教の信者は信仰から安らぎを得るが，スポーツの当事者も互いにサポートし合っており，どちらにも⑨心理的なサポートが付随する。

両者ともスタジアム，バチカン，あるいはメッカへと⑩巡礼の旅に出る。双方のイベントには重要な⑪「聖堂」が存在し，そこでは

⑫象徴（シンボル）が用いられ，双方とも正典や「適切な」行動指針，そしてプレーブック，トレーニングマニュアル，メディアガイドに依拠した⑬ドラマを構築している。信奉者を定期的に儀礼に参加させる目的で⑭スケジュールに基づくイベントが開催され，クリスマスやワールド・シリーズなどの⑮スペシャル・デーが存在する。

　スポーツファンはゲームの勝敗に応じて，宗教の信者は儀礼行動を通して，⑯集合感情を共有する。スポーツも宗教も⑰儀礼行動を内包している。宗教の場合，儀礼の目的は信者の存在に秩序を付与することにあるが，スポーツの場合，儀礼の主な目的は自己の優位を主張することにある。

　スポーツにも宗教にも⑱競争的な性質がある。宗教は他の宗教に優越しようとするが，スポーツは対戦相手に対して優位に立とうとする。宗教の信者は聖なる領域内で，スポーツ選手は好ましい結果を達成するために⑲祈りを捧げる。宗教同様，スポーツも人生に意味を与えてくれる。個人が⑳アイデンティティーと自尊心をもつ手助けをしてくれるのである。

4. 2.　スポーツと宗教の相違点

　①スポーツは現実だが，宗教は霊的なものであり，②スポーツは現在の一部だが，宗教は時間と空間を超越している。③スポーツでは物質主義が主だが，宗教の理想は禁欲，質素にある。スポーツは④合理的に組織されるが，霊的な規則・信仰に基づく宗教は非合理的なものへの従属を認める。したがって時折，信仰を重んじるアスリートが信仰とスポーツの決まりごとの間で葛藤する場合がある。

　スポーツにおける儀礼は手段的・目標指向的であるが，宗教における儀礼は表現的・プロセス指向的だということから，両者の間には⑤儀礼行動上の違いがある。⑥イベントが実施される建物の意味も異なっており，球場では観衆は応援で歓声を上げてもかまわない

が，ほとんどの宗教行事で信者は道徳的な慣習を忠実に守る。

　両者の間には⑦人生の意味に答えを付与できるかどうかの違いが存在する。宗教は人生の意味，そして来世とはなにかを説明しようとするが，世俗的な日常世界に没入するスポーツがそのような雄大な理想を説明しようとすることはない。また⑧明確な勝者の存在の有無についても両者は異なる。スポーツでは勝者が明示されるが，宗教の場合，誰が「正しい」のか，誰が「勝者」なのかを主張することはない。

　⑨信仰する宗教またはチーム（またはアスリート）の選択についても違いがある。ほとんどの人は両親と同じ宗教を信仰する。改宗するのは自由だが，実際そうする人はほとんどいない。とあるチームの熱狂的なファンの子どもが，大人になってから好きなチームを自由に選択する可能性は，宗教の場合よりもはるかに高い。⑩宗教的なイメージを公の場で展示することの是非についても違いがある。宗教ではこれは「政治的公正」の観点から回避されるが，地元チームが優勝した際など，スポーツの場合，これは当たり前のようにおこなわれている。

　このように，スポーツと宗教の間にはさまざまな類似点・相違点が存在する。これらを念頭に置きつつ，次に両者の現代的な関係について見ていきたい。

5　宗教儀礼としてのスポーツ

　エミール・デュルケームによると，宗教とは，神聖すなわち分離され禁止された事物と関連する信念と行事との連帯的な体系，教会と呼ばれる同じ道徳的共同体に，これに帰依するすべての者を結合させる信念と行事である。このような観点から，現代のスポーツイ

写真2-4　甲子園球場ライトスタンドの応援席

ベントと宗教儀礼の類似点について考えてみよう。スポーツクラブのサポーターは，応援歌，チームカラーの服，サインのお願い等，積極的な崇拝儀礼を通してチームへの愛を表現する。試合当日は聖なる機会であり，人びとはこの日を祝って御馳走を食べ，深酒をし，にぎやかに過ごす。阪神甲子園球場でタイガースの試合を観戦する人びとはその典型的な例であるといえよう。

　このような行動により，デュルケームが「集合的および宗教的生活の真の乱痴気騒ぎ」と呼ぶような状況，つまり「集合沸騰」が生じる。スポーツイベントを通して人びとは，集団で一種の狂乱状態に達するのである。スポーツは人びとを結びつけ，社会集団を形成・維持・強化する役割を果たしている。

　次にスポーツイベント観戦の一連のプロセスについて考えてみよう。私たちは，スポーツをはじめとする文化的パフォーマンスを一種の通過儀礼と見なすことができる。アルノルト・ファン・ヘネップは成人式や卒業式など，人間が一生を通して経験するさまざまな儀礼を通過儀礼と呼び，各々の儀礼のなかに分離・過渡・統合の三つの局面があると指摘した。

　この通過儀礼論にスポーツ観戦を当てはめてみよう。試合会場に入場し，座席に着くと分離の局面が出現する。あるいはチケットを購入して試合当日を楽しみに待つ間，すでに分離の局面は始まっていたのかもしれない。試合が始まるまでの時間のなかで，じきに試合が始まるという興奮と緊張感が支配的となり，他方で日頃の日常

感覚は薄らいでゆく。そして試合が始まってから試合終了までが過渡の局面である。試合会場で，人びとは非日常的な経験をする。そして試合が終わり帰路につくと，今度は統合の局面が出現し，人びとは日常の世界へと戻っていく。このように，スポーツイベント観戦は通過儀礼の一連のプロセスを内包しているのである。

　これらの三つの局面のなかで最も重要なのは観戦中，つまり第二の過渡の局面である。ヴィクター・ターナーは過渡の状態にあることを「リミナリティ（liminality）」，つまり「こちらにもそちらにもいない」曖昧で不確定な状態と捉え，リミナリティの状態にある人びとの特徴を「コミュニタス（communitas）」と呼ぶ。コミュニタスとは，地域に根差したコミュニティではなく，リミナルな状態にある人びとが共有する，構造化されていない平等な絆のことを指す。スポーツイベントの試合開始から試合終了までの過渡の局面では，各々の観客の周囲に友人・知人がほとんど存在しない場合であっても，同じチームの熱狂的なファン同士であるという事実から来る連帯感や平等感覚から，初めて出会った人同士が味方チームの得点や勝利を喜び合えるというコミュニタスが，そこに出現するのである。

6　チーム名＝「トーテム」

　ところで，私たちが応援するチームにはさまざまな名称がある。ナショナルチームの場合であってもニックネームがついていることが多い。では，スポーツチームの名前にはどんな意味があるのだろうか。このことについて考えるうえで，トーテミズム（totemism）という信仰が手がかりになる。

　トーテミズムとは，主に北米・オーストラリアの先住民社会において，人間集団と「トーテム」（totem），つまり特定の動植物または他の事物との間に特別な関係が存在するとする信仰，そしてその

関係性に基づく制度のことを指す。デュルケームは，トーテミズムとは神を社会と結びつける手段であると考えたが，のちにレヴィ＝ストロースは，トーテムとして選ばれた「自然種は《食べるに適している》からではなく，《考えるに適している》から選出される」と指摘した。つまり，トーテムの動物は社会集団間の関係を表現しているというのである。

　実際，スポーツチームの名称はこのようなトーテミズムの考え方と不可分である。たとえば，2023 年時点の日本のプロ野球や MLB のチーム名のなかにはたくさんの動物の名前が存在する。ジェイムズ・ピーコックは，トーテム文化が反映された現代アメリカのスポーツチーム名として Wolfpack（狼の群れ），Yellow Jackets（スズメバチ），Tigers（虎），Terrapins（カメ）などを挙げている。実際これらのチーム名は，アマチュア，プロフェッショナルを問わず，北米をはじめとする世界各地のスポーツチームで数多く用いられている。宗教としての本来のトーテミズムと同じように，スポーツのトーテミズムは，特定のスポーツチームの関係者やファンをメンバーとする「氏族集団（クラン）」を形成しているのである。

7　現代のスポーツと宗教
── 世界各地の事例から

　次に，現代のスポーツと宗教の関係に関するいくつかの具体的な事例を見てみよう。

7.1.　キリスト教とスポーツ

　ローマ・カトリック教会の第 266 代教皇であるフランシスコ教皇（在位 2013-）は，南米アルゼンチンの出身であり，大のサッカーファンである。2013 年のイタリアとアルゼンチンの親善試合を前に

して，バチカンで両チームと私的な引見をおこなった教皇は，「本当はどちらを応援すればいいのか選ぶのは難しいのですが，幸運なことに，これは親善試合ですね」と語り，メッシ選手をはじめとする世界的な選手たちに，スーパースターの社会的責任を説いた。

　教皇の母国では，キリスト教と深い関係を構築したラグビーチームの事例が報告されている。ブエノスアイレスの特権的なクラブでラグビーをプレーして育った上位中間階級と上流階級の若い男性たちは，ラグビーボールのなかに十字架を配したロゴマークをもつ団体のためのスピリチュアルな隠遁所（リトリート）を組織した。教会の許可は得ているが，彼ら自身がこの宗教運動を組織している。隠遁が終わった後も，彼らのなかには週に一度，「スクラム」という名のグループミーティングを継続する者がいる。ラグビーに由来するこのミーティングの呼称は，彼らの連帯の象徴である。1980年代以降，現地ではカトリック教における個人的な宗教体験を強調する傾向があり，それがスポーツと宗教の境界線を曖昧なものにしていった。

　南太平洋のフィジーでもラグビーとキリスト教は密接に結びついている。「ラグビー神学」では，敬神，道徳規範，宗教性がプロフェッショナルなラグビーにおける成功と結びつく。選手たちの宗教的慣習は，終わりが見えない窮状，無給でのトレーニングが引き起こす不安に対処する手助けをしてくれる。成功は「神に栄光をもたらすこと」により説明され，トレーニング中の選手の日常的な訓練には説教・祈り・宗教的議論が含まれる。選手とコーチは，フィジカル，スピリチュアルの両面から準備することが必要だと信じている。

　他にもグローバル化のなか，国境を越えて活躍するブラジルのプロサッカー選手といわゆる「福音主義（Evangelicalism）」の密接な関係など，キリスト教は現代世界のなかでアスリートたちに多大な

影響を与えている。

7.2.　イスラーム教と「サラー効果」

　近年イスラーム教は，ときとして世界各地でネガティブな眼差し
に晒されてきた。そのような状況のなかで登場したのが，2017 年
にリヴァプール FC に移籍して以来，大活躍を続けるエジプト人フ
ォワード，モハメド・サラー選手である。ゴールを決めた後に祈り
を捧げてピッチにひれ伏すその姿は，フットボールに関心がない人
びとの間でさえ反響を呼んだ。イギリスでの公的な生活やスポーツ
においてイスラーム教徒が自己の宗教的アイデンティティを明示す
るのは稀であり，これまで，ムスリムに対する支配的な言説は暴力
的な議論，テロ攻撃または女性の男性への従属に関する議論と不可
分であった。しかし，サラーによって状況は一変した。ファンは，
サラーは「アッラーの贈り物」であり，「もし彼がさらに 2・3 点
決めたら，私もムスリムだ」と歌い始めた。サラーの移籍後，リヴ
ァプールのヘイト・クライムの割合は 18.8% 減少しており，そこ
にはピッチ外での「サラー効果」が顕著に現れている。チームは，
彼のムスリムとしての慣習を尊重している。アメリカのタイム誌は，
2019 年にサラーを世界で最も影響力のある 100 人に選んだ。

7.3.　風水・仏教とサッカー

　グローバル化のなか，アジアにも大富豪が数多く出現し，彼らの
なかには海外のプロスポーツチームのオーナーになった者もいる。
2007 年にマンチェスター・シティ FC のオーナーとなった当時のタ
イの首相タクシン氏は，多数の水晶をスタジアムの芝生の下に埋設
させ，受付エリア，オフィス，クラブのショップに招財樹，銭蛙
（jin chan），仏陀像を設置した。強力なエネルギーをもつ水晶をピッ
チの地面の下に設置することで，そのエネルギーがフィールドにも

たらされる，そして銭蛙や招財樹は財政的な成功を促進してくれるというのである。

　これらは風水思想に基づいている。風水とは都市，家屋，墓地などの日常生活空間や社会空間のなかで龍脈に沿って流れる気を，風水術や風水の知識によってコントロールすることで良い運気を獲得できるとする古代中国起源の考えである。今日でも風水は，ビルや集合住宅の建設などアジア各地で取り入れられており，運勢を開く民間信仰としての側面も色濃い。

　2008 年にタクシン氏がチームを手放すことになったということもあり，風水や仏教には御利益がないと思われるかもしれないが，その後のマンチェスター・シティ FC の躍進を見ると，簡単にそう言い切ることもできないとも思われる。

　では，次のレスター・シティ FC の場合はどうだろうか。免税店のチェーン店で財を成した大富豪のタイ人オーナー，ウィチャイ氏は，ホームゲームのためにバンコクのワット・トライミット寺院から約 10 名のタイ人の仏教僧を招聘し，キックオフ直前の選手たちは，仏像や呪物の掛け布で囲まれた特別な祠で僧侶たちの祝福を受けた。僧侶たちによる祝福は，チームのプレーに神聖な要素をつけ加えることになったと信じられている。2010 年に苦境にあった 2 部チームのオーナーとなって以来，ウィチャイ氏は僧侶の一団を率いて定期的にレスター・シティを祝福してきた。

　タイ人が日常生活や社会生活でなにかと僧侶の祝福を得ようとするのは当然のこととされるが，フットボールクラブのオーナーが仏教僧を試合に連れてくるのは異例のことである。しかしいまや関係者は，みなこのことに慣れっこになってしまっている。僧侶たちは，試合の間に祈りを捧げるだけでなく，ピッチの芝生の下への宗教的なイメージの埋設を統括したという。選手やファンは，僧侶たちの祝福を受けたお守りの小仏像や呪布を身につけており，これらはす

べて「良い業」を広めることとつながっている。僧侶の一人によると，チームの選手たちは初めのうちは懐疑的であったが，いまや彼らは僧侶たちの説教を評価してくれているという。レスターは2015‐16 シーズンのプレミアリーグで初優勝を果たした。

　これらの事例は，気の流れ，運気，因果応報がプロスポーツでの優れた成果の有無にどのように関与し，その際どのような説明がなされるのかを明示している。さらに，水晶をはじめとする呪物は，宗教の超越的な力をスポーツの場にもたらそうとする試みである。一般にこのような行動を呪術という。次に，スポーツと呪術の関係に焦点を当ててみよう。

8　スポーツと呪術

8.1.　アフリカの妖術とスポーツ

　呪術（magic）とは，超越的存在に働きかけることでさまざまな目的を達成しようとする行為を広く指し示す術語である。一般的な区別として，体内に存在するとされる妖物を意識的にあるいは無意識的に作動させる妖術（witchcraft），そして他者に危害を加えるために意図的・意識的におこなう邪術（sorcery）の二つがある。

　アフリカの妖術とサッカーの間には深い関係がある。2016 年のルワンダ・プレミアリーグの試合で，マリ生まれのカマラ選手が対戦相手のゴールポスト付近でなにかを弄り，それを見たゴールキーパーはすぐさま猛然と彼を追いかけた。彼は，キーパーがゴールを守る妖術儀礼の一環として埋めた呪物を除去したのだ。そしてその 3 分後，彼は見事に同点ゴールを決めた。その後，同じ 2016 年にルワンダ・フットボール連盟は，妖術を実践する者に対して出場停止と罰金の処分を科すことを決定した。

　フレイザーは類似の法則に基づく「類感呪術」と，接触または感染の法則に基づく「感染呪術」とを区別したが，これらの呪術はアフリカのサッカー界でも一般的に用いられている。たとえば選手の身体をサル，シマウマ，ライオンの骨でこする儀礼行為が報告されているが，これは選手が速く走り，トリッキーな動きを見せ，勇敢にプレーすることを可能にする「類感呪術」に他ならない。一般にサッカー選手は，呪薬などの呪物を用いて素晴らしいゴールを決め，猛烈なスピードで走り，常にゴールを守る。他方では嫉妬に駆られ，呪術を用いて対戦相手の選手に危害を加える。

　セネガルでは，伝統的なレスリング選手とマラブー（marabour, イスラームの導師）の間に密接な関係が存在する。導師による伝統呪術と宗教の混淆が，競技の成功を保証すると考えられている。戦いの日程が決まるとすぐ，レスラーたちは対戦相手に対抗するために超越的な精霊（djinn）の動員を図り，祈禱，お守り，呪薬，動物供犠のために多額の費用を費やす。戦いの間中，双方のマラブーは部屋のなかでしゃがみ，祈りと呪文を唱える。対戦相手の先祖の墓を暴いた，動物を生き埋めにした，人間供犠をおこなったなどという噂が飛び交う。

　これらの慣習のなかには伝統的なレスリングで許容されているものもあるが，2013 年にセネガルサッカー連盟は，「サッカーはレスリングになるべきではない」という理由で，スタジアムにおける一連の慣習を禁止した。セネガルのレスリングはスタジアムで実施されるのが一般的である。それでも地元のサッカーチームの選手はマラブーに相談し，お守りをレガースの下に入れ，呪物をゴールに隠し，得点を願い熱心に祈った。

　これらの事例から，スポーツの実践者にとり，「伝統」と「モダニティ（近代性）」との区別など存在しないということが明らかである。トレーニングが身体をつくり，呪術実践が運や運命に影響を

与え，スピリチュアルな実践が高次のパワーとの接触を可能にし，可能な場合はスポーツ心理学者を利用してメンタルの向上を図るなど，アスリートはスポーツ・人生での成功を保証してくれる一連の慣習にかかわっているのである。

8.2.　ベースボール・マジック

広島東洋カープの元選手で，2023 年現在 MLB でプレーする前田健太選手のゲン担ぎはよく知られている。①当番日はいつも同じシャツ，②ブルペンは真ん中，③45 球を投げ込む，④塩で体を清める，⑤左足でグラウンド入り，⑥マエケンダンス（マエケン体操），⑦ラインは左足でまたぐ，⑧プレートに祈る，⑨手を胸に当て祈る，⑩右肩とグラブに念を送る，⑪右手を上げて両手を広げながら屈伸，⑫夕食に豚の唐揚げを食べる，⑬コンビニに寄る，⑭寝る前に同じ音楽を聴く，⑮同じパジャマを着る，⑯同じ下着を穿く，⑰試合開始 7 時間前に起床，⑱お風呂でブログチェック，⑲朝食は豚のしょうが焼き，⑳風呂掃除，㉑トイレ掃除，㉒定刻に球場入り，と非常にバラエティに富んでいる。

じつは，このようなゲン担ぎは前田投手だけではない。グメルチは，キャップを引っ張る，ユニフォームの文字，メダルに手で触れる，十字を切る，プレートの上でバットを軽く叩くか弾ませる，ウォーミングアップ用の重いバットで所定の回数スイングするなど，アメリカの野球選手が成功のためにおこなう数々の慣習を指摘している。

彼は，アメリカ野球の一連の慣習を「儀礼」「呪術」と呼び，それらを，マリノフスキーが論じた南太平洋のトロブリアンド島人の漁業に関する呪術になぞらえる。トロブリアンドにおいて，礁湖の漁では完全に自分の経験的知識と技術を頼りにできるので呪術が存在しないが，外海の漁は危険や不確実さに満ちており安全を確保し

良い結果をもたらすために呪術的な儀礼が発達している。同様に，野球の呪術は，不確実であるにもかかわらず，不安を緩和してくれる。

　このように，アメリカの野球のような完全に「現代的な」スポーツにおいて，選手たちは「伝統的な」人びとと同じ呪術的慣習を実践している。したがって，マエケンのゲン担ぎにしても，全然奇妙なことではないのである。

9　お わ り に

　スポーツは人類社会が育んできた文化の一つであり，宗教もまたその一つである。本章では，さまざまなスポーツと宗教との間の多岐にわたる歴史的・現代的関係を概観した。人類の歴史の初期段階で，スポーツと宗教は不可分のものとして実施されており，近代スポーツの発展以降も両者の関係は継続してきた。スポーツと宗教にはたくさんの類似点が存在し，私たちはより良いスポーツの結果を願って祈り，宗教儀礼のときと同じようにスポーツを応援している。現代世界のなかで世界宗教，民族宗教，呪術などのさまざまな宗教はスポーツと多様な関係を構築している。スポーツと宗教の結びつきは，人類の歴史とともに今後も続いていくだろう。

【参考文献】

Alpert, Rebecca T., 2015, *Religion and Sports : An Introduction and Case Studies*, New York : Columbia University Press.

Besnier, Niko, Brownell, Susan and Thomas F. Carter, 2018, *The Anthropology of Sport : Bodies, Borders, Biopolitics*, Oakland, California : University of California Press.

Bowie, Fiona, 2006, *The Anthropology of Religion : An Introduction*, Oxford : Blackwell（Second Edition）.

Delaney, Time and Tim Madigan, 2015, *The Sociology of Sports: An Introduction*, Jefferson, North Carolina: McFarland & Company, Inc.（Second Edition）.

Durkheim, Émile, 1912, *Les formes élémentaires de la vie religieuse: le système totémique en Australie*, Paris: F. Alcan.（古野清人訳，1975a，『宗教生活の原初形態（上）』岩波書店。／古野清人訳，1975b，『宗教生活の原初形態（下）』岩波書店。）

Frazer, James George, 1936, *The Magic Art and the Evolution of Kings*, vol. 1.（神成利男訳，2004，『呪術と王の起源（上）』国書刊行会。）

Giulianotti, Richard, 2016, *Sport: A Critical Sociology*, Cambridge; Malden, MA: Polity Press（Second Edition）.

Gmelch, G., 1971, "Baseball Magic," *Society*, 8(8): 39-41.

Guttmann, Allen, 2004, *Sports: The First Five Millennia*, Amherst, Mass.: University of Massachusetts Press.

Lévi-Strauss, Claude, 1962, *Le totémisme aujourd'hui*, Paris: Presses universitaires de France（仲沢紀雄訳，1970，『今日のトーテミスム』みすず書房。）

Malinowski, Bronislaw, 1992〔c1948〕, *Magic, Science and Religion and Other Essays*, Prospect Heights: Waveland.（宮武公夫・高橋厳根訳，1997，『呪術・科学・宗教・神話』人文書院。〔抄訳〕）

Peacock, James L., 1986, *The Anthropological Lens: Harsh Light, Soft Focus*, Cambridge,〔Cambridgeshire〕: Cambridge University Press.（今福龍太訳，1993，『人類学とは何か』岩波書店。）

Turner, Victor W., 1969, *The Ritual Process*, Chicago: Aldine.（富倉光雄訳，1996，『儀礼の過程』新思索社。）

Tylor, Edward B., 1903, *Primitive Culture: Researches into the Development of Mythology, Philosophy, Religion, Language, Art, and Custom*, London: J. Murray.（奥山倫明ほか訳，2019，『原始文化　上』国書刊行会。）

Van Gennep, Arnold, 1909, *Les rites de passage, étude systèmatique des cérémonies*, Paris: Librairie Critique.（綾部恒雄・綾部裕子訳，2012，『通過儀礼』岩波書店。）

新田一郎，2010，『相撲の歴史』講談社。

Evangelicalism & Brazil: The religious movement that spread through a national team – BBC Sport（https://www.bbc.com/sport/football/60483820）（2022 年

　　9 月 30 日閲覧）

Leicester City's 'good karma': the Buddhist monks behind the Foxes' divine play
（https://www.telegraph.co.uk/news/2016/04/30/leicester-citys-good-karma-
the-buddhist-monks-behind-the-foxes-d/）（2022 年 9 月 25 日閲覧）

Mo Salah changing social and political attitudes: Some Liverpool Voices – Sport
Matters（https://www.blogs.hss.ed.ac.uk/sport-matters/2019/08/31/mo-salah-
changing-social-and-political-attitudes-some-liverpool-voices/）（2022 年 9 月
25 日閲覧）

Mohamed Salah: Why new Liverpool deal goes beyond football – BBC News
（https://www.bbc.com/news/uk-england-merseyside-59622430）（2022 年 9
月 25 日閲覧）

「MLB 前田健太 22 のゲン担ぎ―豚唐揚げや便所掃除など」NEWS ポストセ
ブン（https://www.news-postseven.com/archives/20180114_643228.html?DE
TAIL）（2022 年 9 月 19 日閲覧）

Pope Francis' private audience with Italy and Argentina football teams – YouTube
（https://www.youtube.com/watch?v=Ci4581KDNWY）（2022 年 9 月 30 日閲
覧）

Rwanda bars witchcraft from soccer after player interrupts game to dig up bad
juju – The Washington Post（https://www.washingtonpost.com/news/early-le
ad/wp/2016/12/29/rwanda-bars-witchcraft-from-soccer-after-player-interrupts-
game-to-dig-up-bad-juju/）（2022 年 9 月 25 日閲覧）

第 **3** 章　スポーツと身体感覚

eスポーツはどこまでスポーツといえるのか

木島由晶

1　eスポーツはスポーツか

　筆者が担当している講義で「eスポーツはスポーツか？」という問いを学生に投げかけたところ，一部の運動部員から「馬鹿にするな！」と叱られたことがある。なぜかというと，自分たちは夏の炎天下であれ冬の氷点下であれ，汗をかいたり寒さに耐えたりしてキツい練習に励んでいるというのに，やつらは冷暖房の効いた快適な部屋でポテチをつまんだりして遊んでいるだけじゃないか，というのだった。

　なるほど，たしかに熊のような体つきの，漫画の「バキ」シリーズに出てきそうな屈強な学生たちに囲まれながら凄まれると，思わず「すみませんでした！」と謝りたくもなったのだが，しかし筆者は別に悪いことをしたわけではないし，意味なく謝罪することは全国のeスポーツ部員に対して失礼な話でもあるだろう。だからここでは勇気を出して問うてみたい。いったいなにが，彼らの感情を逆撫でさせたというのか。

　話を具体的にしてみよう。大学のクラブ活動で，野球やサッカー，アメフトなどの競技スポーツを実践している人たちを運動部員と呼ぶことにすると，多くの場合，運動部員はスポーツとゲームを明確に区別したがるのに対し，eスポーツ部員はその区別にはさほどこだわらない。というのも，スポーツの側から見れば「ゲームはスポ

ーツの一部でない」と感じられているのに対し，ゲームの側から見れば「スポーツはゲームの一部である」と感じられているからである。

　同じことは研究の世界においてもいえる。すなわち，ゲームの研究者はスポーツがゲームの一種であることに疑問をもたないが，スポーツの研究者はゲームとスポーツを混同されることに抵抗を示しがちで区別を設けたがる。いわく，ゲームは遊びに過ぎないが，スポーツは全身を使ったまじめな活動であり，伝統があって制度化も進んでいるから，学校の正規の科目に組み込まれており（体育の授業），学力とは別の基準で優遇を受けられたりもする（スポーツ推薦）。つまりゲームよりもスポーツのほうが，社会的なステータスは「上」だと感じられているわけである。

　しかし本当にそうだろうか。「そうだ！」と力強く言い切れるほどには，私たちはゲームのこともスポーツのことも，そして自分たちの身体のことも，よくわかっていないのが実情ではないだろうか。そこで本章では，eスポーツとはどういうものかを確認しつつ，従来のスポーツとどこが似ていて，なにが異なるのかを考えてみたい。

2　遊びとはなにか

　そもそもeスポーツとはなんだろうか。日本eスポーツ連合（JeSU）の定義によると，それは「広義には，電子機器を用いておこなう娯楽，競技，スポーツ全般を指す言葉であり，コンピューターゲーム，ビデオゲーム[1]を使った対戦をスポーツ競技として捉える際の名称」だという。なるほど，たしかにスポーツで競争するように，ゲームの対戦は人気があるし，楽しい。それはよいとして，多くの人が違和感を覚えるのは，ゲームの対戦を「スポーツ競技として捉える」ことの妥当性だろう。ゲームの対戦はあくまでゲーム

の対戦なのであって，わざわざスポーツと呼ぶ必要はないのでは？という疑問だ。

　この疑問にきちんと反論することは，意外と難しい。たとえば「スポーツはまじめな活動で，ゲームは遊びである（だからゲームはスポーツではない）」という主張が成り立たないことは，少し考えればすぐにわかるはずだ。なぜなら，ゲームも真剣に取り組む場合があるからである。そもそも近年 e スポーツが注目される理由は，ゲームのプロが話題になり，五輪のような国際的な競技大会で正式種目として導入が検討され始めたからだろう[2]。つまり今日では，生計を立てるため，あるいは大会で好成績を収めるために，まじめにゲームに取り組むことは珍しくない。

　同じことは裏返してもいえる。つまり，競技にするからゲームにも真剣に取り組む人が出てくるのであって，成果が求められず，勝敗にこだわらなければ，スポーツだって草野球のように気軽に楽しまれるに違いない。ゲームの研究者がスポーツとゲームを区別しない理由はこの点にある。すなわち，ゲームもスポーツも，どちらも競技として緊迫した状況で争うこともできれば，遊戯としてリラックスした状態で楽しむこともできる。というより，フランスの社会学者ロジェ・カイヨワによれば，むしろこの二面性こそが遊びの本質なのである。どういうことか。

　カイヨワはその著書『遊びと人間』のなかで，古今東西の遊びを検討し，「明らかに他に還元不能な特異性」をもつ「根本的な性格」によって，遊びを大きく 4 つに区分できると提案した（Caillois 1958 ［1967］=1990）。すなわち，競争の遊び（アゴン），運の遊び（アレア），模擬の遊び（ミミクリ），めまいの遊び（イリンクス）である（表 3 - 1）。

　この類型が優れているのは，球技（ボールを使う）やボードゲーム（盤とコマを使う）といった特徴で遊びを区分するのではなく，

表3-1　カイヨワの遊びの分類

	アゴン（競争）	アレア（運）	ミミクリ（模擬）	イリンクス（めまい）
パイディア（遊戯的なもの）↓	取っ組み合いなど 運動競技	鬼を決めるじゃんけん 表か裏か遊び ルーレット	子どもの物まね 空想遊び 仮装服	子どもの「ぐるぐるまい」 ぶらんこ
ルドゥス（競技的なもの）	サッカー，チェス スポーツ競技全般	富くじ （単式，複式）	演劇 見せ物全般	スキー 空中サーカス

（Caillois 1958［1967］=1990：81）をもとに作成

役割に注目して分類を試みた点である。カイヨワによると，これら4つの役割のうち，どの役割が他より優位に立つかに注目することで，「サッカーやビー玉やチェスをして遊ぶ（アゴン）。ルーレットや富くじに賭けて遊ぶ（アレア）。海賊ごっこをして遊んだり，ネロやハムレットを演じたりして遊ぶ（ミミクリ）。急速な回転や落下運動によって，自分の内部に器官の混乱と惑乱の状態を生じさせて遊ぶ（イリンクス）」といったように，表面的な特徴だけでは気づきにくい，遊びの意外な「血縁関係」が明確になるという（Caillois［1958］1967=1990：44-45）。

　さらにカイヨワは，上記の4つの役割とは別に，パイディアとルドゥスという遊びの2つの極を考えた[3]。パイディアは原初的な遊びを指し，ルドゥスは制度化された遊びを指す。あるいは，パイディアは規則から自由になろうとする力を指し，ルドゥスは規則に従わせる力を指す。カイヨワによると，遊びはこの2つの力を極として位置づけられる。つまり，遊びとは自由奔放でありながらも，見えない規則に縛られる，一見すると矛盾した行動を含んでいる。言い換えると，遊びにもパイディア寄りのものとルドゥス寄りのものがあり，そこには濃淡がある。戦う行為一つを取っても，それが自由な取っ組み合いとして楽しまれているうちはパイディアの要素

表 3‒2　代表的な e スポーツの種目

対戦格闘ゲーム	デジタルカードゲーム（DCG）
スポーツ	音楽ゲーム（リズムアクション）
シューティング（FPS/TPS）	MMORPG（大規模多人数同時参加型 RPG）
レーシング	RTS（リアルタイムストラテジー）
パズルゲーム	MOBA（マルチプレイオンラインバトルアリーナ）

が強いが，審判を呼び，金的は反則にして……という風に規則を加えていくうちに，それはルドゥスに近づく。

　以上の遊びの整理を借りると，スポーツとゲームの共通点がよくわかる。加えて，コンピュータゲームにもさまざまなジャンルや作品があるけれども，e スポーツに向いているものと向いていないものがあることが見えてくる。e スポーツにふさわしいのは，アゴン×ルドゥスの組み合わせである。つまり競争ができて，規則が徹底しているなら，そのゲームは e スポーツ化しやすい。

　ただしもちろん，今日の e スポーツはそれだけでは成り立たない。さらに重要なのは，安定した収益が見込めるかどうかである。じっさい JeSU は，e スポーツとして公認できるゲームの基準を，(1) 競技性，(2) 稼働実績，(3) 大会の継続性，(4) 興行性の 4 点に求めている。興行として魅力的なゲームには，優勝すると 1 億円以上の賞金を獲得できる大会もあり，それらは既存のスポーツ大会と比べてもなんら遜色のない盛り上がりを見せている。

3　スポーツとはなにか

　しかしそうだとすると，新たな疑問も生じる。スポーツとゲームに共通点があるとして，具体的にはどんなゲームが e スポーツになっているのか。表 3‒2 は現在，e スポーツの大会でおこなわれている代表的な種目（ゲームジャンル）を示したものである。細かい

表 3 - 3　スポーツの 3 分類

sports		
physical sports	mind sports	electronic sports
野球 サッカー バスケットボール テニス ゴルフ マラソン フィギュアスケート 水泳	チェス 囲碁 将棋 オセロ ポーカー マジック：ザ・ギャザリング 麻雀	Counter Strike Star Craft War Craft ストリートファイターⅣ ギターヒーロー FIFA09 テトリス Need for Speed
その他身体的なスポーツ	その他思考的なスポーツ	その他電子的なスポーツ

出典：松井 2010：248

　説明は割愛するが，私たちの実感に照らした場合，これらの種目の
なかにはいかにもスポーツらしいものと，およそスポーツらしくな
いものとが両方含まれているだろう。

　すなわち，いかにもスポーツらしいのは対戦格闘ゲームのような
種目であり，実在する競技スポーツをコンピュータゲームにしてい
るため，イメージもしやすい。他方で，およそスポーツらしくない
のはデジタルカードゲームのような種目であり，これはトランプで
いえばポーカーの腕を競うようなものだから，身体を動かし，汗を
かくといった常識的なスポーツ観とは真っ向から対立する。なによ
り，スマホで遊べるカードゲームをスポーツと呼んでよいのかとい
う疑問が湧いてくるだろう。

　したがって，この疑問について考えることは，私たちにとってス
ポーツとはなにか[4]を考え直す格好の機会になる。思考の補助線
を引いてみよう。シーンの黎明期から e スポーツのイベント運営を
手掛けてきた松井悠は，今日のスポーツを表 3 - 3 のように整理し
ている。ここではスポーツというカテゴリーのなかに，フィジカル

スポーツ（physical sports），マインドスポーツ（mind sports），e スポーツ（electronic sports）の 3 つが分類されている。これに当てはめると，デジタルカードゲームは e スポーツであると同時に，マインドスポーツでもあるという二重の意味で，伝統的なスポーツからは異質であるということになる。

　では，このような新しいスポーツ観はいつ頃から目立ってきたのか。簡単にいうと，人びとのインターネットの利用が広がる 20 世紀の終わり頃から本格化したと見なし得る。まず，人間の思考力を競うゲームをスポーツと捉えるマインドスポーツの発想は，1997 年から毎年ロンドンを中心におこなわれている「マインドスポーツオリンピアード」（Mind Sports Olympiad）の開催によって社会的な認知を高めていった。そして 2005 年には国際マインドスポーツ協会（IMSA）も設立され，現在ではチェス，囲碁，麻雀，カードゲームなどの 7 つの国際連盟が加盟して，マインドスポーツをオリンピックの正式種目にするべく活動を続けている。

　一方，e スポーツの制度化が進むのも同じ時期である。ライターの金子紀幸がいうように，e スポーツという言葉は，公的文書としてはロンドンでオンラインゲーマーズ協会（OGA）が発足した 1999 年に用いられたのが最初とされる（加藤 2018：136[5]）。翌年に韓国 e スポーツ協会（KeSPA）が設立されるが，この前後から，北米では LAN パーティー（持ち寄った PC を有線でつないでおこなうゲーム大会）が流行し，韓国では PC 房（ネットカフェ）を利用した大会がにぎわい，日本ではゲームセンターから火がついた大会が隆盛するといったように，国ごとにそれぞれ背景は異なるものの，ゲームの対戦を競技化する機運が高まっていった。そして 2008 年には，釜山を本拠地とする――e スポーツの一番の先進国は韓国である――国際 e スポーツ連盟（IeSF）も発足し，現在では 72ヶ国の加盟国が参加するなかで，e スポーツを五輪の正式種目にするべく奮闘

している。

　さて，以上の経緯からわかるように，従来はスポーツとは見なされなかったものをスポーツにしようとする際の最終目標は，オリンピックの正式種目にすることである。別の言い方をすると，五輪の種目に採用されて初めて，それは誰からも疑われることのない，スポーツとしての揺るぎなき正当性を認められるのだといえる。だとするとそこに，デジタルカードゲームのような種目が採用される日はくるのだろうか。スポーツ哲学者のジム・パリーは難しいと判断する（Parry 2018）。

　なぜか。パリーはオリンピックのスポーツを「人間の身体的な技能に関する，制度化され，ルールに支配された競争（an institutionalized, rule-governed contest of human physical skill[6]）」と定義したが，eスポーツはこの定義に含まれる要件のうちの一部しか満たしていないからである（吉田 2020：36）。要件を満たすのは「ルールに支配された競争」，つまりアゴン×ルドゥスの部分であり，それ以外の部分，とくに「人間の身体的な技能」を用いていない点で，eスポーツはオリンピックの種目にならない（さらにいえば，eスポーツはスポーツではない）とパリーは結論づけている。

4　身体とはなにか

　パリーの指摘には，身体の使用をなにより重んじるフィジカルスポーツと，さほど重んじないマインドスポーツやeスポーツとの違いを考えるうえで，重要なヒントが隠されている。そこで「人間の身体的な技能」と彼が述べる部分を，より丁寧に噛み砕いてみよう。ここに含まれている要素は，大きく三つに分けて説明することができる。

　第一は，人力で争うことである。たとえば，現在のオリンピック

には F1 やオートバイのようなモータースポーツが含まれていない
が，それはなぜだろうか。大きな理由として考えられるのは，スピ
ードを出すために人間の力を使っていないからである（車やバイク
に速度を与えるのはガソリンやモーターの力だ）。つまり道具を用いる
場合でも，自転車のように自分で漕いでいるのであれば，人間の力
を使っているので問題はない。そしてこの考えを踏襲すると，（映
画の『レディ・プレイヤー 1 [7]』が描いたように）もしも 100 年後に
ガンダムやエヴァンゲリオンに乗っておこなうような格闘大会（Ro-
bot Wars）が開催されたとしても，それは殴ったり飛んだりするた
めに人間の筋肉を使うわけではないので，オリンピックの種目にな
らないことが予想される。

　第二は，身体をじかに用いることである。これは要するに，自分
の身体を用いた動作が，競技の結果に直結する状況を指す。砲丸投
げを例に挙げると，砲丸を投げる動作が結果に結びつくことで好成
績は生まれる。言い換えると，上手な投げ方や放り上げる角度を工
夫することで砲丸の飛距離は伸びる。だが，たとえば将棋はそうで
はない。将棋で評価を問われるのは，どこにコマを置いたのかとい
う結果だけである。正座しながらでも，寝そべっていても，自分で
動かさなくても（他人にお願いすれば）コマは動かせてしまう。つ
まり，プレー中の身体の動かし方が競技の評価に直結しない点で，
将棋のようなマインドスポーツは身体をじかに使っていないことに
なる。

　第三は，全身の技能を駆使することである。ギネスの世界記録に
よると，しゃっくりの世界最長記録保持者はチャールズ・オズボー
ン（1894-1991）で，68 年間に 4 億 3000 万回以上のしゃっくりをし
続けたそうだが [8]，なんでも記録し，競争すればよいというもの
でもない。五輪で評価されるのは，あくまで特別な訓練を要する技
能の成果である。だからしゃっくりはもちろん，たとえば日常的な

反復行為の延長にある早食い競争も，バラエティ番組にはなっても
オリンピック種目にはならない。また，その技能は身体の全体を用
いたものであるべきで，歌がうまいだとか，手先が器用であるなど，
身体の一部を用いるだけでは不十分とされる。美学者である吉田寛
の整理を借りると，「ガーデニングや楽器の演奏が，競争（コンク
ール）にはなってもスポーツにはならないのと同様，e スポーツも
スポーツにはならない」（吉田 2020：37）のである。

　このように，オリンピックを基準にすると，フィジカルスポーツ
とそうでないものとの違いが強調されやすく，両者の間には原理的
に大きな隔たりがあると言わざるを得ない。だからこの考え方を当
てはめると，「現在浸透している『スポーツ』の基準や定義が修正
されないかぎり――そして最終的には国際オリンピック委員会がそ
れを認めないかぎり――e スポーツは『永久に』オリンピック・ス
ポーツにはなれない，ということになる」（ibid.: 37）。

　しかし疑問も残る。この結論をすんなり受け入れられるのは，い
ったいどういう人なのだろうか。パリーの議論は，本章の冒頭で見
たような運動部員の立場を代弁しているともいえる。だからそれな
りに説得力もあるのだが，しかし同時に，議論の仕方に若干の不満
を覚えることもまた事実である。つまり彼の議論は，現在の常識的
なスポーツ観に当てはまらないものを除外していく格好になってい
るので，社会の変化を考慮しないし，建設的な議論とも言いがたい。
したがって，スポーツらしく公平を期すなら，ここで e スポーツ部
員の立場を代弁してみてもよいだろう。そうすると，次のような反
論が出てくることが予想される。

　まず，e スポーツが「人間の身体的な技能」を使っていないとい
うのは，程度の問題に過ぎない。たしかにマインドスポーツはその
名の通り，思考力や記憶力，判断力といった人間の知的能力を競う
ゲームだから，身体能力を用いていない点で，フィジカルスポーツ

とは対極的な立場にある。しかしeスポーツに求められるのは，反射神経や動体視力，正確な操作能力などであり，たとえ全身を駆使していなくても，それは身体能力の範疇にある。ならばパリーのようにフィジカルスポーツとeスポーツの間に分断線を引くのではなく，カイヨワがそうしたように連続的に捉えたほうがよいはずだ。つまりeスポーツにも身体性の高いものと低いものがあると考えるのである。

　それに現時点でのeスポーツの課題は，技術的に解決し得るものだ。たとえば私たちは，コンピュータを操作する際にキーボード，マウス，タッチペンなどの道具を用いるが，同様に，ゲームを操作するためのインターフェイスもさまざまである。現在の主流はゲームパッドのように指で操作するものだが，それがスポーツとしては不十分というのなら，より身体的なものにしてもよい。業務用のゲーム機には全身を傾けて操作する体感型のマシンもあるし，今後VRの技術が進展すれば家庭用のゲーム機でも全身の動きと連動させていくことは可能だろう。そうした意味でも，eスポーツを一括りにして「スポーツではない」と断定するのは早計である。

　あるいは私たちは，議論の前提を疑うことも可能だ。つまり，これから先もいまの常識が変わらないという前提に立つのではなく，いまとは別のスポーツ観に変わっていくと予想することもできる。そしてその場合はむしろ，eスポーツが未来のスポーツ観を先取りしていると想定することができるだろう。だとすればそれはどのような未来なのか。最後に，このことについて考えてみたい。

5　身体感覚の拡張

　先に見た通り，オリンピックを頂点とするフィジカルスポーツは，人間が生まれつき備えている身体能力を用いることに重きを置く傾

向がある。けれどもこの理想は，時代が下るにつれて窮屈になって
いくことが予想される。なぜだろうか。

　まず，自分の身体のみを用いるという想定が，もともと曖昧な部
分を含んでいる。たとえば，昭和の頃のテレビCMに「メガネは
顔の一部です♪」と歌うものがあったのだが，このキャッチコピー
が示す通り，メガネのような道具は常に身につけることで，当人は
もちろん，周りの人もそれが本当の顔であるように感じられていく。
反対に，なんらかの事情でメガネをかけられない日があれば，本人
は落ち着かないし，周りの人は誰もその人とは気づかない事態すら
生じる。この場合，メガネはたしかに顔の一部といえる。同様に，
たとえば車椅子で生活する人にとっては，使い続けていくうちに車
椅子が自分の足の代わりになっていくだろうが，こうなってくると，
もはやどこまでが自分の身体なのかはわからない。

　また，普段はとくに意識しないが，私たちはそれぞれ自分の身体
感覚をもっている。目を閉じて机の上にあるコップをつかむことが
できるのも，無意識のうちに自分の手の形や大きさを把握し，コッ
プの形や大きさを知覚しているからだ。とくに手や足の感覚は，赤
子の頃から多くの経験を積んでいるので，通常，人はとても正確に
イメージできる。ただしこの感覚は，現象学的な身体論で論じられ
るように，物理的な身体とは必ずしも一致しない。興味深いのは，
それが伸びたり縮んだりすることだ。たとえば私たちが普段失敗せ
ずに字を書けるのは，字を書いている最中に，自分の身体感覚がペ
ン先にまで伸びたように感じられるからだ。あるいは，車を運転す
るときの車両感覚を想像してもよい。車両感覚とは自分の車に対す
る前後左右の距離感のことで，この感覚をつかむことで，走行中は
対向車線にはみ出さず，駐車の際も所定の位置に停車できる。つま
りそれは自分の身体感覚の延長で車体の幅，長さ，向きを知覚でき
ることの証である。

　では，以上を踏まえるとゲームのプレー体験はどう位置づけられるか。それは自分の身体とキャラの身体を同期（synchronize）させて，身体感覚を画面の向こう側に拡張させる体験だと考えられる。つまりゲームをしていると，画面上のキャラが自分の身体のように感じられることがある。教育社会学者の松田恵示はその体験を次のように説明している。「このとき私の『身体』とは，『あちら』の身体でもあり『ここ』の身体でもある。シンクロナイズした画像に対して，私たちはそれを自身の同一の『身体』であると感じているのである。いわば日常生活が普通『いま，ここ』の世界であるのに対して，テレビゲームでは『いま，あちら』の世界が広がっている」のである（松田 2008：227）。

　そればかりでない。そもそもメディアを使いこなすこと自体が，身体を拡張させる体験なのだといえる。この点を強調するのが，カナダのメディア学者マーシャル・マクルーハンである。彼によると，メディアとは「人間の拡張」を意味する。ただしこの場合のメディアというのは，私たちが通常思い浮かべるテレビやラジオのような媒体だけを意味しない。「すべてのメディアは人間の感覚の延長である」（McLuhan 1964=1987：22）という表現からもわかるように，彼はむしろ，人間の能力や感覚がなんらかの形で外化し，拡張したものをすべてメディアと呼んでいるふしがある。

　表 3 - 4 は，マクルーハンの主著『メディアを理解する──人間の拡張』（邦題は『メディア論』）のなかで，彼がメディアと見なした項目（この項目は，この本の第 8 章から第 33 章までのタイトルにもなっている）を並べたものだ。これらを一望すると，彼の独特のメディア観を大まかにつかむことができるだろう。勘の鋭い読者は，ここに示されているのがアルファベットと同じ数（26 種類）で揃えられていることや，前半が話し言葉や書き言葉で始まり，後半がテレビやオートメーション（つまりコンピュータ）で終わる構成に遊

表 3 - 4　マクルーハンがメディアと見なしたもの

話し言葉	漫画	タイプライター
書き言葉	印刷された言葉	電話
道路と紙のルート	車輪，自転車，飛行機	蓄音機
数	写真	映画
衣服	新聞	ラジオ
住宅	自動車	テレビ
お金	広告	兵器
時計	ゲーム	オートメーション
印刷	電信	

出典：McLuhan 1964=1987 をもとに訳語を一部改変

び心を読み取るかもしれない。

　このなかでわかりやすいのは，衣服が皮膚の拡張，車輪が足の拡張，電話が耳と声の拡張……というように，メディアを身体の一部を拡張させたものだと捉えていることである。ただし先ほどの「メガネは顔の一部」という捉え方とは異なる部分もある。それは私たちが身につけていないものにまで発想を広げていることだ[9]。とくにテレビのような電子メディアは，単に私たちの視覚を拡張させるというより，むしろ触覚，または中枢神経組織の全体を拡張しているのだとマクルーハンは指摘している。

　ともあれ，こうした目線で改めてゲームの体験を振り返ると，ゲーム機（や PC）は脳の拡張，コントローラーは手の拡張，テレビ（や液晶画面）は目や触覚の拡張……というように，ゲームをプレーすることがさまざまな「メディア」の力に助けられていることに気づく。それと同時に，物理的に遠く離れた場所にいる人とゲームで対戦ができて，その模様を世界中の人びとがリアルタイムで観戦できる現在の環境が，極めて不思議なことに感じられてもくるだろう。

　以上をまとめるなら，e スポーツとは「身体をゲームというメディアを介在させて拡張させるスポーツ」と定義することができる。

そして，もしもこの先，e スポーツが正当なスポーツとして認められる日がくるなら，そこには二つの理由が考えられよう。

　一つは，メディアによる身体の拡張が自明になった社会のスポーツとして評価される可能性である。たとえば今後，AR メガネのようなスマートグラス（身につける情報端末）が社会に浸透した場合，メガネは顔の一部というより，それ以上の機能を備えた身体の一部になる。そして，そうした日常が訪れた場合，私たちは物理的な身体を超えて，身体の感覚をさまざまに拡張させることが自然になると予想される。そうなると，いまここにある身体だけを重んじるフィジカルスポーツを自明視する考えは弱まり，e スポーツがそれと同等の社会的ステータスを獲得したとしても不思議でない。

　もう一つは，「健常者」と「障がい者」という風に分断されてきた垣根を乗り越えるスポーツとして評価される可能性である。パラ・スポーツを想起すればわかるように，今後の社会において，自分の身体とその力だけで競うというフィジカルスポーツの理想を，あらゆる人が守れるわけではないし，おそらく守るべきでもないだろう。そしてメガネや車椅子を身体の延長として用いることが許されるなら，ゲームのコントローラーや自分の操作するキャラクターを身体の延長として用いることがなぜ許されないのかという疑問が，今後はもっと浮上してくる可能性がある。生まれつきの身体能力に差があって，困難な障がいをもって生まれてきたとしても，ゲームにおいては誰もが同じキャラの身体を操ることでスポーツに興じることができる。そうした意味で，e スポーツは社会的平等を切り拓く可能性を秘めている。

　なにを「病気」と呼ぶかが時代や社会によって変わるように，なにを「スポーツ」と呼ぶかも時代や社会によって変わる。スポーツという実態があるのではなく，そのカテゴリーは社会的に構成されている。そのように考えた場合，これまで e スポーツはフィジカル

スポーツと異なるからこそ，真っ当なスポーツとしては評価されて
こなかった。けれども未来においては，むしろ e スポーツはフィジ
カルスポーツと異なるからこそ，スポーツとして魅力があるという
風に理解されるかもしれないのである。

【注】

1 ）ビデオゲーム（video game）とは英語圏での呼称で，ディスプレイに表
　　示させて遊ぶタイプのゲームを指す。日本のテレビゲームとほぼ同義。

2 ）規模の大きな大会で話題となったのがアジア競技大会である。2018 年
　　の第 18 回大会では複数のビデオゲームの試合が公認の公開競技となり，
　　2022 年の第 19 回大会では正式なメダル種目の競技となった。

3 ）この見方は珍しいものではない。スポーツ哲学の観点でいえば，S・
　　B・ドゥルーも「原始的プレイ」と「エリート的スポーツ」を両端にもつ
　　線分としてスポーツを捉えている（Drewe 2003=2012）。

4 ）よく知られている通り，現在の私たちが想起するスポーツのイメージは，
　　比較的新しいものだ。スポーツの歴史社会学的研究の先駆者の一人，ノル
　　ベルト・エリアスによれば，かつてはスポーツという言葉に特殊な意味は
　　ほとんどなかった。この言葉は，そのもとになった「気晴らし（disport）」
　　という言葉とともに，さまざまな娯楽や楽しみを指すものとして広く使わ
　　れていた。しかし「18 世紀の間に，それはもっと高度に専門化された言
　　葉になった」。つまり「肉体の行使が重要な役割を果たす娯楽の特殊な形
　　態―イギリスで最初に発展し，そこから世界中に広がったある種の娯楽の
　　特殊な形態―を意味する専門用語として」広く用いられるようになったの
　　である（Elias and Dunning 1986=1995 : 217）。
　　　本章で用いるスポーツの概念は，当然「肉体の行使が重要な役割を果た
　　す」ようになって以降の近代スポーツを前提としている。しかしスポーツ
　　の語源にさかのぼり，（必ずしも身体の行使が重要な役割を果たさない）
　　芸術や娯楽もスポーツに含めようとする動きは，以後も繰り返し登場して
　　きた。ビデオゲームの大会を「e スポーツ」と呼ぶ動きも，その一例であ
　　る。とくにゲームが興味深いのは，インターネットや VR など，メディア
　　の技術が高度化した社会において，スポーツ（または身体）とはなにかを
　　問い直す点にあるだろう。

5）eスポーツの歴史については『対戦ゲームの歴史』が詳しい。この本には1970年代から2010年代までのゲームを用いた対戦の歴史が描かれており，OGAに関する記載もある（Zhouxiang 2022：113）。

6）具体的には「人間の」「身体的な」「技能」「競争」「ルール」「制度化された」という6つの条件を組み合わせた定義である。引用しよう。「スポーツの論理的に必然的な条件を6つ提案しよう。はじめに，すべてのスポーツは人間の（human）活動である。動物は，遊ぶことはあってもスポーツをすることはない。第2に，スポーツは身体的な（physical）活動である──ここで私が言おうとしているのは，その活動における直接的な取り組みと，その結果にとって身体的要素が必要不可欠だということである。第3に，スポーツで問題となるのは身体の技能（skill）である。第4に，すべてのスポーツは競争（contests）であり，第5に，スポーツはルール（rules）によって支配されている。最後に，スポーツはその出来事を管理する国内または国際的な組織によって制度化（institutionalised）されている」（Parry 2018：4）。

7）『レディ・プレイヤー1』は2045年の未来に仮想空間内で遺産の争奪戦をするさまを描いた映画で，作中に映画やアニメやゲームの有名キャラクターが豊富に登場する点で話題となった（2018年4月公開）。日本版のキャラクターポスターは「怪獣絵師」として有名なイラストレーターの開田裕治が手がけている。

8）ギネス世界記録の公式サイトにアクセスして，検索語にhiccup（しゃっくり）を入力すると確認できる（https://www.guinnessworldrecords.jp, 2022年9月24日閲覧）。

9）マクルーハンはゲーム（各種のスポーツやギャンブルなど）もメディアの一つだと考えた。ただし，人間の特定の身体部位を拡張していると考えたわけではない。彼によるとゲームは人間の社会的な側面，つまり私たちの日常的な規則や慣習を拡張しているという（McLuhan 1964=1987：240）。

【参考文献】

Caillois, R., ［1958］ 1967, Les jeux et les hommes (le masque et le vertige), Gallimard.（＝多田道太郎・塚崎幹夫訳，1990，『遊びと人間』講談社。）

Drewe, S. B., 2003, Why Sport ?: An Introduction to the Philosophy of Sport, Thompson Educational Publishing.（＝川谷茂樹訳，2012，『スポーツ哲学

の入門―スポーツの本質と倫理的諸問題』ナカニシヤ出版。)

Elias, N. and Dunning, E., 1986, *Quest for Excitement: Sport and Leisure in the Civilizing Process,* Oxford, Basil Blackwell.（= 大平章訳，1995，『スポーツと文明化』法政大学出版局。)

加藤裕康，2018，「ゲームがスポーツになるとき―e スポーツにおける情報と身体」『紀要　社会学・社会情報学』中央大学文学部，pp. 135-147。

松田恵示，2008，「『Wii』はなぜ売れるのか？―同期する肉体の現代」池井望・菊幸一編『「からだ」の社会学―身体論から肉体論へ』世界思想社，pp. 216-242。

McLuhan, M., 1964, Understanding Media: The Extensions of Man, Routledge.（= 栗原裕・河本仲聖訳，1987，『メディア論―人間の拡張の諸相』みすず書房。)

松井悠，2010，「デジタルゲームを競技として捉える『e-sports』」デジタルゲームの教科書制作委員会編『デジタルゲームの教科書―知っておくべきゲーム業界最新トレンド』SB クリエイティブ。

Parry, J., 2019, 'E-Sports Are Not Sports.', Sport, Ethics and Philosophy, 13 (1)：3-18.

吉田寛，2020，「e スポーツから考える―身体，技術，コミュニケーションの現在と未来」『Fashion Talks... 特集：スポーツ②』12，京都服飾文化研究財団，pp. 28-37。

Zhouxiang, L., 2022, A History of Competitive Gaming, Routledge.

スタジアムの熱狂と記憶

濱田武士

●はじめに―都市開発と抵抗

21世紀のいま，大都市の再生は加速している。とくに開発は大きな位置を占めており，近代という平和と繁栄の時代の持続と密接にかかわってきた。今日的な特徴としては全世界規模の広がりを挙げることができ，代表的なものがオリンピック・パラリンピックでありワールドカップである。開催に向けて都市空間そのものがアップデートされるのだが，そのことが必ずしもすべての人びとから同意が得られるわけではない。

> もし，家屋と街路とそこに住む住民の集団との間にまったく偶然的な短期間の関係しかないとすれば，人びとはその家屋や界隈をあるいは都市を破壊し，その同じ敷地に別の都市を，新しい構想に従って再建することができるであろう。しかしながら，石は運び去ることはできるが，石と人間との間に樹立された関係を変えることは容易ではない。…（中略）…われわれがぶつかることになるのは，石の抵抗ではないにしても，少なくとも石の昔の配置の抵抗なのである。疑いもなく，この以前の位置どりこそ，かつての集団の作品なのである（Halbwachs 1968：145＝アルヴァックス 1989：171-172）。

この引用は，フランスの社会学者，モーリス・アルヴァックス

（1877-1945）の『集合的記憶』の一部分である。ここには都市を舞台にして人，モノ，それに場所のかかわりあいが描かれている。都市というものについてよく知られた特徴としては，他者が集うこと，人づきあいであれ住居であれ現状とは別のものを求める意識や態度が諸個人の根底にあること，スクラップアンドビルドが繰り返されることなどが挙げられる。都市の開発はこれらを軸に把握できるが，アルヴァックスが見たところ，実際はスムーズには進まないという。

　石と人の描写を敷衍すると，次の通りになる。都市社会には，過去にあまりこだわらず常に新しいものを求め，既存の関係や事物の破壊を重ねて未来を創造していくことに価値を置く人びとが存在する。これに対し，過去と現在の結びつき，すなわち想い出を重視し，場合によっては現状維持を願う人びとが存在する。このうち，後者の人びとが開発に抵抗する存在ということになる。もう少し見てみよう。

●都市の固有性と想い出

　都市とは新奇なもので構成されている側面がある。だが，実際にめぐってみると，歴史的建造物など公的に価値づけられたモノから，開発されずに残ってきた街区まで，さまざまな事物を見つけることができる。それらはもともと，その時々で必要に応じてつくられたものであるため，時の経過に伴う老朽化などを理由に取り壊される可能性が高かった。しかし，人びとが社会生活を送ることを通じて想い出の拠り所とされ，意味を付与され，結果的に存続してきたと推測される。ここから，いわば昔からあるものを，時代遅れで取るに足らないと見ることもできるが，それを特別だと捉える人びとの存在に思いを馳せてみると，大切なものだと考えることもできるのである。

　たとえば，観光などでどこかを訪れた私たちは，後になって想い

出を振り返ったとき，たまたま目にした古めかしいモノや場所に意味や価値を認めていた自分自身に気づくことがある。ここで向けていたまなざしを，非日常の場におけるただの思いつきによるものに過ぎないと一応理解することもできる。ならば，思いつきはどのようにして浮かんでくるのだろうか。

　人は社会生活において家族，学校，職場，コミュニティなどさまざまな集団に所属し，集団が共有している意識，感覚，態度などに従っている。もちろん，なかにはそれを受け入れない人もいて葛藤や対立が生じることもあり得るが，多くの人はそれもまた自身の一面として認めているのではないか。このことを踏まえて先の例に戻れば，私たちは，モノや場所に対してもともと興味関心がなくても，観光地特有の雰囲気を体験し，観光客の振る舞いに同調し，あるいは訪問したことのある友人の想い出話をふと思い出すなどして思いがけず足をとめて見入ってしまうことがある。思いつきに発端があるとすれば，このような場面を一例として挙げられる。

　したがって，ある事物に対する想い出や思い入れなどをもっていなくとも，誰かにとって特別な事物が消失に向かいかねない事態が生じたとき，ショックを受け喪失感を抱くというのは珍しいことではない。このとき，アルヴァックスの集合的記憶論に従えば，そうした感覚の持ち主は想い出をもつ人たちの集団に参加し，そこで共有されている記憶の枠組みを用いて事物に向き合っているというのである。なかには，実際に撤去や破壊への抵抗運動に加わる人も出てくる。この取り組みは「歴史的町並み保存運動」と呼ばれたりもする。日本社会においては，1960 年代以降の高度経済成長に伴う開発に対して，各地でおこなわれた運動がその起源といえ，都市の固有性や多様性を支える側面がある。

●都市開発とスポーツイベント

　現代の大都市に限定すれば，開発と抵抗は必ずしも対立関係とは
いえない。たとえば東京2020オリンピック・パラリンピックでは，
開催に際して，東京都中央区の晴海地区に選手やスタッフが宿泊し
交流する選手村が建設された。閉幕後には施設のマンション等への
転用，2025年秋の完成に向けたタワーマンションなどさらなる建
造物の建設によって新たなまちがつくられることになった。これに
対して購入希望が殺到することは，都市というものの特徴に照らせ
ば当然だといえる。

　一方で，新宿区では新国立競技場の建設に伴う敷地拡大に当たっ
て都営霞ヶ丘アパートの住民立ち退きがおこなわれた。このアパー
トは1964年の東京オリンピック・パラリンピック開催に際して，
それまでの都営住宅から建て替えられたものであった。こうした歴
史をもつ建造物の撤去をめぐって，一部の住民からの反対運動のほ
か，国会での議論や質問がなされ，それらがマスメディアで報じら
れた。このような抵抗もまた必然的に生じる現象といえるが，結果
的にはアパートの消失に至った。

　上記は，近年の東京における都市再生の一端である。この一連の
プロセスには，平和と繁栄の世の中が続いていくことと，想い出を
もつある集団が解体されていくことが同時進行するさまを認めるこ
とができる。この際，政府，地権者，企業らの関与は，自治体が進
める取り組みを大きく後押ししたといえる。これに対して現れた抵
抗は，一連の開発プロセスを押しとどめるほどの力をもつまでには
至らなかったということになる。そして，あちこちで開発が進み，
平和の祭典の開催に至った。注目すべきは，人びとは代表選手の活
躍に熱狂し感動したのだが，そうした体験は個人的であると同時に
集団的なものだという点である。その想い出は，国民の記憶として
この先しばらくは受け継がれていく。

　ここまで見てくると，スポーツイベントによる都市空間の開発は，未来に向けて繁栄の記憶を紡いでいくことと，ある人や集団の想い出の拠り所をなくして記憶を塗り替えていくことがあり得る現象として把握できる。では大都市に人びとが向かうのが現代の潮流であり，目新しいものを求める心性が一層拡大，浸透するなかで，人びとが後にする非大都市における記憶のありようとはどういうものだろうか。まずは個人的な経験と記憶の関係について見てみよう。

●「あの日」に経験するはずだったスポーツの熱狂

　サッカーのイングランドプレミアリーグのアーセナル FC は，1996 年からそれまで J リーグの名古屋グランパスエイトを率いていたアーセン・ベンゲルを監督に据え，1990 年代後半から 2000 年代前半まで黄金期を迎えた。この出来事は，ニュース番組のスポーツコーナーでヨーロッパサッカーの情報が紹介され始めた時期に当たる。当時，夏休みをロンドンでぶらぶら過ごしていた大学生の筆者は，ある日ふと「サッカーの『本場』で観戦でもしてみようかな」との好奇心を抱いた。すると観客の熱気に触れることへの期待と，暴力的な言動をおこなうことで知られた「フーリガン」に出くわすかもしれない不安は膨らんでいった。

　もっとも試合当日，アーセナルのホームスタジアムである"Highbury" に向かったものの，土曜日の昼前の地下鉄車内にはサポーターと見られる人びとの姿はなかった。アーセナルステーションから外に出ても，スタジアムに続く町中は閑散としていた。理由は道中で見つけたチラシをしっかりと確認してわかった。リヴァプールとのアウェイマッチだったのだ。スタジアム観戦という目的を果たせなかったその日は結局，スタジアムゲート付近のハンバーガー屋でテレビ観戦をした。

　取り立てて珍しい経験でもないが，なぜこんな些細なことを覚え

ているのだろうか。グローバリゼーションを背景に，サッカーはファンでもない筆者に気づかないうちに興味を抱かせ，関連する情報に目を向けさせ，さらに観戦への意欲をかき立てさせるなど，意識，態度それに行動に働きかけたのかもしれない。そして，2021年からアーセナルに所属している冨安健洋の活躍をはじめとするさまざまなサッカー情報に触れることにより，時を経て夏休みの「あの日」の想い出は蘇った，と考えられなくもない。

たしかに日本国内でイギリスに限らず外国にかかわる人，モノ，ことに触れる機会は，21世紀になって格段に増した。しかしながら現在筆者が住んでいる奈良県の，それも約40年前に開発されたニュータウンで生活していても時折「あの日」を思い出すことがある。この経験に基づけば，日常というローカルの場面で，時間的にも空間的にも遠く離れた過去を思い出すことはなんら不思議ではないように思える。こうした「思い出す」ということ，つまり「記憶」についてアルヴァックスは，人がさまざまな集団に参加しその視点を借りて過去の出来事に向き合い，それによって現在から再構築されるものだと論じている。これにならえば，「あの日」の想い出は，筆者自身が当コラムの執筆のために過去をひとまとまりのストーリーとして編集する作業を経て蘇ったといえる。その際，サッカーやイギリスに関連するさまざまな集団を渡り歩いてきた自身の経験を対象化することができる集団がどこかに存在しており，筆者がそれに参加したということになる。

記憶はつかみどころのないものであり，それゆえ社会学にとっても興味深い対象となる。「あの日」に経験するはずだったスポーツの熱狂について，大都市か非大都市かの区別なく，いまではほとんどの都市に存在するスタジアムに着目してもう少し探ってみよう。

●スタジアムを取り巻く状況の変化

　世界各地には数多くの多様なスタジアムが存在する。近年のもの
に関しては，日本国内では東京 2020 オリンピック・パラリンピッ
ク開催に伴う新国立競技場の建設が広く知られた。当初は近未来的
なデザインが採用されたが，予算や工期などが問題視されて新たな
建設案の公募がおこなわれた。この際に重視されたのが「レガシ
ー」という点であった。結果，それまでのデザインイメージと大き
く異なり「日本らしさ」を表現した案に決定し，スタジアムの完成
に漕ぎ着いた。

　国外では，たとえばヨーロッパに最近見られるのはショッピング
センター，会議場，カジノなどが入るものがある。スポーツの枠を
超えて複合的な機能を備えたものがトレンドの一つになっている。

　個々のスタジアムは独自で固有だが，共通するのはそのあり方に
多方面から関心が向けられている点である。いまや，スタジアムに
対するまなざしは多様であり，競技者はいまも昔も勝負の場であり
晴れの舞台として見つめていることに変わりないだろうが，国や自
治体，それに企業等は文化的，あるいは建築学的観点から都市開発
やまちづくりの対象として見ているのではないだろうか。またそこ
を訪れる人びとは，多忙でストレスのたまる日常を一時的に離れて
リフレッシュするための消費，観光，それに癒やしの場と捉えてい
るかもしれない。

　スタジアムを取り巻く状況は変わりつつあるのだろう。もはやス
タジアムには，ある競技を熱心に応援する「コア」なファンが集う
だけではない。いくつも存在するエンターテインメントの一つとし
て観戦にやってくる「ライト」層のほか，観戦自体を目的としない
人びとも向かう。このため，スタジアムに付与されていた熱気に満
ち溢れた場所というイメージは，この先自明ではなくなっていく。

　仮にその方向に進んだとしよう。すると，スタジアムの熱狂は，

それ自体を経験した人びとがいなくなる未来では，マスメディア等の映像記録に存在するだけになる。もっともそうした世の中になっていくとしても，熱狂の記憶が世の中で存続するのは変わらない。なぜならアルヴァックスによれば，先の項「都市の固有性と想い出」で見た通り，人が思い出すのはある出来事を実際に経験したかどうかということとは関係ない。この例でいえば，熱狂を経験した人の家族などが存在しており，そうした集団が持続するかぎり可能だからである。だが，こうして熱狂は受け継がれる一方，スタジアムという場所から熱気を感じ取ることは困難になる可能性がある。

　本当にそんな時代がやってくるのだろうか。それはもちろん不確定であるにせよ，現在におけるスタジアムの様子から，熱狂について，今度はそのありかを考えてみよう。一例として，筆者が調査研究をおこなってきた広島を事例に見てみたい。

●広島で受け継がれる「あの日」の熱狂

　JR西日本の山陽新幹線上り線（新大阪方面行）で広島駅を発つと，まもなく進行方向右側に広島市民球場（MAZDA Zoom-Zoom スタジアム広島）が見えてくる。ここは広島東洋カープの本拠地であり，プロ野球シーズンが始まれば試合当日には駅からスタジアムに向かう人びとの流れを車窓からでも確認できる。実際に足を運ぶと，さまざまなジャンルの飲食店が並び，赤土と天然芝のコントラストに彩られたアメリカのボールパークのようなスタジアムを体験することができる。そのありようは，便利で快適な現代社会を端的に表している。

　スタジアム自体は市民生活に溶け込み，余暇やレジャー施設という側面が大きいことは疑いない。とはいえ，いまでこそ広島経済における重要な拠点の一つになっているこの球場は，じつは別の場所にあった。

　1945年8月6日，人類に初めて核兵器が用いられると広島市の中心市街地は焦土となった。これに対し戦後，広島平和記念都市建設法が制定され，策定された復興計画により一帯の公園建設が決まった。このような経緯からつくられた広島平和記念公園には，今日，多くの修学旅行生や国内外からの観光客が訪れる。この平和の中心地の北側を走る道路を隔てた場所に，初代の広島市民球場があった。

　スタジアムの建設は，1954年8月の広島市営球場設置促進協議会の第一回会合の開催が皮切りだった。この背景には，同年3月に発生した第五福竜丸事件がある。これは，太平洋のマーシャル諸島ビキニ環礁でアメリカがおこなった水爆実験により生じた放射性降下物が，付近で操業していた遠洋マグロ延縄漁船に降り注いで乗組員が被曝した出来事である。これにより，日本社会は原爆被害を想起してパニックになった。一方，広島社会においては，1950年に結成された広島カープへの期待やこのときまでに出てきていたスタジアム建設の動きと相俟って，原爆投下の「あの日」に回帰して怒りや憎しみの噴出に向かわせるよりも，むしろ未来にまなざしを向けることを後押しする材料の一つになった。

　建設された広島市民球場は1957年7月22日に完工式が行われ，その夜に開催された試合では，2軍戦であるにもかかわらず約15,000人が詰めかけた。ナイターが点灯されると，観客席では「明るいどよめき」が起こった（「中国新聞」1957年7月23日朝刊）。ここには，スタジアムが高揚感に包まれていたことや祝祭の場であったことが窺える。

　初代市民球場はここから約50年以上使用されて2012年に一部を残して解体され，2022年6月には残されていたライトスタンド（写真）も撤去された。この出来事は一見すると，広島カープの試合に熱狂し，それによって高度経済成長期などの豊かな世の中をつくり出していくための力をもらってきた人びとのそれぞれ固有で個

写真　ありし日の初代広島市民球場のライ
トスタンド（2022 年 4 月 筆者撮影）

人的な想い出を束ねる場所の喪失を示す。だが，実のところ広島社
会には想い出のなかにある「あの日」を記憶していく必要などない
のかもしれない。それは想い出をもつ人が数多く存在することが大
きな理由ではない。便利さや快適さが実現している今日は，明るい
未来を夢見た「あの日」の延長線上に位置しており，二代目市民球
場という新たな場所で熱狂が受け継がれているからだ。

●おわりに—さまざまな記憶の持続

　広島では「あの日」の熱狂は，再生は再生でも "renewal" では
なく "renascence" の記憶として生きられている。それはたとえ
ば，8 月 6 日の「ピースナイター」などを通じてその都度思い起こ
される地域の記憶である。だからこそ広島社会は記憶を収蔵する装
置としてスタジアムもスタンドも存続させていく必要性を感じなか
ったのかもしれない。

　こうした想い出をもとにした過去から現在に続く記憶がある一方，
先述した通り，現在から未来に紡いでいく繁栄の記憶がある。これ
は次のように，日本国内に限らず，世界各地におけるスポーツ事業
を通じた開発に認めることができる。これに対し，人も自治体も少
なからずそのあり方を受け入れていると推測される。

　いまやグローバルノース／サウスの区別なく，国際的に競争力の
ある大都市の間ではスポーツ界のメガイベントの招致合戦が起こり，
開催地にはおびただしい人と資本が流入する。このような機会を通
じて新しい建造物や観光地が瞬く間につくり出され，進取の気性に
富んだ人びとが集う様子はマスメディアや SNS を通じて広く知ら
れる。それは，ビジネスチャンスやより快適な生活を欲する人びと
には魅力的で可能性に満ちた空間として映り，人口減少が進み行政
運営や将来像の再検討に迫られている地方都市などにとっては，羨
望の的になっているのかもしれない。

　スポーツは今日，まちづくりや地域振興と密接なつながりがある。
こうした傾向は今後も強くなっていくと見られ，開発に関わるアク
ターは都市のアイデンティティの重要性を十分に認識して着手する。
なぜなら，この点が都市空間の創造に不可欠だからである。しかし，
再生が実現しようとも，進学や仕事などで大多数は一つの都市にと
どまることはない。都市が魅力的であり続ける裏側で，人びとは居
場所への果てなき探求を余儀なくされている。

　移動を基本とする現代社会において，スポーツと開発に関する社
会学的研究の目的を掲げるとすれば，一見すると一時的な関係しか
もつことができないかのように思える人とモノ，人と場所が，それ
でもなお時間と空間を超え，どのようにして結びつき，いかにして
関係を維持しているのかを明らかにすることである。感情，思考，
認識にフォーカスする記憶は，それにアプローチするための地平を
照らし出してくれる。

【参考文献】

Halbwachs, Maurice, 1968, *La mémoire collective*, Paris:
　　Presses Universitaires de France.（＝小関藤一郎訳，1989，
　　『集合的記憶』行路社。）

●第2部●

スポーツをはじめる

第 **4** 章 スポーツとコンディショニング

心身を整える食事と睡眠

井口祐貴

1 ウェアラブルデバイスを活用してアスリートの コンディションを整える

　近年，テクノロジーの目覚ましい進歩により，手首や腕など，身体に装着する小型のコンピュータデバイス（ウェアラブルデバイス）端末をはじめ，さまざまな機器が急速に発達している。そのため，私たちはウェアラブルデバイスを用いて，日常生活の活動，健康づくりを目的としたさまざまなエクササイズ，そしてアスリートのトレーニングに至るまで，幅広い活動シーンから得られる身体情報を数値化し，可視化することが容易になった。また，それらはスマートフォンのアプリケーションとの互換性も高くなり，いまや私たちは自分のスマートフォンを開けば，自身の詳細な身体情報を簡単に手に入れることが可能になった。

　現在，筆者が携わっている競技スポーツ（サッカー）の現場でも，ウェアラブルデバイスを用いて選手の身体的な負荷をモニタリングすることが当たり前となっている。競技スポーツ現場では，大会（試合）へ向けて選手の傷害予防を含むコンディションを整えることが，選手自身のキャリア延伸，チームや選手個人の成績そのものを左右することにつながるため，一般の方が健康づくりのためのエクササイズを実施して心身のコンディションを整えることと比較すると，「コンディションを整える」意味合いは大きく異なる。

写真 4‐1　GPS デバイスと装着時の様子
(専用ベスト背面のポケットにデバイスを挿入して使用)

　筆者は，そのような競技スポーツの現場において，車に設置されているカーナビゲーションや，スマートフォンなどにも活用されている全地球測位システム（GPS; Global Positioning System）を搭載したウェアラブルデバイス（写真 4‐1）を使用している。GPS を活用することで，位置や移動速度などの情報を取得することが可能となり，競技中に選手がどのくらいの量，どこの場所に，どんな速度で動いたのかを知ることができる。このテクノロジーを活用して，選手の身体的負荷の定量（数値化）をおこない，コンディション調整や怪我を未然に防ぐためのデータ分析を実施している。

　プロからアマチュアのアスリートに至るまで，競技スポーツ現場におけるデータを通じ，さまざまなカテゴリー（競技種目，レベル，性別，年齢層）の指導現場にかかわるなかで，いつも痛感することがある。それは，コンディションを整えるため，指導者や分析者がいくら高機能のウェアラブルデバイスやテクノロジーを用いて選手のトレーニング負荷の調整や分析をおこなったとしても，結局選手の自己管理能力が低ければコンディションはけっして整わないということである。とくに，アマチュアレベルの年齢の若い選手たちは，

競技そのものへの関心は高く，練習・試合中は一生懸命に取り組んでいても，なにか明らかな不調や怪我などの自覚症状がないかぎり，体力回復，コンディション調整のための食事，睡眠については，あまり関心を示さない場合も少なくない。または重要であると頭では考えていても，具体的な生活習慣の改善への取り組みをおこなわず，おろそかになってしまうというような場面も散見される。その結果，せっかく良いトレーニングができていたとしても，思うように効果が上がらないことや，コンディション不良を起こす（怪我をしてしまう）ことも十分に起こり得る。

　選手によってはトレーニングを実施した心身を整えるための食事や睡眠に対する優先度は，低い場合もあり，考え方には多様性がある。しかし，アスリートレベルから一般の方まで，コンディションを整えるには，栄養補給（食事）と休養（睡眠）は，運動と同等に重要なことはいうまでもない。

　心身のコンディションを整えるためには，運動（トレーニング）はもちろん，適切な栄養補給（食事）と休養（睡眠）も欠かせない。この食事と睡眠には，多様な考え方や学説がある。昨今，インターネット環境さえあれば，SNS上で，いつでもさまざまな情報を手に入れることが可能である。しかしその一方で，巷には，自分の知りたい情報以上に無数の情報があふれている。そんな時代にあって私たちに求められるのは，なにかにかかわる情報の表面的な部分のみを捉えてその考え方に傾倒する前に，それぞれの考え方や学説について，根底にある科学的根拠やメカニズムから理解することだろう。

　ここでは，コンディションを整えるために不可欠な要素である「食事」「睡眠」について，基本中の基本ではあるものの，はずせない考え方や基礎理論を紹介していきたい。

2　食　　　　　事

　ヒトが生きていくために，食品からエネルギーや栄養素を摂取することは不可欠である。私たちが生活を営んでいくなかでは，身体を動かしていろいろな作業をおこなう必要があり，脳の活動はもちろん，身体活動（スポーツなどの運動も含む）をおこなうためには身体を動かすエネルギーが必要となる。加えて，意識的な身体活動のみならず，身体の内部では無意識のうちにさまざまな器官が活動し，生命活動がおこなわれている。私たちが生きていくために必要となる血液の循環，さまざまな物質の分解・合成，代謝，体温を一定に保つこと等々，これらの仕事にはすべてエネルギーが必要とされる。そのエネルギーは，食事から獲得しなければならない。

　筆者が普段授業などで接している大学生のなかには，ダイエットやボディメイクなどを目的とした食事制限により，栄養補給を避けたがる人もいる。しかし，人が生きていく以上，日常生活に必要な最低限の栄養（食事摂取基準）はある。食事により摂取する栄養素には多少体内に蓄積できるものもあるが，基本的には毎日必要なものを必要なだけ補給しなくてはならない。ここでは，あくまでも栄養に関する基礎中の基礎の話にはなるが，「なにを」「どのくらい」摂取（補給）することが必要なのかを中心に，その考え方について見てみよう。

2.1.　五大栄養素の役割

　ヒトは，食品からエネルギーや栄養素を摂取し，身体活動や生命活動をおこなっている。健康的に過ごすには，日々の食事は欠かせない。しかし，やみくもに好きなものを好きなだけ食べるのではなく，必要な栄養素を摂取することが重要である。栄養素のなかでも，人の健康維持に欠かせない成分として，「糖質（炭水化物）」「たん

ぱく質」「脂質」の三大栄養素がある。三大栄養素は「エネルギー産生栄養素」とも呼ばれ，脳をはじめ身体を動かすエネルギー源となる。この三大栄養素に「ビタミン」「ミネラル」が加わったものが五大栄養素である。これらの栄養素は，とくに人の身体に欠くことのできない栄養成分であり，毎日の食事などから偏りなく摂取することが大切である。五大栄養素の役割をざっくり大きく分類すると，「身体（骨，筋肉，臓器，血管など）をつくること」「身体を動かすエネルギー（カロリー）になること」「身体の調子を整えること（皮膚や粘膜の保護，身体づくりやエネルギーを生み出すサポート）」の三つに分類される。そんな五大栄養素のそれぞれの役割は，以下の通りである。

2. 1. 1.　糖質（炭水化物）

炭水化物は，「糖質」と「食物繊維」に分けられる。糖質は，炭水化物から食物繊維を除いた総称のことである。糖質は，最小単位である単糖，2〜10個の単糖からなる少糖類，多数の単糖からなる多糖類に分類される。たとえば，ブドウ糖（グルコース）は単糖類，ショ糖（スクロース，砂糖の主成分）は少糖類，ご飯やパンなどに含まれるデンプンは多糖類となる。

ご飯やパンに含まれるデンプンは，口腔内から消化が始まり，胃と小腸で単糖まで消化されてから小腸で吸収される。吸収された単糖は，門脈という血管を通り肝臓へ辿り着く。そして肝臓を経て，その後，骨格筋を中心とした全身に輸送される。糖質は，エネルギー代謝の過程を経て1gあたり4kcalのエネルギーを産生し，脳や骨格筋をはじめとした生体内のあらゆる組織のエネルギー源として働くほか，血糖の維持などにも利用される。

食物繊維は，「ヒトの消化酵素では消化されない食品中の難消化性成分の総称」と定義され，ほとんどエネルギー源にはならない。

食物繊維は，摂取すると小腸で消化・吸収されずに大腸まで達する。便秘の予防をはじめとする整腸効果だけでなく，血糖値上昇の抑制，血中のコレステロール値の低下など，多くの生理機能が明らかになっている。

　近年では，とくに若者などの間で，炭水化物（糖質）の摂取を控える低炭水化物ダイエットなどが流行している。糖質は，体内に吸収された後，エネルギー源として体内でブドウ糖が多数連なった多糖類であるグリコーゲンに再合成され，主に肝臓や骨格筋などに蓄えられるが，体内にはグリコーゲンを貯蔵できる上限があるため，過剰に摂取され，蓄えられなかった場合には脂肪組織において中性脂肪となり貯蔵されることになる。そのため，炭水化物（糖質）の摂りすぎは，中性脂肪の増加，その影響による肥満へとつながる可能性がある。他方で，グリコーゲンが不足するとエネルギー不足からくる疲労感や集中力低下を誘発する原因となり，生活そのものの質を落とす可能性などが考えられる。自分自身の生活スタイルや志向にもよるが，日常の身体活動量なども鑑み，炭水化物（糖質）の極端なカットは避け，適量摂取を心がけたい。

2.1.2. たんぱく質

　たんぱく質は，20種類のアミノ酸が多数かつ複雑に連なったものである。20種類のアミノ酸のうち，体内で合成することができない，あるいは合成されてもそれが必要量に達しないために必ず食物から摂取しなければならないアミノ酸は，必須アミノ酸といわれている。たんぱく質は，胃で酸と消化酵素によりペプチドにまで消化され，小腸で消化酵素によりアミノ酸に消化されて吸収される。また，吸収されたアミノ酸は門脈を通り肝臓に運ばれる。

　たんぱく質は，1gあたり4kcalのエネルギーを産生し，骨，筋肉，結合組織，毛髪などを形成・維持する役割を担っている。また，

酵素，物資運搬たんぱく質（ヘモグロビン，トランスフェリンなど），免疫グロブリン，ペプチド性のホルモンなどの機能的役割も果たしている。

2.1.3. 脂　　質

脂質は，糖質・たんぱく質同様，身体を動かすエネルギー源となる。脂肪として体内に貯蔵し，1 g あたり 9kcal のエネルギーを産生する。細胞膜や神経などの構成成分であるとともに，ステロイドホルモンや性ホルモンを合成する際の材料などにもなることが知られている。また，余剰分の脂質は内臓や脂肪組織に蓄積される。

2.1.4. ビ タ ミ ン

ビタミンは，糖質・たんぱく質・脂質の三大栄養素の分解や合成を助け，身体のコンディションを整える栄養素である。微量で生命の維持を支配する不可欠な有機物であるが，体内ではほとんど合成されない，または合成されても必要量に満たないため，必ず食品から摂取することが求められる微量栄養素と定義されている。

ビタミンは，水に溶解する水溶性ビタミンと，そうでない脂溶性ビタミンとに分類され，ほとんどの水溶性ビタミンは，体内でさまざまな補酵素[1]として働いている。また脂溶性ビタミンは，そのビタミンがもつ生理作用を発揮することにより，生命維持に不可欠な働きをしている。

2.1.5. ミ ネ ラ ル

ミネラルの体内含有量は 4 ％程度であるが，栄養学的に比較的多量に摂取しなくてはいけないミネラルをマクロミネラル（多量元素），それよりも摂取量が少なくてよいミクロミネラル（微量元素）に分類される。ミネラルは，体内では主に小腸で吸収され，各組織

に運ばれ貯蔵される。

　ミネラルの種類には，骨や歯の成分，血液凝固，筋肉の収縮，神経の興奮性を高め，酵素を活性化するなどの作用をもつカルシウム（Ca），ヘモグロビン鉄として血中酸素の運搬，ミオグロビン鉄として筋肉の酸素利用に関与する鉄（Fe），浸透圧の調節・たんぱく質の溶解・筋肉や神経の刺激反応性の調整などに関与する塩化ナトリウム（NaCl）などがある。

2.2.　エネルギーバランスと身体組成

　私たちの身体は，食物からエネルギーを摂取しないと，日常の諸活動をおこなうことができない。たとえば，成人の場合，体重を維持するためには日常生活で消費した（または消費する）エネルギーと同じだけのエネルギーを補給する必要がある。そのため，私たちは食事によってエネルギー産生栄養素である糖質や脂質やたんぱく質を摂取し，エネルギーの供給に充てている。代謝され得るエネルギー摂取量と，エネルギー消費量との差（バランス）のことを「エネルギーバランス」という（図 4 - 1）。

　身体組成において，日々の生活におけるエネルギー消費量よりも食事・飲料などからのエネルギー摂取量が上回ると，そのエネルギー分が皮下脂肪や内臓脂肪として体内に貯蔵される。また，脂肪の貯蔵量は体内で増大させることが可能なため，体重が増加し肥満を招くことになる。一方で，消費エネルギーが，摂取したエネルギーよりも上回れば，次第に体重は減少し，やせていく。そしてそれが極端になると，必要なエネルギーを自身の体内から補うこととなり，筋肉や骨の虚弱化にもつながる。

　エネルギーバランスの状態は日々変化することが知られており，消費エネルギーと摂取エネルギー量とが一致した状態を，理論的には「エネルギー平衡状態」と考える。しかし，実際はそれぞれの

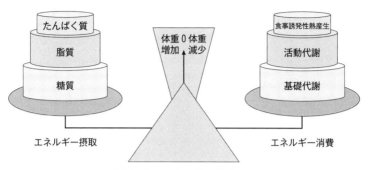

図4-1　エネルギーバランス

（日本トレーニング指導者協会『トレーニング指導者テキスト 理論編』p. 119, 2017 を参考に作成）

日々の変化量は必ずしも一致するとは限らないため，ある日のエネルギーバランスがプラスだからといって，その翌日のエネルギーバランスをマイナスにすれば調節ができるわけではない。体重の維持や増減をコントロールする場合は，長期間にわたって総エネルギーの収支を考えることが重要になってくる。

　食事の最も重要な役割の一つが，エネルギーバランスを考慮して，消費量に見合う十分なエネルギーと栄養素を補給することである。エネルギーバランスに関連する「エネルギー消費量」とはなにかを知ることが，まずは不可欠である。エネルギー消費量は，以下の三つの構成要素から成り立っている。

2.2.1. 基 礎 代 謝

　基礎代謝とは，ヒトが生きていくうえで必要な，最小のエネルギー消費量を指す。年齢・性別・体格・身体組成・体温・ホルモン状態・ストレス状態・栄養状態・環境など，さまざまな要因により影響を受ける。1日の総エネルギー消費のうち，およそ60〜75%を，この基礎代謝が占めるといわれている。

2.2.2. 食事誘発性熱産生

食事をすることにより，増加するエネルギー消費量のことである。食事誘発性熱産生は，大きく二つのエネルギー代謝からなる。一つは，食物の消化・吸収・同化作用に伴うエネルギー消費の増加で，もう一つは，食事をしたことによる交感神経系の活性化に伴いエネルギー消費が進むというものである。1日の総エネルギー消費のうち，食事誘発性熱産生が占める割合は，およそ10％程度であるとされている。

2.2.3. 活 動 代 謝

身体活動によるエネルギー消費量。日常生活に必要な分も含め，身体活動による代謝量を指す。1日の総エネルギー消費量から，基礎代謝と食事誘発性熱産生を差し引いた残りのエネルギー消費量が活動代謝である。なお，身体活動の中身については，静的なものと動的なものの2つに分けることができる。静的・動的のイメージとしては，静的な身体活動は，読書や談話などの積極的な動きを伴わない身体活動のことを指し，動的な身体活動は，掃除や買い物といった日常生活の活動や，スポーツ活動のことなどを指す。

2.3. 身体組成の測定・栄養状態の評価方法としての BMI

栄養状態を身近に評価する一般的な指標の一つとして，身長と体重を用いた体格指数（Body Mass Index：BMI）により評価する方法がある。【体重（kg）/ 身長（m）^{2}】という式により BMI を求め，18.5未満を低体重，25以上を肥満と判定する[2]。なお，日本肥満学会では，BMI22を適正体重（標準体重）としており，統計的に最も病気になりにくい体重といわれている。

肥満は，糖尿病・高血圧・脂質異常などの生活習慣病のリスクが高くなり，反対にやせ過ぎは，栄養不足や慢性進行性疾患などが生

じる可能性を高めることがある。また，妊婦の場合は，肥満（BMI
が 25 以上）になると，妊娠高血圧症候群，巨大児の発症率，帝王
切開率が高くなり，やせ（BMI18.5 未満）になると，切迫早産，早
産，低体重出生児を出産するリスクが高くなるともいわれている。
BMI は，適正な体重管理の指標としてさまざまな現場で活用され
ているのだ。

　他方，筋肉量が一般の人に比べて多いアスリートやよくトレーニ
ングしている人などについては，身長と体重から算出して評価する
BMI だけを評価指標とすると解釈が難しくなる場合もあるため，
筋肉量や脂肪量等ほかの身体組成の項目と合わせて評価をおこなう
ことが必要である。

2. 4.　食事摂取基準と食事バランスガイドの活用

　食事摂取基準とは，健康な個人または集団を対象に，国民の健康
の維持・増進，生活習慣病の予防を目的として，エネルギーおよび
栄養素の摂取量の基準を示したものである。「日本人の食事摂取基
準」として，5 年ごとに改定されて厚生労働省から公表されている
（現行のものは 2020 年版）。

　そして，食事摂取基準で示された科学的根拠に基づいた数値を活
用するためのツールとして決定された食事バランスガイド（図 4 -
2 ）は，一般の人びとが改まって栄養学習をしなくても手軽に，な
にをどのくらい食べれば良いのかが理解でき，バランスの良い食べ
方ができるようになるものである。社会情勢が目まぐるしく変化し，
日々忙しい生活を送るなかでは，毎日の食事の大切さをついつい忘
れがちになってしまう。健康診断で明らかな異常がない場合や自覚
症状がない場合には，食生活の改善に対する関心は高くないかもし
れない。一方で，健康増進・疾病予防ができる適正な食事をおこな
うため，生涯にわたって豊かな人生を送るため，特定の食物を偏っ

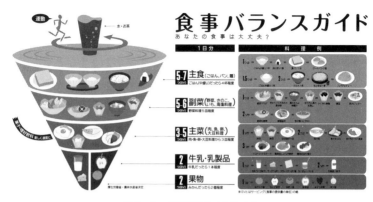

図4-2　食事バランスガイド

出典：厚生労働省・農林水産省「食事バランスガイド」2005

て摂取するのではなく，食事バランスガイドなどのツールを活用しながら，さまざまな食物を組み合わせてバランス良く食事を選択していくことが重要である。

　「食事バランスガイド」は，適正な栄養素を摂取することを目的としていて，食物に含有される栄養素の特徴により，主食（穀類），副菜（野菜類），主菜（魚介類，肉類，卵，大豆製品），牛乳・乳製品，果物の5つに区分されている。同様の栄養素を含有する食物を主に使用した料理を1つのグループとして，全体としてすべての栄養素が確保できるようにコマのイラストのなかで示される。また，コマの軸として水分が示され，コマを回すのに必要なヒモとして，楽しく適度に摂る菓子や嗜好飲料などが表現されている。

3　睡　　　眠

　休養は，心身の疲労の回復と，こころの健康を保つために大変重要である。そのような休養のなかでも，私たちにとって最も身近な

ものの一つに睡眠がある。人は，個人差はあるものの，人生のおよそ 1/3，つまり 1 日 24 時間のうちの約 6 〜 10 時間を眠って過ごすといわれている。眠るということは，人間にとって生活習慣の一部であり，神経系・免疫系・内分泌系などの体内の重要な機能を整えることに深くかかわる。また，私たちがアクティブで充実した日々の生活を営み，「生活の質」や「生命の質」などともいわれる「QOL：Quality of Life」を上げるためにも，十分で質の高い睡眠をとり，疲労やストレスと上手につき合うことは欠かせない。

　近年では，睡眠不足や睡眠障害が，生活習慣病の発症や悪化の要因となる可能性が報告されている。しかしながら，24 時間社会ともいわれる現代社会で，不規則な生活になりがちな人も多いことであろう。さまざまな要因により，人びとの健康な眠りが蝕まれているといっても過言ではない。

　私たちにとって大変身近な存在である「睡眠」であるが，ここでは，睡眠の基本的な特徴について触れていく。

3.1. レム睡眠とノンレム睡眠

　睡眠とは，感覚器官[3]による知覚は働いているものの，意識は喪失している状態のことを指す。睡眠過程が進むにつれて徐々に筋肉の緊張が低下し，生理的な調節を意識的に制御することがなくなる。しかし，睡眠は，反射の制御は継続されているため，意識の喪失から目覚める能力がある。たとえば，会話（騒音なども）や身体に触れられるなどといった外部からの刺激に対して反応することが可能なため，無意識（昏睡状態）とは区別される。一般的には，眠ることは，さまざまな心理的・生理的機能を維持するための現象だとされている。

　睡眠は，脳の働きによってもたらされる。人の睡眠は，質的に異なる二つの睡眠から構成されており，一つは，「レム睡眠」，もう一

方は「ノンレム睡眠」と呼ばれている。「レム」とは，「REM : Rapid Eye Movement＝急速眼球運動（目がキョロキョロ動く）」という意味であり，急速眼球運動が見られるのでレム睡眠という名前がついた。対する「ノンレム睡眠」とは，レム睡眠ではないという意味である。

　レム睡眠では，覚醒から浅い睡眠時の脳波の波形に近いことが知られる。また，身体の筋肉の活動レベルが低下し，心臓の拍動や呼吸などを調整する自律神経系は不安定になる。睡眠中に夢を見たことがある方も多いと思うが，夢はレム睡眠時に見ることが知られる。ノンレム睡眠では，「睡眠徐波」という特徴的な脳波が出現することが知られており，振り幅の大きい遅い脳波が見られることで，脳の大脳皮質の活動が低下している状態を示すことが特徴である。また，自律神経系については，副交感神経が主に働いているゆったりした状態で，心拍数も低くなる。加えて，後にも触れるが，ノンレム睡眠は，最も浅い眠りから最も深い眠りに至るまで，4 段階のステージに区分されている。

　睡眠に関する著書などでは，レム睡眠は，脳の活動が比較的活発であるが，筋電図を撮ると低値となるため「体の睡眠」，ノンレム睡眠は，脳があまり働いていない状態のため「脳の睡眠」と表現されることもある。

3. 2.　睡眠の質―周期と深さ―

　人の睡眠は，質的に異なる「レム睡眠」「ノンレム睡眠」から構成されるが，さらにこれらは電気的な脳活動・血圧・心拍数・呼吸数・筋活動・眼球運動などの指標により分類がされている。加えて，周期的に調整がなされており，浅いノンレム睡眠，深いノンレム睡眠，そしてレム睡眠の各ステージからなる。

　効果的な睡眠（休養）には，各ステージの睡眠すべてが必要であ

り，それによって覚醒したときに，より良い身体的・精神的状態となる。レム睡眠とノンレム睡眠は，人の睡眠に際してバラバラに出現するのではなく，60〜120分の周期（約90分前後）で交替して出現することがわかっているが，この睡眠周期には非常に個人差があり，入眠から正確にレム睡眠が出現する時刻を予測することは困難であるといわれている。適度な睡眠についても個人差があることが知られるが，適度な睡眠には，この睡眠周期が4〜6周期必要であるため，睡眠の合計時間は，それぞれ個人・場所・身体的な要求によって変化する。個人差もあるが，6〜10時間が正常範囲とされる。

　次に，睡眠図（図4-3）をもとに，睡眠の周期と深さについて，それぞれの特徴を見てみたい。

●ステージ1・2（浅いノンレム睡眠）

　正常の睡眠では，人は眠り始めて最初にノンレム睡眠が出現する。たとえば，ベッドや布団に入りうとうとし始め，周囲の環境などへの意識レベルが徐々に低下し始めるような状態のことである。この状態では，覚醒状態へ簡単に戻る。眠っている人がこの状態に到達すると筋が弛緩し始め，同時に血圧と心拍数も低下していく。また，ノンレム睡眠時に出現する特徴的な脳波である睡眠徐波が，この睡眠の前半に比較的多く出現することが知られており，振り幅の大きい遅い脳波が見られることで，脳の大脳皮質の活動が低下している状態を示す。睡眠徐波が多く出現している睡眠の時期は，徐波睡眠期と呼ばれる。

●ステージ3・4（深いノンレム睡眠）

　人は眠ると，初めの浅い睡眠に続いて，すぐに深い睡眠へと移行する。生理的な反応としては，呼吸がゆっくりとなり，血圧と心拍

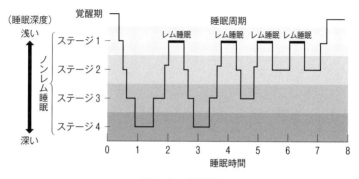

図4-3　睡眠図

（Hausswirth C, Mujika I「リカバリーの科学」p. 109, 2016 を参考に作成）

数が低下する。また，いびきを経験したり，他人のいびきを聞いたりしたことがある人も多いと思うが，このステージで筋の弛緩によりいびきが誘発されることがある。深い睡眠中，心臓血管系は負荷が低下するため活動も低下する。一方，ホルモン系は活動が活発になる。とくに，睡眠周期の初期には大量の成長ホルモンが分泌され，これが身体のさまざまな組織の再生に貢献していると考えられている。

●レム睡眠

深い睡眠が進行して，しばらくすると（約80〜100分後）最初のレム睡眠が始まる。睡眠周期のなかの1回のレム睡眠の長さは，通常前半では短く，最初のレム睡眠はほんの数分あるいは出現しないこともあるが，通常の夜に眠る睡眠では，真夜中から午前に出現しやすいという特徴があり，30分程度にもおよぶ場合があることがわかっている。また，私たちが眠っているときに経験する「夢」は，このレム睡眠時に見ることが知られている。しかし，レム睡眠時には脳活動は増加しているものの，眠っている人の身体は動かないた

め，夢のなかでは身体を動かすことはできない。この影響で，人は「金縛り」を経験することがあると考えられている。

　これらが，大まかに 90 分前後の周期で睡眠中に繰り返される。2 回目の睡眠周期中のレム睡眠は，一般的に最初のときより長くなる。一方で 2 回目の周期以降は，深いノンレム睡眠が短くなっていき，最終的には朝方生じる最後の睡眠周期には深いノンレム睡眠は完全に消失し，眠っている人の覚醒能力が徐々に高まってくる。結果的に，より健全な睡眠をとっている人は，明け方に長く活動的なレム睡眠の後，自発的に覚醒することができるといわれる。これらの特性から，たとえば，夜間に睡眠をとらずに明け方から眠りについたりすると，寝初めに出現する徐波睡眠と明け方に出現するレム睡眠が競合し，不自然な睡眠になってしまう。そのため，通常の睡眠をとる時間帯（夜間）からずれた不規則な時間帯での睡眠は，睡眠の質が低下する原因となる。

　睡眠のとり方や適度な睡眠は，それぞれ個人・場所・身体的な要求によって変化することは先にも述べたが，コンディションを整え自身がもつパフォーマンス能力を最大限に引き出して生活の質を上げるためには，睡眠の基本的なメカニズムを押さえつつ，一日の生活のなかで質の伴った睡眠時間を確保することが不可欠である。

【注】
1 ）補酵素とは，体内で酵素に結合することで酵素の働きを補助する有機化合物。
2 ）本書 101 頁「スポーツとダイエット」注 3 を参照。
3 ）感覚器官とは，感覚を受容する器官の総称。視覚，聴覚，嗅覚，味覚，触覚など。

【参考文献】

NPO 法人日本トレーニング指導者協会，2017，『トレーニング指導者テキス
　　ト 理論編改訂版』大修館書店。

柴田克己・合田敏尚，2020，『基礎栄養学 改訂第 6 版』南江堂。

厚生労働省，2021，「e−ヘルスネット 食物繊維の必要性と健康」（https://www.
　　e-healthnet. mhlw. go. jp/information/food/e-05-001. html）（2022 年 9 月 15 日
　　閲覧）

厚生労働省・農林水産省，2005，「食事バランスガイド」（https://www.maff.
　　go. jp/j/balance_guide/）（2022 年 9 月 15 日閲覧）

厚生労働省，2017，「妊娠中・産後のママのための食事 BOOK」（https://www.
　　jri.co.jp/MediaLibrary/file/column/opinion/pdf/180331_ninsanpu_recipe1.
　　pdf）（2022 年 9 月 15 日閲覧）

内田直，2020，『好きになる睡眠医学 第 2 版』講談社。

Christophe Hausswirth・Iñigo Mujika，2016，「リカバリーの科学―スポーツ
　　パフォーマンス向上のための最新情報」ナップ，pp. 107-119。

第5章 スポーツとダイエット

ダイエットをおこなううえで考えるべきこと

大西史晃

1 最適なトレーニング処方と傷害予防を学びたい

　競技力向上あるいは健康増進といった目的に違いはあったとしても，トレーニングをおこなう場面で「あのトレーニング方法は本当に効果があるのか？」，もしくはリハビリをしながら「この怪我は防ぐことができたのではないか」と疑問に思うことは，誰しも経験したことがあるのではないか。筆者は，そういった疑問の答えを探しに米国へ留学した経験をもっている。日本の大学で体育教科の教員免許を取得した後，スポーツ現場でのメディカルスタッフである「アスレティックトレーナー」という資格取得を目指し，米国の専門プログラムへと進路を決めた。

　筆者にとって人生の転機ともいえる留学を志すきっかけとなった前述の疑問は，高校生のときに目の当たりにした友人の怪我に端を発する。当時を振り返って，筆者が高校生のときは，部活動での練習途中に水分補給をすることや運動をおこなうに当たって，十分なウォームアップとクールダウンをおこなうことに積極的な時代ではなかったといえる。そのような背景の下で，筆者が所属するサッカー部では友人が大怪我をするという事態が起こった。その友人は，長い入院生活とリハビリを余儀なくされた。そしてそれは，高校年代の彩りの一つであるスポーツに打ち込み仲間と過ごす情熱の日々を彼から奪ったのである。そこからの彼の落ち込みは凄まじく，無

気力の塊のようであった。そんな彼に対して筆者はことあるごとに「早く戻ってこいよ，一緒にサッカーしようぜ」と声を掛け，それと同時に「あのとき，なにかできることはなかったのか？」と自問自答する日々が続いた。結果的に，彼は高校生活の最後の年は無事復帰を叶えることができ，引退する最後の大会ではともにプレーすることができた。

　この経験が，教育・研究職でスポーツ医科学を専門とする現在の筆者の原点であり，最先端のスポーツ医科学を学ぶことができるとされた米国への留学を決意したきっかけである。

2　米国留学記 I
──学びの扉に辿り着くまで

　日本の大学をすでに卒業していた筆者は，大学院の修了およびアスレティックトレーナーの資格取得を目指して米国に留学した。アスレティックトレーナーという職業はスポーツ現場での傷害予防および応急処置，さらには競技復帰のためのリハビリテーションを主に担当するもので，分野でいえばスポーツ医学となる。言語の違いに慣れる目的もあって留学初年度は短期大学（いわゆるコミュニティーカレッジ）に通い，大学院へと進学する準備に励んだ。滞在先はカリフォルニア州ロサンゼルスであった。

　留学のスタート地点で筆者を待ち受けていたものは，「生きる力」を養うのには十分過ぎるほどの出来事であった。その出来事とは「住む場所を失う」というものである。渡米後しばらくの滞在先として協力をお願いしていた家庭で唐突に「アメリカに住むなら強くならないといけない。レンタカーを借りてここから出て行ってほしい」といわれた。わけもわからずいわれるがまま，レンタカーに荷物を積んでロサンゼルスの街に出たものの，住む場所がない不安は

写真 5-1 筆者とヘッドトレーナー

想像以上に重く，立ち寄った日系のスーパーで買った餡パンを公園のベンチで頬張ったときに自分でもどうしようもないくらい溢れてきた涙をよく覚えている。そんななかでも，徐々に「これではダメだ！」という気持ちに背中を押され，入学した短期大学のアスレティックトレーニングルームに足を運ぶことができた。そこで，当時のヘッドトレーナーに拙い英語でなんとか状況を説明すると驚いたことに「自分の家の一室が空いているから来い」といってもらえる幸運に出合った。幸運は，さらに続く。ヘッドは筆者の新たな居住地を探すべく，新聞広告などを細かく確認し，一人のホームオーナーが載せたルームシェアの広告に辿り着いた。オーナーには，その当時日本人のパートナーがいて（のちに結婚し，筆者は現在でも交流がある），日本人にとても理解のあるアメリカ人であった。こうして，玄関ドアを開けた正面の壁に毛筆で「愛」と書かれた半紙が掲げられた家での生活が始まった。

　留学生活のスタートは非常にインパクトの強いもので，その経験はその後の人生のどんなときにおいても「心を強くもち，どんな形でも前に進もうとすれば，物事はどうにか好転していくもの」という信念が生まれる大きな転機であったと思っている。

3　米国留学記Ⅱ
　　──専門プログラム生としての毎日で身につけたこと

　留学一年目を終え，大学院に進学するとともに専門プログラム生として歩んだ二年目と三年目のエピソードを紹介する。舞台は西海岸のカリフォルニア州ロサンゼルスから離れ，ロッキー山脈を越えた先の中西部に位置するネブラスカ州オマハへと移った。

　専門プログラム生の日常では，医療スタッフの一員として，ときに緊迫した場面にも臨む。そのような場面で向き合う「言語の壁」は，それまでの日常生活で遭遇したそれとは比べ物にならなかった。痛みで余裕のないアスリートは，俗語を多用するうえ，外国人の訛りが乗った声掛けをうまく解釈してくれることはない。残念なことに，プログラム生として活動を始めた最初の数か月は，アスリートの負傷に駆けつけても会話にならない場面，あるいは自分が負傷現場に最も近いスタッフであっても対応することを躊躇してしまう場面も少なくなかった。その度に，情けない気持ちでいっぱいになった。それでも，一年目で培った信念を頼りに「言語能力（とくに発音）を高める」ということに挑戦し続け，信頼を得ることに努めた。信念に基づく行動の積み重ねは，価値観を生み出す。

　このように，日常生活での基盤となる「前に進むことで状況は変わる」という信念を培った留学一年目に対し，大学院での専門プログラム生として過ごした留学二年目と三年目では，「前に進み続ける」という価値観を身につけることができた。

4　現代社会において求められる力

　帰国後はアスリートだけにとどまらず，一般の人びとを対象としたさまざまな地域貢献活動もおこなっている。キッズイベントや高

齢者の健康教室の開催あるいは市民
マラソンや健康フェスティバルのサ
ポートといった実践現場に立つ一方
で，教育・研究に携わるものとして
講演活動をおこなうといった学術の
場にも立つなど，米国での経験以降
積み重ねている専門知識をさまざま
な形に変えて声の届くかぎりの人に
伝えている。そこでの現場感覚とし
ては，とくに筆者自身も探求を続け
ている「最適なトレーニング処方と
傷害予防」について，多くの人が疑
問や悩みを抱いていることに気づい
た。

写真 5 - 2　アスレティックト
　　　　　レーニングの実践
　　　　　現場

　健康に対する意識が高まっている現代では，一般の人びとにおいて
も健康のために「トレーニングをする」という考えが珍しいもの
ではなくなってきた。また，併せて紹介しておくことは，一般的に
用いられる「トレーニング」という表現にはその使用場面によって
さまざまな意味が含まれていることである。そこには運動能力や体
力向上だけでなく，減量のために安静時代謝量を増加させることや
エネルギー消費それ自体のためにおこなうものも含まれる。なお，
それらの一般認知も高まり，年代や性別を問わずその実践者の数は
増えているとも感じている。ところが，社会のニーズとそれに対す
る教育が進む以上の速さで情報機器の発展が進んでいる。現代では
SNS（ソーシャル・ネットワーキング・サービス）等による個人的な
発信や検索までも AI（人工知能）によって分析され，正確な情報か
どうかを問わず個人の端末ディスプレイ上にはそれらに基づく「あ
なたに最適な情報」が表示される。このことは，現代では情報を求

める力というよりも，目の前に溢れる情報を正しく評価し活用する
力が必要となっていることを示している。

5　健康への意識

　日本の平均寿命が世界一であることはよく知られている。これに
は，「日常生活のあらゆる側面で衛生に気を配っている」「健康意識
が高い（健康診断の受診など）」「日本食は栄養バランスに優れてい
る」といった要素が大きく影響しているとされている（池田ほか
2011）。世界から称賛される日本の良い点を改めて確認できるもの
といえる。その一方で，「健康寿命」についても注目したい。この
健康寿命と寿命の差とは，自分の意思と身体操作による自由な行動
ができないでいる期間ということになる。「生きる」の意味は深い。
ただ，この健康寿命と寿命との差をできるだけ短くすることを目指
すのは，人生をより豊かにするうえで重要なことである。
　「健康になる」という目標をもったときに，食習慣や運動習慣な
どの選択肢が多くなった現代で，人びとはまずなにを意識するだろ
うか。日本では，食生活から見直すという人も多いのではないだろ
うか。栄養が過剰または不足することによる身体の弱化に対しては，
食生活の改善が良い影響を与えるだろう。そしてこの「食」につい
ては，その土地の風土に合わせて発展するものであり，日本食は世
界的にも「健康に良い」という評価を得ている。欧米食から日本食
に切り替えるだけで，「身体に良い変化が出た」などという意見も
耳にすることがあるくらいである。その一方で，環境の変化や科学
技術の発達に基づく日常生活の時間経済あるいは負担経済に対する
変化によって，現代では生活動作でもたらされる身体の成長や適応
を促す刺激は減っていると考えられる。もしかしたら，この先の未
来では生活動作をおこなうだけでは動物の分類としての「ヒト」ら

しい身体機能は培われず，なにも行動を起こさなければ歩行能力さ
え身につけることができない世界となるかもしれず，そのようにな
れば個人が送りたい人生に合わせた体力を身につけるためには，オー
ダーメイドされたトレーニング習慣を選択して実行するという日
常がくるのかもしれない。いずれにしても身体の健康については，
食習慣と運動習慣のどちらかで解決するという単純なことではなく，
どちらも大切なものとして向き合っていくことが重要である。

6　運動能力・体力向上とトレーニング

　現在，アスリートの競技力向上のためはもとより，健康増進のた
めに体力向上を目指す機運は高まっている。一般社会のなかでも，
老若男女問わず「運動を始めた」や「トレーニングを始めた」とい
う言葉を耳にする機会が多くなった。ところで，この「トレーニン
グ」という用語は，それ自体もさまざまな種類のトレーニングの総
称として使用されるとともに能力を向上させるためにおこなうもの
を表すことが多い。数あるトレーニングと名のつくもののなかで代
表的なものとしては「ストレングストレーニング」が知られており，
日本アスレティックトレーニング学会の用語解説集（2022）では，
「筋力，筋パワー，筋持久力といった筋機能の向上に加え，複数の
筋や特定の動作に関する筋群の協調性を強化するためのトレーニン
グ」と表されている。

　同様に，同じような言葉として用いられることもある「コンディ
ショニング」という用語は，「競技のレベルに関わらず，選手やチー
ムがベストパフォーマンスを発揮するために目標とするコンディ
ションと現在のコンディションとの間の差をより望ましい状態に向
けて最小化するために計画・実践していく過程」とされる（日本ア
スレティックトレーニング学会 2022）。これらの具体的な例示として

は，バレーボール選手がブロック動作のジャンプ能力を高めたい場合，その基盤となる下肢筋群の強化をストレングストレーニングでおこない，併せてコンディショニングによって発揮局面の因子（ブロック位置までの移動動作など，目的動作であるジャンプの前後でつながる動作の連動性や相手のアタックにタイミングを合わせる認知反応）に対する能力発揮の質を整えていくことをイメージしてもらうと良いだろう。

　同様に生活動作で考えた場合，歩行能力を高めたいのであれば歩行動作にかかわる筋群の能力をストレングストレーニングによって高め，そのうえで歩行動作としての四肢の運びをコンディショニングによって整えていくことになる。このように筋機能を向上させることは，動作そのものの質を高めるという点で，最も基本的かつ必要不可欠なものであるといえる。最終的に関節を動かすことに作用する組織は筋なのである。近年では歩行能力（速度）と寿命に関連があることが報告されており（Hardy et al. 2007），筋機能向上のためのトレーニングが普及することは健康社会の実現にとって重要事項であるといえる。

　なお体力向上について，多くの人は手始めにウォーキングやジョギングをおこなうことが多い。前述のコンディショニングとして歩行能力と直接的につながることもそれを後押ししているのではないかと感じる。そしてそれらの運動は，有酸素性トレーニング[1]に位置づけられるものである。一方で，無酸素性トレーニング[2]については，運動初心者からは敬遠されることも多い。ストレングストレーニングの一種であるレジスタンストレーニング（自体重や重り，レジスタンスバンドといった負荷を加えるものを用いた運動）などは，その代表例であろう。これらのトレーニングについて，それぞれを長期的におこなった場合に体力に与える主な効果としては，有酸素性トレーニングによって持久力の向上が，無酸素性トレーニン

グによって筋力・筋パワーの向上が望める。大枠としては，動作 1 回分の質は筋力・筋パワーが，動作を継続しておこなうことには持久力が主な基盤となると考えると良いだろう。

7 健康と肥満

　人びとの健康に大きくかかわるものとして「生活習慣病」と呼ばれるものがあり，その「生活習慣」として関連するものの範囲としては，「食習慣」「運動習慣」「喫煙」「飲酒」といったものが挙がる。そして，それらのうちの「食習慣」と「運動習慣」の両者に関連が指摘されるものとしては「肥満」の存在がある。肥満となることには遺伝子といった生活習慣以外の影響を受けることがあるものの，その多くは一日の量で考えた際に「エネルギーの摂取量が消費量を上回ること」を積み重ねることが主な要因となる。

　肥満の定義は成人の場合，「脂肪組織に脂肪が過剰に蓄積した状態で，体格指数（BMI）25 以上のもの」とされ[3]，この BMI は，体重（kg）を身長（m）の二乗で除した値で表される（三好 2019）。この BMI については，その標準値は男女ともに 22.0 とされ，「統計上，肥満との関連が強い糖尿病，高血圧，脂質異常症（高脂血症）に最もかかりにくい数値」である（三好 2019）。なお，肥満は脂肪の分布によって，「内臓脂肪型（リンゴ型肥満：筋肉の内側の腹腔内に脂肪が多く蓄積する）および「皮下脂肪型（洋ナシ型肥満：腰まわりや太ももなど下半身を中心に皮下脂肪が多く溜まっているものの内臓脂肪は少ない）」の 2 種類があり，前者は糖尿病，高血圧，脂質代謝異常などを発症する確率が高いとされている（三好 2019）。さらには，BMI が標準でも体脂肪率が高い状態を「隠れ肥満」と呼び（三好 2019），単に身長と体重の値を用いた計算式である BMI では表せないものもある。重要なのは，これらの肥満のいずれも健康

状態にとってはリスクとなり，解消されることが望ましいとされることである。

8　ダイエットとトレーニング

「ダイエット」という言葉は「diet」のことであり，その用語の意味としては食事そのものを中心に多岐にわたるが，日本語としては運動も含めた「体重を落とすこと」の意味で「ダイエットする」という表現で使用されることが多いと感じる。

体重の増減のみに焦点を当てた場合，前述した「摂取カロリー」と「消費カロリー」の差がマイナスとなることが重要となる。ダイエットしようと考えたときに，多くの人がまず頭に浮かべるのが食事制限や食事の質の改善なのではないだろうか。ただし，ここで大事にしたいことは，消費カロリーがなにで構成されているのか知ることである。1日分となる24時間のエネルギー消費は，「安静時代謝量（Resting Metabolic Rate）」「食物の産生熱量（Thermic Effect of Food）」「活動（Activity/Movement）」の3つに分類され，1日分のエネルギー消費の割合では順に60〜75％，10〜15％，10〜30％となるとともに相互に関連しているとされる（Donnelly et al. 2004）。これらのうちで最も割合が高い安静時代謝量は体組成に影響を受け，除脂肪量[4]が多いと高く，除脂肪量が少ないと低くなるとされ，除脂肪量についてはそのほとんどが骨格筋量で構成されており，レジスタンストレーニングによって増加あるいは維持される（Donnelly et al. 2004；Stiegler et al. 2006）。

その一方，エネルギー制限をおこなうと，レプチンといったホルモンの変化が起こり，安静時代謝量が低下するとされる（Stiegler et al. 2006）。

次に，「食物の産生熱量」とは食事に伴う消化や吸収等に必要と

なるエネルギーのことであり，それは摂取物の内容等にも影響を受ける。当然ながら，食事を制限した場合には，この値も低下することになるだろう。また，エネルギー摂取に制限をかけた場合に，心身ともに活動に対しては消極的になるのは想像に容易い。それは多くの場合において，「活動」によるエネルギー消費量をも減らしてしまうことになるだろう。つまり，これらのことから，ダイエットに取り組んだ際に望んでいたほどのエネルギーバランスの変化を達成できないケースが多いとされる（Donnelly et al. 2004）。これに加えて，改善に時間を要する安静時代謝量が低下することで，食事制限が解かれた後には，体重が戻るどころかさらに増加する「リバウンド」が起こることになる。したがって，「ダイエット」をおこなう場合は，単に数字だけで「○○ kg 減らす」あるいは身長に対する標準値を考慮しないで「○○ kg まで減らす」ではなく，「体組成を整える」を目指す方が，健康のためという本質的な目標に対しては適切となる。これは，「減量の程度は『美容のためや個人的な値』ではなく『健康リスクを減らす』を目標とするべき』と表されるものである（Donnelly et al. 2004）。

　では，安静時代謝量を維持するにはどうすれば良いのか。食事制限中の除脂肪量の維持には，レジスタンストレーニングをおこなう，あるいは肥満者に対しては高たんぱく質低カロリーとなる食事を摂る（Stiegler et al. 2006）ことが効果的であるとされている。

　なお，興味深いこととして，エクササイズをおこなうこと自体によってエネルギー消費が望めることに加え，十分な量と強度を備えたエクササイズを実施した場合には，実施後でも 1 ～ 3 時間程度はエネルギーの消費が認められ，これを運動後過剰酸素消費（EPOC: excess post-exercise oxygen consumption）と呼ぶ。ただし，その発現は認められるものの，体重変化にかかわる主たる項目とは認知されてはいない（Donnelly et al. 2004）。

　以上のように，エネルギーバランスを「負」の状態にするに当たっては，身体に起こるさまざまな反応や適応が存在している。それらを考慮した場合に，前述の「日本食は栄養バランスに優れている」というある種の「神話」に頼り過ぎないようにするべきではないかという考えに行き着く。当然のことであるが，不適切な食習慣による栄養バランスの偏りを解消するには日本食の活用は良いアプローチといえるのだろうが，蓄えてしまった脂肪量を減らす（「体重を落とすこと」の本質的な意義）に当たっては，身体活動やトレーニングを取り入れ体組成（除脂肪量等）に十分に注意することが，その後のリスクに対して重要となることがわかる。

9　「やせ」に対する意識

　前節で挙げた肥満の弊害については社会的に認知があると考えられる一方で，痩身の弊害についても同様に認知がなされるべきである。やせ過ぎであることへの悪影響としては，当該個人（女性の場合）における無月経といった身体症状および倦怠感・焦燥といった精神症状だけでなく，低出生体重児が増加するといった示唆も含まれるとされている（水原 2019）。先の BMI で見た場合，18.5 未満が「やせ（低体重）」であり，若い女性で多いとされる（林 2019）。さらに，前述の日常のなかでよく耳にする「○○ kg やせたい」や「○○ kg までやせたい」といった願望は，多くの場合で過剰な目標となっている。実際のデータとしてもそれは現れており，向井ほか（2018）の関西地区の小学 6 年生，中学生，高校生，大学生を対象とした痩身に関する調査では，すべての学校段階で自己記入による理想の体重が現在の体重を下回っており，平均して 2.00 kg ～ 2.51 kg の体重を落としたいと考えていることが明らかとなった。

　さらに，この調査において回答者の平均 BMI は各段階で 20 を下

回っているとともに「BMI の最大値は 24 未満であり，WHO による『肥満』の基準値である 25 を超える生徒は調査協力者のなかにはいなかったため，ほとんどの生徒は，身長に対してやせる必要はない体重であったと判断した」とされており，そのうえでの痩身願望の現れであったことは非常に驚くべきことであるといえる。なお，この調査報告は女子を対象としたものであるが，近年は男子においても痩身願望をもつ者が増えていることにも言及している。

10　これからの社会生活に求められる能力

　健康状態を高く保つことは，将来の健康寿命を高めることに直結する。その一方で，人間は繊細な心を備えているがゆえに，その心が動かなければ行動を起こすことは難しく，また行動を抑えることも難しい。だからこそ，知識は大事である。前述の通り，情報・知識を「探す」「批評する」「活用する」といった能力は，現代において人びとが健康を目指すうえで非常に重要な能力であり，社会のなかの一人ひとりが自らのために身につけていくことが，個人にとっても社会全体にとっても豊かな未来を創造する源となるだろう。

【注】
1）「酸素を使い体内の糖質・脂質をエネルギー源とする，筋肉への負荷が比較的軽い運動」（厚生労働省 2022）と定義される運動をもとに組まれたトレーニングプログラムまたはエクササイズ。
2）「短い時間に大きな力を発揮する短距離走やレジスタンス運動などの強度の高い運動」（厚生労働省 2022）と定義される運動をもとに組まれたトレーニングプログラムまたはエクササイズ。
3）日本における基準値。
4）筋，骨，結合組織といった組織で構成される。

【参考文献】

Donnelly, JE., Bryan Smith, B., Jacobsen, DJ., Kirk, E., DuBose, K., Hyder, M., Bailey, B., and Washburn, R., 2004, "The Role of Exercise for Weight Loss and Maintenance," Best Practice & Research Clinical Gastroenterology, 18 (6): 1009‒29.

Hardy, SE., Perera, S., Roumani, YF., Chandler, JM., and Studenski, SA., 2007, "Improvement in Usual Gait Speed Predicts Better Survival in Older Adults," Journal of the American Geriatrics Society, 55(11): 1727‒34.

Coburn, JW and Malek, MH eds., 2013, 『NSCA パーソナルトレーナーのための基礎知識』NSCA ジャパン。

林芙美, 2019, 「若い女性の『やせ』や無理なダイエットが引き起こす栄養問題」, e-ヘルスネット（https://www.e-healthnet.mhlw.go.jp/information/food/e-02-006.html）（2022 年 9 月 26 日閲覧）

池田奈由, 齋藤英子, 近藤尚己, 井上真奈美, 池田俊也, 佐藤敏彦, 和田耕治, スティックリー A, 片野田耕太, 溝上哲也, 野田光彦, 磯博康, 藤野善久, 祖父江友孝, 津金昌一郎, ナガヴィ M, エザティ M, 渋谷健司, 2011, 「なぜ日本国民は健康なのか」『ランセット（日本特集号）』, pp. 30‒2。

厚生労働省, 2022, 「アネロビクス／無酸素性運動」, e-ヘルスネット（https://www.e-healthnet.mhlw.go.jp/information/dictionary/exercise/ys-055.html）（2023 年 2 月 12 日閲覧）

厚生労働省, 2022, 「エアロビクス／有酸素性運動」, e-ヘルスネット（https://www.e-healthnet.mhlw.go.jp/information/dictionary/exercise/ys-072.html）（2023 年 2 月 12 日閲覧）

三好美紀, 2019, 「肥満と健康」, e-ヘルスネット（https://www.e-healthnet.mhlw.go.jp/information/food/e-02-001.html）（2022 年 9 月 17 日閲覧）

水原祐起, 2019, 「健康体重でのダイエットの危険性」『精神神経学雑誌』121(6), pp. 473‒8。

向井隆代, 増田めぐみ, 山宮裕子, 2018, 「女子におけるダイエット行動とメディアの影響―小・中・高・大学生を対象とした横断的調査より―」『青年心理学研究』30, pp. 41‒51。

日本アスレティックトレーニング学会, 2022, 関連用語解説（コンディショニング）（https://js-at.jp/info/glossary_info?ginfo=24）（2022 年 9 月 30 日

閲覧）

日本アスレティックトレーニング学会，2022，関連用語解説（ストレングス
　　トレーニング）（https://js-at.jp/info/glossary_info?ginfo=4）（2022 年 9 月
　　30 日閲覧）

Stiegler, P. and Cunliffe, A., 2006, "The Role of Diet and Exercise for the Mainte-
　　nance of Fat-Free Mass and Resting Metabolic Rate During Weight Loss,"
　　Sports Med, 36 (3): 239-262.

第 **6** 章　スポーツと地域社会

生活という視点から考える

木原弘恵

1　は じ め に

　筆者は，週末にまちを歩いたり，山を歩いたりすることがある。こうしたまちの散策や山歩きを楽しく感じるようになったのは，調査地である岡山県笠岡市白石島という周囲約 10 km の瀬戸内海離島における経験が大きく影響している。この島では，住民から話を聞くために住宅地をあちこち歩いたり，地域を俯瞰した写真を撮影するために国指定天然記念物の鎧岩がある小高い山に登ったりすることもあった。その山から眺めた大小の島々が織り成す瀬戸内海らしい景観は，思いもよらない収穫であった。船の便の都合もあってか，数は多くはないものの，休日になると，山歩きのためにこの島を訪れる人を見かけることもある [1]。

　山を登ることは，かつてと比べ，気軽におこなえるスポーツへと変化しつつある。女性登山者のスタイルを表した「山ガール」という呼称は浸透して久しいが，この呼称の広がりは，登山者層がビギナーを含む若手登山者や女性登山者に広がっていることを示すものであろう。平成に始まったとされる登山ブームの影響はいまもなお続いているといわれる [2]（山形 2013）。たしかに，週末，関西地域の低山を歩いてみると，カラフルで機能性ある衣服や道具を身につけた登山者が多く，その年齢層も多様である。それぞれの楽しみ方を見ていると，山へのかかわり方がさまざまであることを実感する。

　一方，こうしたまち歩きや山歩きの話をすると，健康を目的とし
て歩いていると思われ，感心されることが少なくない。不健康にな
りたいわけではないが，「ハイキング＝健康のため」というあまり
にもシンプルで短絡的な解釈に少しもやもやとした気持ちになるこ
とがある。そしてこのとき，社会において健康が重要なキーワード
であることを改めて実感する。現代社会を生きる人びとは，生活の
さまざまな場面で，健康の維持・増進を意識させられる。健康診断
や日常的な体調のモニタリング，バランスがとれた食事摂取や適度
な運動についてのアドバイス，クオリティ・オブ・ライフ（QOL）
の向上を促すようなスローガンが社会には溢れている。

　スポーツ庁が公表している「スポーツの実施状況等に関する世論
調査（令和 3 年度）」によると，直近 1 年間の「成人の週 1 日以上の
運動・スポーツ実施率」は 56.4％という結果が出ている。直近 1
年に運動した人を対象に「運動・スポーツをおこなった理由（最も
大きな理由）」を尋ねた質問では「健康のため」と回答した人は
35.4％であった（スポーツ庁 2022）。結果に現れているように，健
康を目的として，運動・スポーツをおこなう人は少なくないし，そ
れらを結びつけて語ることは珍しいことでもない。

　このように，なにかを達成するための手段としてスポーツに期待
が寄せられることはしばしばある。また，その期待は，個人がなに
かを達成するための手段だけにとどまらない。たとえば地域の課題
への対応として，スポーツに期待が寄せられることもある。この章
では，地域社会とスポーツの関係に着目する。まずは社会において
スポーツにどのような期待が寄せられてきたのかを確認したうえで，
地域文化でもある盆踊りという身体活動の事例から，地域社会とス
ポーツの関係について考えていく。

2　スポーツに寄せられる期待

2.1.　地域社会の再建とスポーツ

　1950 年代に始まった日本の高度経済成長は地域社会に大きな影響を与えてきた。都市化と産業化の進展に伴い，農山村地域から都市への大量かつ急激な人口の移動が生じ，都市的な生活様式が浸透していった。そして地域からの人口減少は，過疎問題として危惧されるようになった。それにより，地域の生産縮小やむら社会の崩壊，それから住民意識の後退等，過疎の帰結をめぐって議論がなされてきた（安達 1981：80-98）。

　また，人口移動がもたらす影響を大きく受けるのは，人口減少に直面する農山村地域に限ったことではなかった。人口が増加する都市においても，地域の生活基盤の未整備等，住民生活の不安定な状態が生じていた。自動車や電車といった交通手段の発達やマスメディアの隆盛とともに，人びとの行動範囲と生活空間の広域化が進み，新旧住民の混在化が進行してきた。そうした変化のなかで現れた地域社会が弱体化することへの危機感は，職業や余暇等さまざまな生活側面の多様化による共同の生活経験の減少と関連したものだと考えられよう[3]（倉沢 2002：1-18）。

　急激な変化を経験するなかで，地域社会の弱体化の議論がなされるようになり，社会においては地域社会の再建が模索されるようになる。高度経済成長後の地域社会に関する問題意識が確認できるものとして，1969 年の国民生活審議会による報告書『コミュニティ―生活の場における人間性の回復』を挙げることができよう。この報告書では，地域社会に代わって，コミュニティという外来語が使用されている。内容は都市化とともに住民自治の空洞化と行政サービスへ過度の依存が進んでいくことに対する危機意識のもと，新たなコミュニティ形成を提唱するものであった。また，自治省をはじ

めとする政府の施策，あるいは全国の自治体の施策のきっかけとなった文書でもある（倉沢 2002：13-14）。この報告書や後の自治省のコミュニティ施策が目指したことは，高度経済成長によって変化した地域の社会関係へ対処することであったといわれている[4]。

　地域問題への関心が高まる社会状況において，期待が寄せられたのがスポーツであった。スポーツのもつ社会的機能を重視し，それをコミュニティ活動に役立てようとする「コミュニティ・スポーツ」論が，地域社会の弱体化の議論が進むなか現れた。それは，主に都市において，失われた「共同性」「人間性」の回復を目指したものであった。ただ，地域コミュニティへの貢献が期待される一方，歴史的に形成されてきた地域の「生活組織」は視野に入れられることはなかったようである。この点において，コミュニティ・スポーツ論は，地域生活の現実からほど遠いものとなってしまう恐れがあることも指摘されてきた（松村 1988：96-98）。

　このように，人びとの行動範囲と生活空間の広域化とともに懸念されるようになった地域社会の空洞化を背景に，スポーツはその社会的機能が着目され，新たなコミュニティ形成に寄与することが期待されてきた。しかし，コミュニティ・スポーツ論は都市的世界の発想に基づくものであるがゆえ，歴史的な地域の生活組織を視野に入れておらず，地域生活の現実とのズレが生じる可能性も指摘されてきた。次の項では，スポーツに寄せられる期待を経済面から確認していこう。

2.2. 地域振興とスポーツ

　スポーツは政治や経済とは無関係であるかのように語られることがある。「平和の祭典」として世界で最も知られるスポーツ・メガイベントであるオリンピックの近年の収入構成を確認すると，多額の放映権料やスポンサーからの協賛金といった収入によって成り立

っていることがわかる。こうした収入構成へと変化した契機は，1984 年開催のロサンゼルス大会にある。この大会では，多額の放映権料やスポンサーからの協賛金によって，それまで赤字続きだった大会決算が一転して黒字となった[5]。そして，オリンピックの商業主義の定着ともいえる状況となり（石坂 2018：113-143），開催地をめぐる贈収賄や放映権料の高騰等，さまざまな問題が引き起こされてきた。

　前項では，スポーツの地域コミュニティ形成への貢献が期待されている状況を確認した。オリンピックの商業化・巨大ビジネス化の展開からは，スポーツがもたらす経済的効果への期待もまたけっして小さいものではないことがわかる。

　スポーツの経済的効果への期待は，日本における各地の地域振興策のなかにも確認することができる。1987 年に制定された総合保養地域整備法（通称「リゾート法」）の下でのレジャー開発計画はその一つである。これは，スポーツリゾート開発によって，地域への経済波及効果を期待するというものであり，リゾート法は，国土計画である第四次全国総合開発計画[6]の基本的な考え方に則ったものである。「余暇時代の到来に向って滞在型のスポーツ・文化活動を推進するために，地域の第 3 次産業化を進めるための『整備』を行なおうという狙い」（松村 1999：105）があるという旨がその提案理由として示されている。このことから，労働と対置される概念である余暇を過ごす場の形成を視野に入れたものであり，日々労働に励む都市住民が，余暇を利用して自然環境豊かな地方で滞在して癒やされることを想定したものだったといえるだろう。こうしてリゾート法は余暇関連産業であるリゾート産業の発展を後押しし[7]，スポーツは脚光を浴びることとなった。

　また，過疎地で民間企業が大規模リゾートの観光開発をおこなう場合，従来は規制されていた自然公園内の国有林・保安林や農地の

転用が認められた。そのため，ここぞとばかりに開発の候補が相次ぎ，大規模なスポーツリゾート開発が各地で計画されることとなった（宮本 1990：367）。各地の基本構想は，地域の自然や町並みを生かすというより，個性が見出しにくいスキー場，ゴルフ場，ホテル，ヨットハーバーといった施設ばかりとなり，ときに「金太郎飴」のような画一的開発だと揶揄されることもあった。スポーツ社会学を専門とする松村和則は，こうした開発のあり方の下では，過疎地域は「手っ取り早い企業誘致」を求めることとなり，「『リゾートのコンセプトを通じて土地の資産価値を作りだそうとしている』企業中心の地域振興に陥る危険性」があることを指摘している（松村 1999：109）。そして，大規模リゾート開発の下では，ゴルフ場やスキー場の建設のために貴重な森林資源が破壊されたり，建設されたゴルフ場において農薬による自然環境の破壊が危惧されたりする事態が生じていた[8]。

　本項では，1980 年代後半以降のスポーツリゾート開発について確認してきた。この時期は，政策の後押しもあり，各地で外来型の開発が一律的に進められていた。画一化や大規模化をもたらす誘致型リゾート開発は，事業をおこなう企業のみが利益を得る仕組みになっていることが多く，それぞれの地域に還元されることが少ない。また，こうした開発のあり方は，歴史的に見ても，地域の自然環境に対して多大な負荷をかけがちである。今日，少子高齢化や過疎化に直面する地域のなかには，地域づくりや地域振興にスポーツを生かそうとする取り組みもあるだろう。次の節では，筆者の調査地で伝承されている盆踊りという身体活動の実践を事例にしながら，地域社会とスポーツの関係についての理解をさらに深めていく。

3　地域社会とスポーツ

3.1. 白石踊という身体活動

　第 1 節で紹介した白石島には「源平両軍の戦死者の霊を慰めるために始められた」ともいわれる盆踊りが伝えられている。白石踊という名のこの踊りは，口説きと太鼓に合わせ，複数の踊りを一斉に舞う点が特徴とされ，その優雅さがポイントとして紹介されることもある。筆者が初めて踊りを体験したのは，盆の時期に，櫓と祭壇を囲んでおこなわれる踊りを見学していたときのことである。少し練習すればいくつかの踊りは踊れるようになるだろうと高を括り，地元住民に誘われ，踊りの輪に入った。しかし，結局その日は基本の踊りを覚えただけであった。踊りのなかには少しハードな動きもあるのだが，還暦を迎えたほどの住民が長時間真剣な面持ちで踊り続けていたことがいまも印象に残っている。

　調査を開始してから，各々の踊りのなかにも微妙な所作の違いがあると聞き，数人の住民に対し，その理由を尋ねたことがある。そうすると，誰に教わったかによって踊り方が異なるからだと理由を説明されることもあった。たしかに白石島へ通い始めて早々は「あの人の踊りは…」といったフレーズを耳にすることがよくあり，そうした話を聞くたび，それぞれの踊りへの「こだわり」を感じていた。

　筆者のこれまでの経験においては，住民が地域でおこなう盆踊りで，白石踊で見てきたような真剣さやこだわり等に気づいたことはない。こうした光景を見るたびに，踊りの「たのしみ」が人びとに見出されているのだと考えてきた。ただ，島の住民であれば誰でも踊り自体になんらかの一家言があるということでもない。伝承活動にかかわることはあっても，当人は踊らない場合もある。踊らないのになぜ踊りの場にかかわるのか。それは，この踊りが地域生活と

写真 6-1　白石踊

密接なものであるからだ。

　毎年 8 月の盆の時期におこなわれる公民館前広場における盆踊り
では，15 日のみ祭壇が組まれ，この一年間に亡くなった島に縁の
ある故人の遺影が供物等とともに置かれる。この日は島唯一の寺の
住職による読経もおこなわれるため，踊ることはせずとも焼香を目
的に踊り場を訪れる住民もおり，年に一度の故人を偲ぶ機会になっ
ているのだ。これは，白石踊が地域生活に密接な存在であることを
示すものともいえよう。

　白石踊が島で踊られることは，盆行事に限ったことではない。毎
年春におこなわれる地域の寺の大祭においても，地域生活に溶け込
んでいる事実を確認することができる。住民の多くが檀家である寺
では，大祭という行事において境内で白石踊が披露される機会があ
り，踊りを見ることができるのだ。すなわち，盆に限らず地域にお
ける行事においても，踊りに接する機会があるということである。
こうした点から，踊りが地域生活に組み込まれていると考えること
もできるだろう。

　踊りの伝承活動をおこなう白石踊会は，地元住民を中心に構成さ
れている。踊会は，定期的に練習会をおこなうなど，子どもたちの
伝承活動に地道に取り組んできた。筆者が白石島に通い始めた
2008 年当時の練習会では，この島の小中学生は白石踊会の方々か

ら踊り・口説・太鼓を教わる機会があり，練習会等の場を通じて子どもたちは踊りを習得していた。

　2020 年の国勢調査によると，島の人口は 400 名を下回った。また，2019 年には小学校が，続いて 2022 年には中学校が休校となった。これは地域の子どもたちの踊りを習得する場が減少することを示している。過疎化や高齢化による踊りの継承の難しさが課題として認識されるようになって久しいが，数年前からは笠岡市の陸地部で白石踊会の支部が組織され，白石島出身者を含めながら，定期的な練習会が開かれている[9]。

　この項では，白石踊が地域の生活に身近なものであることを見てきた。踊りの伝承の場でもある小中学校の休校といった出来事には，人口減少社会における地域文化の継承の困難が示されているといえるだろう。その一方，白石踊会は支部を設ける等，島外の白石島出身者との接点ももちながら活動を展開している。次の項では，地域生活に組み込まれている踊りが，観光という外部性を含んだ取り組みにどう対応しているのかを確認する。

3.2.　地域生活と白石踊

　島で実施される白石踊には，盆踊りなど地元住民を中心に集う場だけではなく，観光のように比較的外部の影響を大きく受ける場がある。それは，地域外からの参加者が踊りを鑑賞したり，踊り体験をしたりできる中規模の観光イベントであり，毎年 7 月に開催されている。イベントは 1990 年代後半，地域内の学校が文部省の事業に指定された頃に始まったという。この場には，観光で訪れた人たちや，普段は盆の時期の踊り場には行かないという地元住民，あるいは島外に住みながらも島に縁がある人たちなどの参加も確認することができる。また，交流の場であると同時に，地域の活性化が意識された場でもある。

　白石踊は 1976 年に国から重要無形民俗文化財として指定された。貴重であり保護の対象であることが法律によって定められているということだ。文化財として承認されることによって，それがお墨つきとなり，観光の場で注目されるきっかけとなることもあるだろう。一方，保護という対応は一見適切であるかのようだが，慎重さを要することも指摘されてきた。なぜなら，文化財指定や観光化といった社会的文脈を有したことで，かえって継承困難な状況がもたらされることがあるためだ。環境社会学者の足立重和は，地域文化が観光化していくプロセスにおいて，外部者への「わかりやすさ」に対応しようとした結果，その地域文化が画一化し，担い手が不在となってしまうという皮肉な状況があることを論じている（足立 2004）。

　白石島での調査を始めた 2008 年以降，筆者はこの観光イベントに何度か参加してきた。踊り場では，島に縁のある大人による踊りと子どもによる踊りの上演がおこなわれている。踊りを鑑賞している住民に目を向けると，島の子どもや大人が披露する踊りを話題に，知人や友人との会話を楽しむ様子を確認することができる。また，踊りの鑑賞だけではなく体験もできるため，島外からの参加者は各々踊りの輪に入り，浴衣等を着用した地元の踊り手たちに踊りを教わっている。島外から参加しているリピーターの姿や，彼ら彼女らと打ち解け，談笑する地元住民の姿もそこでは見られるのである。

　この調査では，踊りの場において，上記のような各々の楽しみが生み出されている様子を確認できた。一方，観光イベント開始当初，「外に向きすぎているのでは？」といった意見も地元住民から示されることがあったという。そうした意見に対し，白石踊会は開催日や場所を変更するといった対応をおこないながら，この観光イベントの開催を続けてきた（木原 2015）。

　国から重要無形民俗文化財として指定されている白石踊は，社会的価値を有した踊りだといえる。ただ，踊りが展開される場が外部

に開かれていたとしても，各々の「たのしみ」がその場で生み出されていた。この島の生活に合わせるような踊会の柔軟な対応は，無意識的であったとしても「自分たちの踊り」であろうとする実践だったと理解することができるだろう。

4　おわりに

　本章では，これまでの政策においてスポーツに寄せられてきた期待を確認し，地域文化でもある盆踊りという身体活動の事例を通じて，地域社会とスポーツの関係について考えてきた。

　第 2 節では，これまで社会はスポーツにどのような期待を寄せてきたのか検討した。高度経済成長期には，地域コミュニティ形成を目指した取り組みが希求されてきたが，その背景には，人口移動とともに生じた行動範囲や生活空間の広域化と，地域社会の弱体化への危機感があった。そこで，地域コミュニティ形成を目指し，スポーツのもつ社会的機能に期待が寄せられてきたのである。

　続いて，スポーツの経済的波及効果を期待したリゾート開発策を取り上げた。その観光開発のあり方は，個性が見出しにくく，地域の画一化をもたらすようなものであった。そして，ゴルフ場やスキー場開発のために多くの森林が潰されるという自然環境には良くない帰結がもたらされた[10]（本間 1992：173-174）。このように，第 2 節ではスポーツの機能を活用しようとした政策を取り上げた。スポーツの機能を普遍的なものとするこうした機能論的な捉え方に対し，スポーツ社会学を専門とする後藤貴浩は，「地域社会に対するスポーツの現実的機能が不問にされ」てきたこと，そして「多くの地域スポーツ研究で設定される『地域』が，常にあるべき地域社会として設定されてきた」ことに疑問を呈している。こうした機能論的議論では，過疎化・高齢化に直面する地域のスポーツはあまり議論の

対象とされてこなかったことを指摘している（後藤 2015：222-223）。たしかに対象となる地域を見ず，スポーツ実践だけを切り取って論じることには限界もあろう。

　第 3 節では，少子高齢化や過疎化に直面する地域における盆踊りという身体活動の実践を事例とし，地域生活という視点から，地域社会とスポーツの関係を考えた。対象とした白石踊は，国指定の重要無形民俗文化財であり，観光化の影響と無縁ではない踊りである。文化財として，あるいは観光の対象としての社会的文脈を有し，観光客から寄せられる期待など，外部的なものと向き合ってきた地域資源でもある。地域生活という視点から踊り場を眺めると，寺の年中行事で踊ったり，観光イベントで地元の子どもたちによる踊り上演の時間が設けられていたり，知人や友人との語らいの場となっていたり，地域の生活と踊りは密接であった。また，90 年代後半に開始した観光イベントでは，開始当初は住民が外部に向けた場のように感じることもあったというが，踊会が柔軟に対応することで，地域の生活に根差した場にもなっていた。

　ここまで見てきたように，白石踊は文化財あるいは観光化という社会的文脈を有する身体活動でありながらも，地域生活に根差した形で踊りが実践され，その踊りの場では「たのしみ」が生み出されてきた[11]。

　スポーツの定義はさまざまになされてきたが，そのうち「遊び」の性格を有していることはよく知られている。スポーツはその規則が厳しくなるにつれ，遊びの衰退が起こってきたといわれる（井上 1999）。盆踊りは地域生活における身体活動でもあり，スポーツと同じ土俵で考えることは難しい部分もあるだろう。しかし，どちらも，「たのしみ」や「遊び」といったように，人びとの生活に豊かさをもたらす可能性をもつ。地域社会で展開されるスポーツ活動の場が，「遊び」のように生活に豊かさをもたらす場として地元住民

に受け止められているならば，その地域での活動は存続されていく
のだろう。

【注】

1）白石島では，オリエンテーリングの大会が定期的に開催されるなど，地
域の自然環境を生かした取り組みがおこなわれている。

2）今日の登山ブームは，メディアによるイメージ共有と道具および技術の
発達，そしてツアー登山のようなシステムによって支えられているとも論
じられている（山形 2013：200）。

3）都市社会学者である倉沢進は「共同経験は時には形をなして，人びとの
共同の記憶を紡ぐ」と述べ，共同経験によって共有された共同感情が見ら
れる地域社会を「牧歌的コミュニティ」と呼んでいる。また，この「牧歌
的コミュニティ」は都市化の過程で崩れてきたと述べている（倉沢
2002：11-14）。

4）コミュニティという用語には，それを現実に存在する実体として捉える
か，理念として捉えるかの違いがある。倉沢進は都市化に伴い，あるべき
コミュニティと，現に実存するコミュニティの食い違いが生じてくると述
べる（倉沢 2002：18）。また，自治省コミュニティ施策については，（山
崎 2014）がその検証をおこなっている。

5）1976 年開催のモントリオール大会は大幅な赤字であった。

6）日本では，1950 年に施行された国土総合開発法に基づき，国土政策の
目標を示した国土計画が策定されてきた。最初の計画は 1962 年に策定さ
れ，第四次全国総合開発計画（四全総）は 1987 年に策定された。

7）リゾート開発の主な目的は，「①将来における自由時間の増大に対応し
て，ゆとりある国民生活を実現すること，②第 3 次産業を中心として地域
の活性化を図ること，③民間活力の活用をテコとして内需拡大を図るこ
と」だといわれる（保母 1990：330）。

8）環境経済学者の宮本憲一は，「これまで清流を誇っていた白山麓にゴル
フ場が計画され，農薬によって下流にある日本最高の銘酒をほこる醸造地
や農地の汚染が心配されるような環境問題が，過疎地の中でおこるように
なった」という例を挙げている（宮本 1990：367）。

9）笠岡支部の会員は，笠岡市近隣地域の居住者を中心に組織されている。

会員は白石島の出身者に限らず，そうでない者も含まれている。

10）バブル経済の崩壊時には，リゾート開発計画の中止や凍結が起こり，自
　　然環境の破壊が未然に防がれたものもあったという。

11）社会学者の鳥越皓之は，地域生活における身体活動には，生産以外の多
　　様なものがあり，そこには単に生きるというだけではなく，人間として充
　　実して生きる意味が存在していたと推察している（鳥越 2020：22）。

【参考文献】

安達生恒，1981，『過疎地再生の道』日本経済評論社。

足立重和，2004，「ノスタルジーを通じた伝統文化の継承―岐阜県郡上市八
　　幡町の郡上おどりの事例から」『環境社会学研究』10，42-58。

石坂友司，2018，『現代オリンピックの発展と危機　1940-2020―二度目の東
　　京が目指すもの』人文書院。

井上俊，1999「序論　文化としてのスポーツ」井上俊・亀山佳明編『スポー
　　ツ文化を学ぶ人のために』世界思想社，1-9。

木原弘恵，2015，「地域伝統文化をめぐる再編過程の一考察―岡山県笠岡市
　　白石島・踊会の対応を事例に」『生活文化史』67，45-57。

倉沢進，2002，「1　コミュニティとは何か」倉沢進編『コミュニティ論』放
　　送大学教育振興会，9-18。

後藤貴浩，2015，「第 9 章　地域の生活からスポーツを考える」徳野貞雄監
　　修，牧野厚史・松本貴文編『暮らしの視点からの地方再生―地域と生活
　　の社会学』九州大学出版会，222-246。

鳥越皓之，2020，「第 1 章　生活論とは何か―社会学・民俗学の立場から」
　　松村和則・前田和司・石岡丈昇編『白いスタジアムと「生活の論理」―
　　スポーツ化する社会への警鐘』東北大学出版会，3-24。

保母武彦，1990，「第 7 章　内発的発展論」宮本憲一・横田茂・中村剛治郎
　　編『地域経済学』有斐閣，327-349。

本間義人，1992，『国土計画の思想―全国総合開発計画の 30 年』日本経済評
　　論社。

松村和則，1988，「Lecture 9　生涯スポーツ，コミュニティ・スポーツを考
　　える」森川貞夫・佐伯聰夫編『スポーツ社会学講義』大修館書店，90-
　　100。

松村和則，1999，『地域づくりとスポーツの社会学［3 版］』道和書院。

宮本憲一, 1990, 「第 8 章　国際化時代と地域政策」宮本憲一・横田茂・中村剛治郎編『地域経済学』有斐閣, 351-369。

山形俊之, 2013, 「平成登山ブームに関する一考察」『湖北紀要』(34), 189-204。

山崎仁朗編, 2014, 『日本コミュニティ政策の検証―自治体内分権と地域自治へ向けて』東信堂。

スポーツ庁, 2022「令和 3 年度　スポーツの実施状況等に関する世論調査」(https://www.mext.go.jp/sports/content/20220310-spt_kensport01-000020487_5.pdf, 2022 年 9 月 8 日にアクセス)。

スポーツと公園

堂本直貴

● 公園はなぜつくられる

　筆者の自宅の南側に公園がある。公園の名前をK公園としておこう。この公園のおかげで，自宅の日当たりがよく，開けていて眺めも悪くない。

　そのK公園へ，朝は，リタイアした高齢者やその家族が，犬を連れて散歩にくる。飼い主は，ときどき犬のリードを解いて，公園内を走らせている。しばらくすると，通学途中の小学生が公園を通り抜けていく。日中は，母親に連れられた小さな子どもが遊びにやってくる。暑くなってくると母親たちは日陰に入って，子どもたちが遊具を使う姿を眺めている。昼休みは，ごくまれに会社の営業らしき人が，ベンチで一休みしている姿を見る。夕方になると，学校が終わった小学生が，大きな声を出して遊ぶ。日が暮れると，壮年の男性が，体幹を鍛えるためか，公園内のベンチを利用しながら腕立て伏せなどをして，汗を流す。この公園は，筆者が想像する以上に，多くの人びとによって，遊びや休憩，健康づくりの目的で使われているようだ。

　しかし不思議な話だ。誰からも教えられることなく，現代の多くの利用者は，公園の利用方法を知っていて，その方法も多岐にわたる。実際，K公園の利用者がそうだ。それ以上に，なぜ都市に公園がつくられ，自由に使えるのか。それを説明できる人は少ない。公園は，どのようにしてつくられるものだろうか。

　もともと公園は，日本には存在しなかった空間の利用法で，明治

　新政府が，1873（明治 6）年の太政官布達第 16 号において全国に設置を命じたことが始まりである。だが，実際は有名な寺社の境内や，桜で知られる名所を「公園」として指定することから始めて，さらに新規の公園を建設していった流れがある（小野 2003，白幡 1995）。読者のなかに，遊び場として寺社の境内外を公園のように使った思い出があれば，この歴史の延長にいるのだ。だがなぜ，寺社や名所が公園になったのか。それは，明治維新によって，国が公園として使用可能な寺社の没収地を多くもっていたというのがあるが，当時の日本人の多くは，公園の意味を理解していないと考えられた。そこで，寺社参詣や行楽で訪れる遊興の場所を通じて「公園」を理解させることが考えられたのだろう。だが，これには一つの問題があった。そもそも日本がモデルとした欧州の公園は，庶民の啓蒙・教育といった目的で，王侯貴族が所有地を恵与することから始まった。つまり，いずれは遊興・娯楽の場という認識から，啓蒙・教育の場への転換が必要になる。これを意図してつくられたのが，1903 年に開園した東京の日比谷公園である。この公園は，西洋的な思想で設計された公園だったが，開園当初は，広場で騒ぐ，芝生を掘り返す，草木を折るなど，利用者のマナーの悪さが目立っていた。それは，当時の人びとの公園に対する理解を考えれば仕方がないともいえる。ここから公園という場所は，子どもが利用者の中心で，教育の空間という発想が固まり，活用されるようになった。それでも公園は，都市計画のなかでは，優先順位が非常に低かったのだろう。東京で増加したのは 1923（大正 12）年の関東大震災の復興計画によるものである。

　そのためある意味，強制的に建設・設置を義務づけていく必要がある。その根拠となるのが法律だ。

　現代の日本で，公園の建設・設置を定めているのは，1956 年 4 月 20 日に公布された「都市公園法（法律第七十九号）」という法律

である。この法律の目的は「……都市公園の設置及び管理に関する基準等を定めて、都市公園の健全な発達を図り、もって公共の福祉の増進に資すること……（第一条）」とある。だが、この法律は、なにが「（都市）公園」であるのか、あるいは公園の機能や管理者を定義づけるだけに過ぎない。この法律を基礎にして、公園をつくるために、細かい取り決めを定めたものが、「都市公園法施行令（政令第二百九十号）」（1956 年 9 月 11 日）である。そのなかで、「市町村の区域内の都市公園の住民一人あたりの敷地面積の標準は、十平方メートル以上」あるいは、「当該市町村の市街地の都市公園の当該市街地の住民一人あたりの敷地面積の標準は、五平方メートル以上」（ともに第一条第一章）という規定がある。つまり、住民を基準にして公園をつくるということだ。さらに、公園にも、「街区公園」「近隣公園」「都市公園」あるいは「運動公園」の区分があって、たとえば街区公園は「主として街区内に居住する者の利用に供することを目的とする都市公園は、街区内に居住する者が容易に利用することができるように配置し、その敷地面積は、〇.二五ヘクタールを標準として定めること」（第二条一）とある。このように、地方公共団体（市町村）は、法律を参照しながら、地域を分割し、そのなかの住民の数を参考にして、どの程度の数や広さの公園を設置するのかを適切に決定している。公園はなんとなくつくられるのではなく、法律に明記された基準に従って、必ず設置することが決められているのだ。

● K 公園の変化

　法律で公園の建設・設置が定められていることが、私たちになんの意味をもつのかを考えるとき、利用者の生存にまつわる一切の権利が保障されているという発想になる。公園は、大人にとっては健康づくりの場だが、子どもにとっては遊びを通じた発達の場でもあ

写真　K 公園（2023 年 1 月　筆者撮影）

る。

　そのことを前提にして，筆者が幼い頃から眺め続けてきた K 公園から考えてみたい（写真）。

　K 公園の周辺一帯は，かつては山であり，段々畑だった。いまでは，山を切り開き，畑を潰して宅地造成された経緯があったこともわからないくらい，家がたくさん建っている。筆者の自宅を建てたのは，いまは亡き父だった。新しい家の土地や建築の進捗を見るために何度か訪れたが，そのときは決まって，この公園で遊んでいたことを覚えている。つまり，筆者の父とその家族が引っ越してくる以前から，K 公園はそこにあったのだ。

　筆者の父が家族を連れて転居した時点の K 公園には，ジャングルジムが敷地の端に建っているだけだった。他に遊具も砂場もなかった。その他には，成長に限界を見た大きなモミの木と，秋になるとやたらと多く黄色い葉を落とすイチョウの木，そして枝が伸び放題のヤナギの木があった。これらは公園の敷地の端に植えられ，公園というよりは狭い広場といってよいくらいだった。

　公園に遊具があることは当然ではない。歴史においても遊具が東京の公園に初めて設置されたのは 1902（明治 35）年 7 月から 9 月にかけてである（野嶋 1996）。それまでつくられた東京の公園の設

計図を見ると，空き地と植え込みで構成された空間だった。K 公園の状況によく似ている。明治時代の東京の子どもたちが公園でどのように遊んだのかはわからないが，少なくとも 1980 年前後の K 公園では，球技をする以外の利用方法がなかった。

　筆者の小学生時代は，K 公園で野球をする子どもが多かった。周囲は，第二次ベビーブーム（年間の出生数が 200 万人を超え，1971 年から 74 年生まれの年代に多く見られる）の子どもたちだから，公園で遊ぶ子どもの数も多くて，野球をするためのメンバーを集めるにはそれほど苦労しない。サッカーは J リーグがつくられる（1993 年）以前だから，あまりなじみがない。ところで，筆者の家とその公園の間には市の境界線があって，公園は隣の市のものになっていた。そこで遊ぶ子どもの多くは小学校が異なるから，友達はいなかった。

　筆者が小学校に入学してしばらく，かなりの人数の小学生がやってきて，いつものように野球を始めた。どうやら違う小学校で対戦しているようだ。ただ，ピッチャーは，まるで悪ふざけをしているような「せこい」球を投げる。それを庭から見ていた筆者の母親は，自分の子どもがチームに入っているわけでもないのに，「下手な球投げるな！」とヤジを浴びせた。じつは子どものスポーツ競技は，やっている本人以上に，見ている大人の方が興奮してくるものだ。だが，ピッチャーにしてみれば，知らない大人からプレッシャーを与えられて，いい迷惑だ。そこからどんな展開になったのか，記憶していないが，母親の指示で人数分のアイスクリームを買いに行かされて，彼らに「差し入れ」したことを覚えている。それなりに，よい展開になったのだろう。

　筆者が中学校に入った頃，K 公園に遊具が追加された。滑り台とブランコだ。これで，公園に来る子どもやその遊びが変化した。遊具を使って遊ぶ子どもは，親に連れられた幼稚園入学以前の幼児

から小学生と幅が出た。その代わり，遊具で広場部分が埋められ，野球などの球技ができなくなった。わずかな空きスペースを使って，ボールを投げるか，蹴るくらいしかできない。野球をする子どもは少なくなっていたが，ここで決定的に K 公園から野球少年たちの姿が消えた。野球をやりたくても，できないのだ。

　だが，もともと問題もあった。広場部分を使って小学生が野球をすると，幼児は安心して遊ぶことができない。すべての子どもが利用できる公園ではなくなる。公園の管理主体（市町村）にすれば，遊具の増設は，利用方法や子どもの遊び方をコントロールするうえで，重要な決定だったのかもしれない。

● 狭い公園で工夫して遊ぶ

　いま，当時の野球少年がバッターボックスとして設定していた位置から，小学生くらいの視点で公園を眺めてみて気づいたことがある。遊具がない状況を想像しても，あまりにも狭すぎるのだ。力任せにバットを振ると，すぐにボールは自動車が通る道路の方へ飛んでいく。そのような配置にしないと，こんどは家の敷地に入ったりして，取りに行くのが面倒だ。筆者の家にもボールが入ったから回収したいとチャイムを鳴らす子どもは多かった。一度，野球ではなかったが，漫画のワンシーンのようにガラスを割られたことがある。筆者にとって，このときばかりは，公園が迷惑施設に思えた。

　それにしても，小学生がこんな狭い場所で野球をして，本当に楽しかったのだろうか。

　競技の遊びを分析した井上俊によれば，ゲームのルールは単にゲームの進行を支配し，勝敗の基準を定めるだけではない。一つの「世界」を創造し，その世界に固有の秩序を与えるとする。この世界は，日常的な現実から区別された仮構の世界で，それは現実とは違った形で構造化されている（井上 1977：4）。つまり，競技（スポ

ーツ）で展開される世界は，日常的な現実・生活の感覚とは異なる
ということだ。さらに，ゲーム世界の「脈絡」や「枠組み」に適合
しない要素は，たとえ現実世界で重要な意味をもっていても，すべ
て無意味化され排除されるし，逆に適合的な要素は，現実世界で無
意味だったとしても意味が与えられ，ゲーム世界に包摂される（井
上 1977：5）。

　K 公園で野球をしていた小学生たちは，狭い公園の敷地を活か
しながら，独自のルールを設定してゲームをしていた。まず，ホー
ムランを打てないルールだ。彼らが使っているボールやバットも，
ビニール製のおもちゃで，そう飛ばないものだ。ただし，ボールを
打ち上げると，野手にすぐ捕られる。だから，ゴロでいかに外野を
抜くかが勝負になる。それでも，外野の守備陣は公園の端ギリギリ
まで展開したはずだ。こう書くと守備が有利なように見えるが，捕
ったボールを各塁へ送球するときに腕を試される。力一杯投げると，
ボールが公園を越えて道路や民家の方へ流れる。

　本当の野球では，技量を最大限引き出してプレーするものだが，
彼らの野球は「肩に力の入らない」野球だった。それは，狭い敷地
を活かしながら，各自の技術を活かしてうまく楽しむというものだ
った。

　つまり，小学生たちは，日常生活ではあまり発生しない，ボール
を投げる，打つという行為がつくり出した野球という「世界」を参
照しながら，さらに，狭い公園の敷地に対応させて野球の「脈絡」
や「枠組み」を改変することで，新たな「世界」をつくり出し，ゲ
ームを楽しんでいたのだ。いまになれば，ヤジられたピッチャーの
投球方法も理解できる。

　ところで，K 公園から完全に球技がなくなったのだろうか。そ
の後，なんと子どもたちは，公園に設置してあるブランコの座板を
支柱に引っ掛けて，その間を空け，サッカーのゴールとして使って

いた。

　明治時代初期，それまでの日本人の感覚になかった公園が，どのように人びとに利用され，社会に定着していったのかを考えたとき，子どもたちの「意外な」利用方法も大きかったのだろう。その現代的な姿を，K公園で遊ぶ子どもたちから感じられるのだ。

【参考文献】

井上俊，1977，「ゲームの世界」『遊びの社会学』世界思想社。

野嶋正和，1996，「明治末期における都市公園の近代化と学校体育」
　　　『ランドスケープ研究』59(5)，日本造園学会，pp. 29-32。

小野良平，2003，『公園の誕生』吉川弘文館。

白幡洋三郎，1995，『近代都市公園史の研究：欧化の系譜』思文閣出版。

●第 3 部●

スポーツをふかめる

第7章 スポーツと性的マイノリティ

性の境界線はどこにあるか

水野英莉

1 ニュージーランドで出会ったサーファーたち

2016年にニュージーランドで開催された国際学会に出席した。学会とは，研究に携わる人たちが集まって成果を報告し，情報交換をおこなう場である。筆者も自分のおこなってきたサーフィンに関する調査やその分析結果を発表する予定だった。サーフィンに特化した学会など日本では聞いたことがなかったので驚き，そして同時にとても楽しみに参加を決めた。

学会はラグランという海沿いの小さな田舎町で開催された。会場の目の前に海が広がり，有名なサーフポイントには毎日のように波があった。会場は環境保護に熱心に取り組むホテルで，水や電気の資源は節約することを強く言い渡される。毎日の食事は敷地内でとれた有機野菜を中心

写真7-1 ニュージーランド・ラグランの風景

写真7-2 有機野菜を中心とした食事類

に，菜食の人たちも安心して食べられるものが用意された。ホテル
で楽しめるアクティビティも，ヨガやセラピーなどが中心で，リト
リート（日常から離れたリフレッシュ）に訪れる人に人気のようだっ
た。サーファーの文化は，自然環境保護，菜食やサステナビリティ
を意識した生活スタイルと親和性が高く，ヨガやアロマセラピーな
どを愛好する傾向もある。学会とはいえ，サーファーである参加者
の好みや満足に強く働きかける趣向が凝らされていた。

　通常，学会というと，社会学の分野では，大学などの教室や施設
を借りて，壇上に立ち，パワーポイントやレジメを示しながら研究
報告をおこなうのが一般的だ。大人数の講義スタイルと似ている。
報告者は，スーツや革靴などを着用し，きちんとした印象を与える
ようにする人もいる。しかし，このサーフィン学会は，木造のシン
プルな建物のがらんとした板張りの部屋でおこなわれ，そこには一
段高い教壇もなかった。参加者のほとんどがサーフィン研究をする
サーファーで，夏だったこともあり，Tシャツ・短パン・ワンピー
スなどに，ビーチサンダルなどの軽装だった。会場では，みな裸足
で部屋に入った。著名な研究者がいても特別な扱いはなく，同じ高
さの目線で報告し，議論し，文字通りのフラットな空間・関係がつ
くり出されるよう工夫されているように感じた。サーファーの感覚
として，海（自然）の前ではみな平等だという意識がある（全員平
等に波の力にこてんぱんに打ちのめされた経験があるから）。そういっ
たものの見方や価値観が表れているようで，大変印象的であった。
その日の研究報告のスケジュールを終えると，各々でサーフィンに
行ったり，散歩に出かけたりした。

　最終日には映画『Out in the line-up: Uncovering the Taboo of Homo-
sexuality in Surfing（アウト・インザ・ラインナップ―サーフィンにお
ける同性愛タブーを明らかにする）』の上映があった。この映画は
2014年に公開されたオーストラリア映画で，プロ選手として現役

写真 7 - 3　学会の様子

で活動するときには同性愛をカミングアウト（ここでは同性愛を公
表すること）できなかった元プロ男性サーファー，現役時代からカ
ミングアウトして活動した女性サーファーなどが，それぞれのスト
ーリーを語り，同性愛をカミングアウトすることの困難が描かれて
いる。OUT というのは，ラインナップ（波の割れる場所）に漕ぎ出
ていくサーフィンの動作と，セクシュアリティのカミングアウトを
重ね合わせた表現である。製作者のトーマス・キャステツ自身も上
映会に参加し，映画の紹介をおこなった。この映画を見て初めて，
筆者はこれまでサーフィンの世界の異性愛中心主義に意識を向けて
いなかったことに気づいた。ジェンダー視点（社会文化的な男らし
さや女らしさ，性別にまつわる差別について注意を向ける視点）をもっ
てはいたが，セクシュアリティ（ここでは，性的指向。性的な魅力を
感じる性別への方向性）に関しても差別や抑圧があることを，ほと
んど考えてこなかったのである。トーマスが開設した「GaySurfer.
net」というウェブサイトも教わり，世界中のゲイサーファーたち
が安心してつながれる数少ない場所の存在を知ることができた。

　それにしてもなぜ筆者はサーフィンとセクシュアリティについて，
いままで考えたこともなかったのだろうか。サーファーに同性愛者

がいなかったというわけではない。映画がいうように，同性愛はタブー視され，当事者は語ることができず，ないものとされてきたのだ。あまりにも異性愛が当たり前のものとされているので，異性愛者という多数派（マジョリティ）に対する同性愛者という少数派（マイノリティ）は，当時の筆者にとって目に見えない存在だったからだ[1]。しかし映画を見て，現役選手時代にカミングアウトすることは考えただけでも恐ろしいことだと感じていた男性サーファーの経験を知り，サーフィンの世界には，こうあるべきという男らしさ（男性のジェンダー規範）への強い圧力があること，そしてその男らしさとは異性愛という性的指向（セクシュアリティ）と強いかかわりがあることに気づくに至ったのである[2]。

2　なぜスポーツの世界ではカミングアウトが難しいのか

　上述したサーフィンの世界に限らず，スポーツ選手が，とくに現役時代に同性愛者であることをカミングアウトすることは，現在でも容易なことではない。しかし，選手にとっては，ときに嘘をつくことを迫られながら，自分自身について隠し続けることはプレッシャーになるだろう。カミングアウトをすることでチームメイトに受け入れられず薬物依存に陥るケースもあれば，カミングアウトすることでパフォーマンスが向上するケースもある[3]。また，カミングアウトできるかどうかは，プロの選手であればスポンサー企業の方針ともかかわってくるだろう。それではなぜスポーツの世界では，カミングアウトすることが難しいのだろうか。

　ここではスポーツの歴史をジェンダーやセクシュアリティ研究の視点でひもときながら，スポーツの特徴について考えてみよう。

　諸説あるが，スポーツの語源は，ラテン語の deportare（デポルタ

ーレ）という語にあるといわれていて，仕事から離れての「気晴ら
し」を意味していたといわれている。現代の私たちから見れば，ス
ポーツというよりは，祭りや見世物，娯楽や遊び，荒っぽい闘争な
ども含む，幅広い活動を指していた。現代のサッカーや野球などの
ように，ルールが整備されたスポーツは近代スポーツと呼ばれる。
暴力性が排除され，数値や記録を重視し，合理的にゲームを進める
形式になっていったのは，19 世紀になってからである。歴史社会
学者のノルベルト・エリアスは，英国で生じた非暴力的な思考・行
動スタイルへの変動を「文明化の過程」と呼んだが，スポーツも同
時に非暴力的な競争へと変化していった（多木，1995）。

　スポーツはいろいろな時代に，いろいろな地域でおこなわれてい
たが，近代スポーツとして発達していくのは，19 世紀半ば頃，英
国のパブリックスクールにおいて，上流階級の男子の心身の訓練に
取り入れられて以降のことである。パブリックスクールは，英国の
学校制度であり，英国の王室メンバーも通うのでも有名なイートン
校ほか，数十校から成り，在籍する学生は次世代のエリート支配層
となることを期待される。しかし当時の学校生活は規律が乱れ，い
じめや喧嘩，自堕落な行動などに経営陣は頭を悩ませていた。そこ
で暇を持て余す「軟弱」な青年男子に，責任感や自制心を身につけ
させ，体力を増強させるために，スポーツが導入されることになっ
た。その結果，学生のみならず学校も次第にスポーツに熱中してい
き，学校対抗戦が発展するなどしてスポーツ熱は上がる一方であっ
た。当時の世界をリードする立場であった英国は，ヨーロッパ列強
諸国が帝国化し，植民地を拡大させていくことに危機感を募らせて
いた。「軟弱」な男子を鍛え，次世代のリーダーを訓練することは，
重要な使命であった。キリスト教徒である英国男子が，スポーツに
参加することでキリスト教的価値を体現すると考えられるようにな
り（Muscular Christianity：筋肉的キリスト教），スポーツが「男らし

い」身体や「男らしい」性質の育成に寄与していくのである[4]。

　では,「男らしさ」とはなにを意味するのだろうか。男らしさは一般的に,男であれば自然にもつもの,男として望ましい資質などを指すが,1970 年代に登場した男性学は,それに先んじて女性学が「女らしさ」について社会的につくられたものと定義したことにならい,男らしさもまた自然にあるものではなく社会文化的につくられているとした。文化や時代ごとに望ましい男らしさというものは変化するが,その社会で力をもつ男らしさのイメージというものはあり,それを社会学者のレイウィン・コンネルは,覇権的マスキュリニティ（Hegemonic Masculinity）と呼んだ（コンネル,2022）。同性愛男性は覇権的な地位にはなく,従属的な位置に置かれることになる。男性の競争に勝って他者に優越性を示そうとする傾向により,女性に対してのみならず,男性間の地位をめぐる争いをも生み出すことになる。

　他にも,社会における男らしさや男性中心的な制度を分析するうえで欠かすことのできない概念が,家父長制（Patriarchy）である。家長としての父親に権力が集中した家族制度や,あらゆる領域で生じている男による女の支配を幅広く捉える概念として使われている。では,なぜ男性が支配的な社会が維持されるのか。文学研究者であるイヴ・セジウィックは,英国文学の古典において男性同士の関係がどのように表わされているかを歴史的に追い,男性同士の友情物語が女性嫌悪（ミソジニー）と同性愛嫌悪（ホモフォビア）によって成り立っているとした（セジウィック,2001）。一人の女性をめぐって二人の男性が争う三角関係の物語において,女性は男性同士の絆を深めるための手段になっていて,男女間で関係性は深まらず,むしろ男性間の絆を引き裂く可能性のある女性を嫌悪し排除しようとする欲望と,同時に同性愛を嫌悪し恐怖する様子が描かれていることを見出したのである。この女性嫌悪と同性愛嫌悪によって,男同

士の絆が強固な社会（ホモソーシャルな社会）は維持され，男性間の競争は不可避となる。

　さて，スポーツに話を戻すと，スポーツができることは一般的に男らしいことと見なされている。スポーツができるということは，心身の強さやリーダーシップ，感情を抑え冷静に振舞えること，無私になってチームに貢献することなどをイメージさせる。こうした男らしさの資質を獲得するために日々おこなわれるのが，たとえば怪我をしても痛みを訴えない，逆にいえば痛みを訴えれば「男なら我慢しろ」「女か」「オカマか」などといわれてしまう，女性差別や同性愛嫌悪の言動である。男らしさを，その対極にあると想定する女らしさ／女性やゲイ（男性同性愛者）を排除したり否定したりすることで，際立たせているといえるだろう。社会学者のエリック・アンダーソンは，スポーツは「ホモフォビアの最後の砦」（Anderson, 2010：13）であるとしたが，端的にいえばスポーツはあからさまな同性愛嫌悪が許容される数少ないスペースであるという意味である。タフなアスリートこそ真の男（異性愛者）だということが前提とされるスポーツの場において，ゲイ男性の選手はいないものとされ，同性愛はひそかに隠しておくべきこととなるのである。

　それでもときとして，サッカーの試合中などにおいて，男性選手同士が口と口とでキスをする場面がある。しかしこれは，同性愛選手同士のキスではなく，異性愛男性選手同士の試合中に限るパフォーマンスである。いつキスをしてもいいわけではなく，選手たちが異性愛者であることがよく知られていて，かつ素晴らしいプレーの後に，つまり十分に男らしいことが証明されているときにかぎり，例外的に許容されるものであるのだ（岡田，2004）。同性愛的表現ととられかねない同性同士のキスは，十分に「男らしい」ことが担保されているから可能になり，このパフォーマンスがかえって男らしさを表現するということになるのである。

　女性同性愛者（レズビアン）のスポーツ選手については，2010 年代末頃から日本でも現役選手がカミングアウトするようになるなど，男性の同性愛者より寛容に扱われているように見える。しかしながら，スポーツの歴史においては先述した通り，男性の規律訓練の手段として発展した経緯から，女性は常に二流の扱いを受けているし，女性同士の関係は結婚前の一時的なものと見なされがちなこともあり（赤枝，2011；稲葉，2022），周縁的な存在として，いないものとして扱われる傾向にある。

3　スポーツが規定する「性別」
——性別確認検査

　このようにして見てくると，スポーツは男性性と密接なかかわりがあり，異性間の性的関係を「自然」で望ましいと考える異性愛中心主義（ヘテロセクシズム）的な特徴を有していることがわかる。スポーツと親和性の高い男性性とは，タフで力強く，リーダーシップがとれ，感情を表に出さず冷静で，痛みに耐えるといった性質である。このような場においては，女性性とはか弱く，従順で，感情的で，暴力や嫌味に弱いことを意味するので，女性はスポーツに向いておらず，スポーツをする女性は女性らしくないと見なされることになる。現代ではスポーツをすることが，女性らしさを損なうことであることと結びつけられることは，ほとんどないと思うかもしれないが，覇権的男性性の枠組みが女性嫌悪によって維持されることを考えると，それほど単純ではない。たとえば中央競技団体と呼ばれる各スポーツ団体を国内で統括する全国規模の団体（たとえば公益財団法人日本陸上連盟など）では，役員に女性の占める割合は15.5％で，全体の 11.5％の団体では女性役員が一人もいなかった[5]。意思決定の場に女性が少なければ女性アスリートのニーズ

が反映されにくくなり，多様性を推し進めることは困難になる。

　東京 2020 オリンピック大会では，女性参加率が 48.8％に達し，女性のスポーツ参加はごく当たり前のことになったように見える。しかしこれまでの道のりはけっして平坦ではなかった。女性スポーツの黎明期に当たる 1920 年代に，五輪アムステルダム大会の 800 m 走で日本人女性初の金メダルに輝いた人見絹江は，競技での功績が賞賛される一方で，高身長で筋肉質な身体を，新聞報道で「浅黒い巨体」「本当に女性か」と描写された。結婚せず新聞記者として自立する姿に対し，指導する後輩女性との性愛関係を疑うような書きぶりで好奇の目を向ける記事もあった。この時代，結婚して子を産み育てる「健康な母体」の枠に収まらないトップアスリートは，女性のロールモデルになることはなかったのである（鈴木, 2018：23）。

　女子選手の性別への疑念は，とくに 1960 年代頃における女性の社会参加の進展に伴い，女性のスポーツ参加が増加したことを背景に，より強くなっていく。性別確認検査と呼ばれる女子選手への医学的な検査が 1960 年代後半に実施されるようになり，出場資格や競技結果を剥奪するケースがしばしば見られるようになった。表向きは女子選手に扮した男子選手を排除し，女子の競技の公平性を確保することが目的とされたが，冷戦時代という西側諸国と東側諸国の間のイデオロギーが対立する政治状況がかかわっていたのではないかといわれている。国の威信を賭けて競技に臨む東側諸国の女子選手は，西側諸国の女子選手から見ると男並みに強すぎる，性別を詐称しているのではないかと疑われ，西側諸国の選手・チームから，性別確認検査をおこなうべきだという訴えがあったという（井谷, 2020）。

　性別確認検査は，1968 年頃まで医師の前で選手が全裸で並ばされ，外性器を目視するという方法によっておこなわれてきた。屈辱

的でプライバシーの侵害だと批判されている。その後 1990 年頃まで，口のなかの細胞を摂取して染色体を検査する方法がおこなわれていた。女性の染色体型である XX 形の存在を確認する方法であり，男性の XY 型や Y 染色体が確認されれば資格を失う。しかし，実際には女性と同様の身体的な発達をする XY 型の例や，X 染色体が 1 つしかない例もあり，この方法によって不公平な排除をおこなう可能性があった。当初の検査の目的であった女性と偽って出場しようとした男性の例は発見されず，むしろ本人すら認識していなかった身体の状態を急に突きつけられ，男性であるからあなたは出場できませんと告げられるのは大変過酷な経験であり，また典型的ではない身体をもつ女性への差別となる。染色体で性別の線引きをおこなうということに問題があることは明らかであり，国際オリンピック委員会（以下，IOC）などはこの方法を停止するに至っている（岡田，2022）。

　しかし，性別確認検査がなくなったわけではなく，2011 年頃からは，高アンドロゲン症検査がおこなわれている。性別学的な性別を判定することは困難ではあるが，女子選手のいわゆる男性ホルモンと呼ばれるテストステロンの値に上限を設け，一定以下の水準でなければ出場不可とするものである。しかしこれについても，自然に生成されるホルモンによって出場を禁じられ，人工的なホルモン治療をしなければ出場できないとするのは差別的であるといわざるを得ない。テストステロンの値とスポーツの競技力の相関関係を示す明確な科学的な根拠にも欠けており，大きな問題を含んだ方法である。

　私たちは生物学的に男女には明確な区分があると考えているが，実際にはすべての男女が明確に二つのカテゴリーに区分され得る基準もなければ，それを調べる方法もない。大まかな傾向はあっても，人間の身体は非常に多様である。現状では性別確認はテストステロ

ンの値に集約されているが，方法や基準が時代ごとに変化し根拠も変わっていくことにも注意したい。女性間のスポーツ競技を公平にするために実施されたはずの性別確認検査がもたらしたのは，多様な身体の発達をする選手の排除だったといえるだろう。社会には，身体の多様な性の発達をする人が一定程度存在する（DSD／インターセックス／性分化疾患）。しかし，私たちが暮らす日常生活においては，相手の性別の真偽を疑うこともほとんどないし，他人の性染色体の型やテストステロンの値について問題にすることもない。スポーツ，とくに競技スポーツは，こうした意味でとても特殊な世界であることがわかる。

4　スポーツの公平とはなにか
──トランスジェンダー選手の出場規定

　前節では，「性別」の規定が，身体の多様な性の発達をした人を高度な競技スポーツから排除していると述べた。この人たちは，出生時から女性とみなされ，女性として育ってきた人たちである。他方，出生時に男性とみなされ，のちに女性として競技に出場する人もいる。ニュージーランドのローレル・ハバード選手は，2021 年オリンピック東京大会において，オリンピックでは初めてトランスジェンダー女性であると公表して女子競技に出場した。トランスジェンダーとは，生まれたときに医師によって告げられた性別には，距離を置いたり違和感をもったりしている人を指す[6]。

　トランスジェンダー選手の出場規定は，IOC の場合，2004 年から条件的に出場を認めるとしており，2 年以上のホルモン療法，性適合手術の完了，居住する国での性別の法的認知などを求めていた。しかし 2 年という規定に根拠がなく，性適合手術は必ずしも競技力には影響しないといわれていて，大半の国や地域で法的に性別変更

は認められていないことから，参加規定は批判に晒された。2015年には規定が改訂され，FtM 選手（女性から男性に性別変更した人）は性自認の宣言のみで出場できるようになり，MtF 選手（男性から女性に性別変更した人）は試合までの 1 年間に，血中テストステロン濃度を一定以下にすれば出場ができるようになった。その後，2021 年には IOC 独自の規定自体が撤廃となり，各競技団体に科学的根拠に基づき，かつ人権に配慮した規定づくりをするように求めることになった（來田，2010；井谷，2020）。

　トランスジェンダー選手は，こうした規定に基づき正式に競技に参加しているにもかかわらず，誤った憶測で誹謗中傷を受けたり，疑問をぶつけられたりする傾向にある。テストステロン値が高いので，スポーツに有利であり，公平性が保たれないと。トランスジェンダー女性は，自ら「選択」して女性になっており，それは「反則」だと。しかし，テストステロンと競技力の関係はまだ結論が出ておらず，テストステロンが増強する筋肉量は，競技力に影響を与えるさまざまな要素の一つに過ぎない。性別違和から性別適合をするまでの間は非常に長い道のりで，大きな負担を伴うことを考えれば，トランスジェンダーであることは本人が自由かつ容易に選ぶことのできる種類の行為ではないことがわかる。性自認の問題は本人にとって切実なものであり，スポーツのために性別適合するのではない（岡田，2022）。

　スポーツとジェンダー，セクシュアリティ研究が専門の井谷聡子によると，スポーツがもともと不公平なものであるのは，競技に有利な身体とそうでない身体をもつ選手同士の戦いであるからで，圧倒的にどちらかに有利で「見応え」がない状態にならないように（勝負にならないほど実力の差が開きすぎないように），どの有利さを許容するかというところで規定がつくられているのだという。トランスジェンダー選手の出場についても同様で，見応えがあるとされ

るところにいると判断され，つまり圧倒的に女性よりもトランスジェンダー女性のほうが強いわけではないと判断され，競技として成り立っているのである[7]。もしトランスジェンダー女性選手が，常に圧倒的に女性選手を打ち負かすようであれば，そのときに再び規定は見直されていくからだ。男女の性別を分ける基準と思われているものは，じつは競技が成り立つための基準にすぎない。身体の特性の違いが先にあって，それが競技力に常に影響し，だから性別の線引きが必要であると考えられている（だからトランスジェンダー選手は不正だと考えられがちだ）が，そうではない。バスケットボールなどでは，身長の高い人が競技の特性上，圧倒的に有利であるのに，私たちは背が高い人に向かって不公平だと考えることはない。性別が前景化するのは近代社会や近代スポーツの特徴である。トランスジェンダー選手にだけ不公平だと言うことが示しているのは，私たちが男女の性別の区分が（科学的に見ればそうではないのに）明確であると強く信じている（信じたい）ということであるし，またスポーツが私たちのその信念の強化に加担していることをも示唆しているのである。

5　スポーツという「特別」な世界
—— スポーツの相対化

　この章では，筆者がサーフィンをしているなかで，初めてサーフィンの世界の異性愛中心主義に気づいたエピソードから話を始めた。サーフィンに限らずスポーツの世界ではカミングアウトが難しい理由を，スポーツの歴史をひもときながら説明してきた。近代以降のスポーツは，白人の健康な男性の身体の規律訓練を目的として発展し，男性同士の競争と男性間の絆の形成が不可欠な要素として埋め込まれている。男らしさは，男らしくないことを否定することで成

り立っているので，女性嫌悪と同性愛嫌悪の言動は日常的におこなわれる。だからスポーツでは同性愛をカミングアウトすることが難しく，同性愛者は見えない存在になるのである[8]。

　近代スポーツは男性の身体を基準に整備されていったので，一般的には競技力のある男性と女性との競技分けは女性のスポーツ参加を可能にするが，では女性とは誰かということを証明するのはじつは非常に困難である。そこで競技スポーツの頂点であるオリンピック大会などでは，さまざまな検査法が試された結果，現在では性別をテストステロンの値に絞って判定することに集約された。しかしその方法は，生まれながらに多様な身体発達をする人びと（DSD／インターセックス／性分化疾患）や，出生時に社会的に割り当てられた性別に違和感や距離がある人（トランスジェンダー）を排除し，手術やホルモン治療などを半ば強制してしまうという問題を抱えている。

　また，さらに重要なのは，スポーツは内部において身体の性別（セックス），男や女がどうあるべきか（ジェンダー），そして性的指向（セクシュアリティ）について，強い方向性をもつだけでなく，性別とはなにかという知識を生産し，影響力をもつ可能性があるという点である。この章で述べてきたように，近代スポーツは望ましい人間の性のあり方をカテゴライズし優劣をつけ，そこから逸脱した性のあり方を罰して，矯正するという一連の方法によって管理している。スポーツが社会にもたらす影響力はますます大きくなっていることを考えると，このような人間の生・性の管理のあり方を私たちが正当なもの，自然なものであると受け入れるようになってしまうのではないだろうか。しかし，私たちの社会では，スポーツの場ほどには性差が明白になる・問題になる場面はそう多くはない。現代社会においてスポーツは大きな影響力をもつゆえ，スポーツがつくり出す性の境界の矛盾や，「性の境界をめぐる差別の温存」（岡

田，2022：104）を私たちは理解しておく必要がある。

【注】

1 ）性的マイノリティのなかの代表的とされる人びとの頭文字（レズビアン，
ゲイ，バイセクシュアル，トランスジェンダー）をとった言葉として，
LGBT がある。本書では LGBT の語では取りこぼしてしまう「DSD／イン
ターセックス／性分化疾患」についても一部扱うため，性的マイノリティ
の語を用いているが，LGBT について学ぶときに注意したいのは，LGBT
に含まれないさまざまな性的マイノリティの人たちがいることである。性
自認（自分の性別をどう認識するか）や性指向（性的欲望が向く方向），
身体的な性別（社会が性別をどのようにカテゴライズするか）などについ
て，非常に多様な形があることを知っておく必要がある。

2 ）この学会での報告をもとに，ジェンダー，セックス，セクシュアリティ
の視点でサーフィンを分析した著書が出版された（lisahunter, 2019）。日本
のサーフィンのジェンダー分析については，（Mizuno, 2018，水野，2020）
を参照のこと。

3 ）NHK「BS 世界のドキュメンタリー：ドキュランドへようこそ　スター
トライン―カミングアウトするアスリートたち」2022 年 9 月 9 日放送
（https://www.nhk.jp/p/wdoc/ts/88Z7X45XZY/episode/te/N1VL89LR35/，2022
年 9 月 25 日閲覧）。

4 ）19 世紀中頃の英国における，健康や男性性へのキリスト教的介入であ
り，たくましいアスリートであることと，敬虔なキリスト教信者であるこ
との両立を理想とした。近代スポーツの成立と発展に密接にかかわる思
想・運動である（阿部，1997）。

5 ）日本経済新聞「競技団体，女性役員 15.5％どまり―昨年 11 月，民間調
べ，国の『40％』遠く」2021 年 2 月 6 日記事（https://www.nikkei.com/arti
cle/DGKKZO68899110V00C21A2UU8000/?unlock=1, 2022 年 9 月 25 日閲覧）。

6 ）社会的に割り当てられた性別に強い違和感をもち，そのことで社会生活
に困難をきたす場合，医師による「性同一性障害」という診断名を与えら
れることで，医療サポートを得ることができる。トランスジェンダーと性
同一性障害は混同して使用されることがあるが，性同一性障害は医学的な
診断名であり，トランスジェンダーが必ずしもそれに当たるとは限らない。

　　手術をして性適合をする，しないなど，自己の捉え方は非常にさまざまである。

7）以下の有料講座にて動画視聴をおこない，講師の井谷聡子氏の講義内容より一部引用した。井谷聡子「フェミニズムとクィアの視点から近代スポーツを考える」全 5 回【ベーシック講座第 3 弾】2022 年 9 月 10 日 14：00 ― 16：00「性別二元性と女性身体の監視」（https://b3fz2022.peatix. com/?lang=ja, 2022 年 9 月 22 日閲覧）

8）セクシュアリティやジェンダーがとくに問題になる高度な競技スポーツを中心に話をしてきたが，学校におけるスポーツ経験についても同様の傾向がある（風間ほか，2011）。

【参考文献】

阿部生雄，1997，「筋肉的キリスト教の理念――男らしさとスポーツ」『体育の科学』47（6），pp. 415-419。

赤枝香奈子，2011，『近代日本における女同士の親密な関係』，角川学芸出版。

Anderson, Eric, 2010, In the Game: Gay Athletes and the Cult of Masculinity, State University of New York Press.

稲葉佳奈子，2022，「女性スポーツとセクシュアル・マイノリティ―日本女性アスリートのカミングアウトから」岡田圭・山口理恵子・稲葉佳奈子『スポーツと LGBTQ＋―シスジェンダー男性優位文化の周縁』晃洋書房，pp. 60-77。

井谷聡子，2020，「男女の境界とスポーツ―規範・監視・消滅をめぐるボディ・ポリティクス」『思想』1152，pp. 156-175。

風間孝・飯田貴子・吉川康夫・藤山新・藤原直子・松田恵示・來田享子，2011，「性的マイノリティのスポーツ参加：学校におけるスポーツ経験についての調査から」『スポーツとジェンダー研究』9，pp. 42-52。

コンネル，レイウィン，2022，伊藤公雄訳，『マスキュリニティーズ―男性性の社会科学』新曜社。

lisahunter, ed., 2019, Surfing, Sex, Genders and Sexualities, Routledge.

松下千雅子，2020，「スポーツにおける公平性と多様な性― IAAF による DSD 規定に関して」『関西大学人権問題研究室紀要』80，pp. 41-52。

水野英莉，2020，『ただ波に乗る Just Surf ―サーフィンのエスノグラフィー』，晃洋書房。

Mizuno, Eri, 2019,"Multiple marginalization?: representation and experience of bodyboarding in Japan," lisahunter, ed., Surfing, Sex, Genders and Sexualities, Routledge.

岡田圭，2004,「喚起的なキス―サッカーにおける男らしさとホモソーシャリティ」『スポーツ社会学研究』12，pp. 37-48。

岡田圭，2022,「性の境界とスポーツ―トランスジェンダー／性分化疾患／"性別"概念の変容」，岡田圭・山口理恵子・稲葉佳奈子『スポーツとLGBTQ＋―シスジェンダー男性優位文化の周縁』晃洋書房，pp. 86-106。

來田享子，2010,「スポーツと『性別』の境界―オリンピックにおける性カテゴリーの扱い」『スポーツ社会学研究』18(2)，pp. 23-38。

セジウィック，イヴ，2001，上原早苗・亀澤美由紀訳『男同士の絆―イギリス文学とホモソーシャルな欲望』名古屋大学出版会。

鈴木楓太，2018,「女性トップアスリートの登場」，飯田貴子・熊安貴美江・來田享子編著『よくわかるスポーツとジェンダー』ミネルヴァ書房，pp. 22-23。

多木浩二，1995,『スポーツを考える―身体・資本・ナショナリズム』筑摩書房。

第8章 スポーツと部活

高校サッカーの現場から

北村也寸志

1 はじめに

"Tor？ Tor？"（「ゴール？　ゴールか？」）

"Ja, Tor"（「はい，ゴールですよ」）

1998年3月22日から4月1日まで，サッカーの兵庫県高校選抜（U—17）は，ドイツ・オランダ遠征[1]）をおこなった。現地のユースチームなどと数試合をこなしたが，上記の会話は対1FCケルン・ユースとの試合でゴール前の混戦から兵庫が得点をしたときに，左隣にいたトルコ人が，筆者に確認してきたやりとりである。日本のユースチームがくるということもあってか，スタンドはないが，天然芝のピッチ（コート）の周りには，300人ほどのファンが観戦にきていた。試合は予想に反して，のちにジェフユナイテッド市原（現ジェフユナイテッド市原・千葉）に入団するFW林丈統選手たちの活躍もあって激戦を制した。

試合後，観客たちはぞろぞろとピッチに入り込み，なにをするのかと思ったら，めくれた芝を足で踏みながら直していったのである。筆者はこの遠征の研修員として参加したのだが，「みんなのピッチだから」という彼らの思いが伝わってきた光景であった。

2　高校の部活動をめぐる問題関心

　部活動は多くの学生にとって，充実した学校生活を送るための大切な課外活動である。社会に出てからも，公私を問わず会話のなかで「高校のときの部活は？」と尋ねることもしばしばである。そして，同じ部活をしていれば話も弾むだろう。卒業後数十年経っても，部活の OB・OG 会でお世話になった顧問の先生を招いて旧交を温めたという話もよく耳にする。部活は多くの人たちにとって学生時代の大切な（ときには辛い）経験であり，思い出でもある。

　しかしながら，学校における部活動の位置づけは，その法的根拠も曖昧であり続けた。2009 年に改訂された高等学校学習指導要領には，「生徒の自主的，自発的な参加によりおこなわれる部活動については，スポーツや文化及び科学等に親しませ，学習意欲の向上や責任感，連帯感の涵養等に資するものであり，学校教育の一環として，教育課程との関連が図られるよう留意すること（文部科学省，2009：193）」とだけあり，現在もその状態が続いている。

　2022 年 6 月 6 日，スポーツ庁は「運動部活動の地域移行に関する検討会議提言」を発表した。2023 年度より 3 年間で，公立中学校の運動部活動を地域に移行していこうとするものだ。ただ，スポーツをどう地域社会に落とし込んでいくのかというグランドデザインは見えてこない。学校における部活動の位置づけそのものが曖昧なまま，「働き方改革」や「生徒の学習活動に対する負担軽減」という文脈のなかで地域移行の計画が進められている。「スポーツと社会のかかわり」あるいは「スポーツは誰のものか」といった根源的な問いかけは少ない。

　これまでも部活動に関する研究報告は，教育学・体育学から社会学まで多く出されてきた。中澤篤史（2014）は，〈子どもの自主性〉に焦点を当てて「なぜスポーツは学校教育に結びつけられるのか」

について，学校と教師のかかわりのあり方の変容を軸に論じている。そのなかで，〈子どもの自主性〉を育てようとする教師のかかわりが〈子どもの自主性〉を壊すという逆説が生まれるという。そしてこの逆説を回避するために，顧問教員が，子どもがより良く成長するための大人にとって望ましい「自主性」を獲得させることを正当化しようと奮闘していると論じる。

　内田良（2017）は，全国 22 都道府県の 284 中学校の教職員 8,112 名に質問紙（アンケート）調査をおこない，教職員が部活動に熱中していく（あるいはせざるを得なくなる）過程とメカニズムを分析することで，「教員の部活動問題は，顧問を強制される『強制的多忙化』の問題と同時に，自ら積極的に部活動指導にのめり込む『主体的多忙化』の問題でもある」としている。そして今後地域移行を進めるに当たり，(1)教員が地域社会の一員として参加するのを学校から強制されないか，(2)現時点でも移行したその地域クラブが部活動以上に加熱する例が見られ，生徒の負担が増大しないか，(3)地域のクラブの指導者が安全・安心の質が保証された指導ができるか，という三つの課題を挙げている。

　細谷実（2019：57-76）は，小学生から高校生までの年代でシティズンシップを育成するうえで，部活動は「自主性」や「発言（課題解決[2]）」などを獲得できるとする。その一方で，「精神論」「閉鎖性（封建性）」「部活一色化（部活最優先）」「強さ最優先（勝利至上主義）」が獲得の否定的要因として存在し続けていることを指摘している。

　下竹亮志は『運動部活動の社会学』（2022）において，指導者および生徒それぞれがつくり上げる「規律」と「自主性」の関係を洗い出している。これは，「規律」と「自主性」を二項対立のように扱うのではなく，「教育的技法」と捉え直している。平たくいうと，部活の雰囲気が緩慢な状態のときは「規律」を，部員が積極的に活

動しているときは「自主性」を重んじているという。いわば手綱さばきとして捉えており，指導者言説とそのなかで生徒が織り成す実践について詳細に論じている。

　これらの研究は，中学・高校生のスポーツ活動の場を学校の部活動にほぼ限定しているが，松尾哲夫（2015）は水泳，サッカー，器械体操の3種目を対象に，民間スポーツクラブの誕生と発展によって，学校運動部との競合・あつれきを生じてきた歴史を振り返っている。そして，現在のスポーツクラブと学校運動の共存状態から生まれるスポーツ文化の変容を詳述している。この研究は，調査対象を競技志向の強い「アスリート」としているが，中学・高校生のスポーツを部活動に限定することなく，民間クラブを議論の対象に置いた点が評価されるだろう。これらの研究は部活動の歴史を丹念にたどり，質問紙調査法と聞き取りによる質的調査を駆使しているのだが，共通しているのは部活動へのまなざしが「教育（活動）の一環」や「教育としてのスポーツ」あるいは「生徒指導の手法」であることだ。

　筆者は，高校・大学とサッカー部に所属し，兵庫県立高校の理科教員となってから約40年間にわたってサッカー指導の現場に立ってきた。そこから得た体験と知見から，ドイツのサッカーを支える仕組と部活動を比較しながら，高校生年代のスポーツの場をどう提供していけばよいかを考えていきたい。

3　高校と部活動

3.1. 高校教員の業務

　公立高校普通科の場合，教員の業務[3]は表8‒1に示すように，教科指導と部のマトリックスになっている。どの教科の教員もなにがしかの分掌（部）に所属するが，クラス担任となればさらに各部

表 8‒1　兵庫県公立高校の業務分掌

	国語	数学	外国語	理科	地歴・公民	芸術	体育	家庭	情報
総務									
教務									
情報管理									
生徒指導									
進路指導									
保健									
図書									
1年									
2年									
3年									

とつながる教務，進路指導，生徒指導の係が割り振られる。しかし，これだけでは学校の運営は回らないので，校務運営・教育課程・将来構想・業者選定・安全衛生・いじめ対策などの多くの委員会が設けられ，特色学科が設置されている高校ではさらに学科・コース運営のための委員会が設けられる。教員によっては，放課後，3日連続で会議に出ることもある。各学校は，多すぎる委員会を整理縮小しようとしているが，国や県は，学校の特色化や新たに生まれた問題への対応を求めてくるため，基本的に仕事が減ることはない。民間企業では，収益好調な部門を強化し，不採算部門を廃止する「スクラップ・アンド・ビルド」をおこなうが，学校現場は「ビルド・アンド・ビルド」である。志水宏吉（2021）が指摘しているように，1990年代半ばからの国の新自由主義的教育政策と少子化の流れのなかで，「生き残り」競争に巻き込まれた高校は，さまざまな特色を打ち出すように迫られた。これが残業時間増加の一因である。こういったいわゆる「雑用」をこなした後に，部活顧問は練習場所に向かうことになるため，部員たちが気持ちよく練習していると心が

表 8 - 2　生徒会費とサッカー部の予算

高校	生徒会費（年間）	サッカー部の予算
V（西宮市）	7,000	220,000
W（西宮市）	8,400	360,000
X（西宮市）	10,800	189,992
Y（伊丹市）	9,600	260,150
Z（尼崎市）	10,000	212,635

※各項目は 2022 年度の額（円）

洗われるが，逆にだらけた雰囲気だと，怒り心頭となるわけだ。

3. 2.　部活動と顧問教員

　部活動は，「自主的，自発的な参加」であるため，公立高校では生徒会活動のなかに位置づけられる。各部への入部は強制ではないが，「食わず嫌い」を改めてもらうためにも入学時に部活への参加を勧めることが多い。結果として，新学期の入部率は 90％を超える。「部活に強制参加させている」という批判を聞くことがあるが，筆者が勤務してきた阪神[4]間の高校では，まず仮入部をしてから，自分に合えば正式に入部届を出すように指導している。そのため，「とりあえずなにか入っておこうか」ということで加入率が高くなるのである。部活動の予算は，生徒が毎月支払う生徒会費によって賄われる。高校によって差はあるが毎月数百円である。部活に所属していない生徒のために，予算総額に対する割合を抑制するのが普通で，5 校での各予算額は表 8 - 2 の通りである。さらに，運動部の場合，高等学校体育連盟（以下「高体連」）や各競技団体への団体登録費も生徒会から支出される[5]。交通費や各大会の参加費も結構な額になるため，生徒会や PTA から補助金を交付してもらうことになる。予算の出どころは違うにせよ，OB・OG 会からのカン

パ以外は，生徒の保護者が負担していることになる。生徒は部活に
「自主的，自発的な参加」をするのだが，教員は全員各部の顧問と
してどこかの部に就くことになっている。県立高校では，人事異動
の際に部活指導の希望を出すことができる。専門的な指導ができる
教員を獲得してくるのも校長の腕の見せどころである。逆にその高
校に競技経験のある教員がおらず，その部の顧問になり手がいない
場合，新採用や初任明けの教員にお鉢が回ってくるという気の毒な
ことが起こる。異動で部活をあまり考慮しない公立中学校と大きく
異なるので，部活の問題を中学と高校を一括りにして考えると，改
善の方向を誤るので注意が必要である。したがって，内田のいう
「強制的多忙化」は，高校の現場においては部活の顧問委嘱よりも，
学校の「特色化」の業務とする方がしっくりとくる。

　さて，ほぼすべての高校は都道府県高体連に加盟している。兵庫
県高体連は7支部[6] 36専門部（競技種目）で構成されていて，野
球を除く種目が網羅されている。顧問教員が高体連主催の大会に生
徒を引率したりするのは公務なので，校外に出れば出張扱いとなる
し，土日・祝日に引率すれば代休を取得することになる。下竹は
「全教員が強制的に顧問に就かなければならない場合がある」
（2022：14）としているが，教員の校務分掌の配置は，全員が不公
平なく仕事を分け合うことが基本なので，部活の指導を希望する教
員だけが顧問になるのではない。勤務時間以外の部活の指導はボラ
ンティアであるが，勤務時間中の部活動の指導や公式戦の引率・指
導は公務である。

3.3.　高校サッカー部の活動

　一年間を通して，サッカー部は高体連主催の大会である高等学校
総合体育大会（以下「総体」），「冬の高校サッカー」として知られる
高等学校選手権大会（以下「選手権」）と高等学校サッカー新人大

会[7]（いわゆる「新人戦」）および日本協会主催の「高円宮杯 U―18
リーグ[8]」を戦う。総体県予選は 5 月上旬から約 1 か月，選手権
県予選は 10 月から約 1 か月かけておこなわれる。兵庫県高体連の
加盟校は 162 校[9]で，5 回勝ってベスト 8 という激戦地区である。
新人戦は 11 月下旬から始まる支部予選を皮切りに 2 月上旬まで続
いていく。そしてその合間を縫って，U―18 リーグの日程が組まれ
る。高校のサッカーでは，国体は都道府県選抜の対抗戦となるので，
トレセン[10]活動の一環として位置づけられ，指導スタッフは自分
の所属するチームの指導に加えて活動するので非常に多忙となる。
公立高校の場合，顧問教員数は，部員数にもよるが U―18 リーグ
に複数のチームを出したり，部員のけがの対応，大会の登録や経理
などのために 3 〜 4 名置いたりしているところが多い。副顧問には
サッカーのことを知らなくても，高体連・協会への諸手続きといっ
たデスクワークをしてもらうだけで大変助かるのが現状だ。

　部員数は，11 名前後で推移する絶滅危惧種的学校もあれば，全
国大会の常連校で 200 名は優に超える私立高校まである。11 名を
切った場合，同様に部員不足の高校と合同チームをつくることがで
きるが，互いに遠距離にある場合，合同練習は週に 1 度程度となる
ので部員と顧問教員の憂鬱は消えない。また逆に，200 名を超える
部員を抱える学校も部の経営は多難である。U―18 リーグに A，B，
C の 3 チームを参加させたところで，1 チームあたりの選手数は
65 名を超える。試合ごとに全先発メンバーをターンオーバーする
ことなどできないから，多くの公式戦出場経験のない，いわゆる
「万年補欠」といわれる部員を生み出すことになるのだ。

　通常，練習は 2 〜 3 時間である。高校では 2 時間もすれば十分だ
という意見があるが，放課後のグラウンドで野球，陸上，ソフトボ
ールなど各部がひしめき合うなかで部員が 40 名もいれば，2 時間
では物足りない。試合の翌日は練習を休みとしていたが，スポーツ

庁による提言で週休 2 日制を徹底するように指導されているため，もう 1 日休みを追加する形になっている。しかし，季節性のある水泳やスキーなどの種目にとっては無茶な話だし，定期考査期間中は休みとしている学校が大半だから，年間をおしなべて週休 2 日制とさせてほしいのが現場の一意見である。また，公立高校は比較的休みの確保を守っている方だが，指導者のなかには「練習をやればやるほど強くなる」という考えから抜け出せない者もいる。このため，強豪校などで横行する「闇部活」が指摘されている[11]。これは，部活動も特色ある教育活動をアピールできる，より有力なコンテンツになってきたことも背景にある。公立高校でも，フェンスや校舎の壁に「祝全国大会出場！」などという横断幕を掲出するのは当たり前の風景となった。私立に至っては，有望な選手を獲得するためにも，人工芝グラウンドをも所有することが標準となってきている。そういったことが反映されてか，この 10 年間で全国選手権では，公立高校がベスト 8 に入るのも難しくなった[12]。つまり，部活は新自由主義的教育政策に基づく「特色化」の推進によって，公立・私立を問わず，高校の「生き残り」戦略の一端を担うようになってきたのである。

3.4. 部活動のないドイツ

　日本とは対照的ともいえるスポーツ制度をもつのがドイツである[13]。ドイツの学校には，「部活」がない。その代わり，地域にあるフェライン（Verein）と呼ばれるクラブで文化・スポーツを楽しむ。とくにスポーツはシュポルトフェライン（Sportferein[14]）で活動している。このシュポルトフェライン（以下「クラブ」）は，単一の競技種目から 2 種類以上の総合型までいろいろあり，子どもから高齢者までこの地域のクラブで楽しむことができる。最近提唱され出した「総合型スポーツクラブ」は，これに近いものだと考えてよ

いだろう。ドイツスポーツ連盟の 2005 年の統計によれば，ドイツには約 9 万のクラブがあり，その会員総数は全人口の 28.55％に当たる約 2,357 万人になる。

　たとえば，プーマやアディダスの本社のある人口 11 万人のエアランゲンには 100 のクラブがある。Google の写真地図で 10 面ほどの天然芝のサッカーコートが確認できるが，筆者の住む人口約 48 万人の西宮市には一般市民が利用できる天然芝グラウンドはなく，人工芝が埋立地のごみ処理場の隣に 1 面あるのみである。

　サッカーというと，一番人気のあるスポーツで，ドイツサッカー連盟（DFB）に加盟しているクラブは 2004 年の統計で 26,310 あり，登録選手は 627 万人以上である。このうち，育成年代である 18 歳以下の全人口 1,524 万人のうち約 14％に相当する 212 万人が登録会員となっている。ちなみに日本サッカー協会の同年度の第 1 種[15]登録チーム数は 7,952，登録選手数は 86 万人である。

　欧州の試合は通常リーグ戦でおこなわれていて，ドイツのリーグの頂点がブンデスリーガ（「連邦リーグ」の意味）である[16]。市民はどこかのクラブに在籍していれば，子どもから大人に至るまですべての年代で，そこでサッカーができる仕組みになっているのが，日本と大きく違うところである。

　DFB は日本の高校生までに当たる育成年代を，A（18・19 歳以下），B（16・17 歳以下），C（14・15 歳以下），D（12・13 歳以下），E（10・11 歳以下），F（8・9 歳以下），G（7 歳以下）と細かく区切って指導している。ドイツの学校は授業が午前中に終わり，午後からはクラブに行って芸術・文化やスポーツ活動を楽しむ。クラブ内のチームは年代別に細かく分けられているから，子どもは午後の早いうちに，大人は仕事が終わってから練習や試合に興じる。

　C から B 年代になると，将来プロを志望する選手は，よりレベルの高いブンデスリーガに所属するようなクラブへ移籍しようと試

表8‑3 関西地区Jリーグユース（U‑18）の選手数

	高3	高2	高1	計
京都サンガ	10	10	9	29
ガンバ大阪	8	11	14	33
セレッソ大阪	15	10	14	39
ヴィッセル神戸	11	15	15	41

出典：各クラブ公式ホームページ

みる[17]。移籍のためのトライアルは毎月あって，ドイツ遠征で1FC
ケルンユース（B）と対戦したとき，韓国からきた選手がトライア
ルを受けていたが，試合後「ロッカールームの荷物を片づけなさ
い」と宣告されて泣きながら帰って行ったのをいまでも覚えている。
1チームの登録選手数は17名で，「なぜそんなに少ないのか」とク
ラブ関係者に尋ねると，「それ以上多いと試合に出場できない選手
が出てくるから」とのことだった。上述の韓国人選手は残念ながら
不合格となったわけだが，ドイツだけでなく欧州の多くの国では，
通常自分の技術レベルに合ったクラブに在籍し，試合に出ることが
できる。「万年補欠」などあり得ないのである。トップチームで活
躍できる選手を育成することが目的のJリーグのユースチーム（U‑
18）も，選手数を抑制している（表8‑3）。関西地区4クラブの選
手数を見ればわかるように，各学年とも15名を超えないように編
成されていることがわかる。もしドイツ人が，公立・私立を問わず
部員数100名から300名を抱える日本の強豪校の練習風景を見たら，
めまいを起こすのではないか。

⋮ **4　部活動の意義と構造的問題**

4.1. 部活動の意義

2022 年 6 月のテレビ番組での漫才コンビの爆笑問題のやりとり

田中「最近ある小学校で，友達を必ずニックネームでも『さん』づ
　　　けで呼ぶようにさせてるんだって」

太田「なんでだよ？」

田中「いじめ防止らしいよ」

太田「へぇ，オレなんか小学校で『ウンコマン』て呼ばれてたから
　　　『ウンコマンさん』だな」

田中「バカッ！」

　笑いを誘う滑稽に思える話だが，小・中・高にかかわらず学校の
先生にとって，いじめは最もデリケートで慎重に対応しなければな
らない事案である。筆者もクラス担任をしていたときに，保護者か
らわが子がいじめにあっていると訴えがあり，一応の解決を見るま
では神経性胃炎になったものである。そのため，学校では早期にい
じめの芽を摘み取ることに最大限の努力を払う。そのため「さんづ
け」のような対策がとられるわけだ。ところがこのような大人が先
回りする防止対策が，皮肉にも子どもどうしで問題を解決する機会
を奪ってもいる。いじめ対策に限らず，親や教師は子どもに対して，
子どもが自ら考え行動する前に教え込みトレーニングを課しがちだ。
大人はよかれと思ってやっているのだが，子ども自身あるいは子ど
も同士で育まれるべき想像力と創造力の芽を摘み取ってしまってい
るのである。

　こういう学校生活を送っていくなかで，部活は部員同士でクラブ
（チーム）をどうやってつくり上げていくか，あるいはチーム内で
起こった問題をどう解決するかを話し合い，実践していく貴重な学

びの場である。筆者は，部活をする最も大きな意義は，この「課題解決能力」を育むことができることにあると考えている。しかしながら，部活をめぐる問題は部活の意義を覆うほどになってきている。

4.2.　部活動を覆う問題

中澤（2014）は，「規律」と「自主性」を指導者が駆使する教育的技法と捉え，並列的関係ではないとしている。しかし，同時に次のような「自主性」を尊重する A 高校陸上部の事例を挙げている。

すなわち，陸上部では「A 高校らしさ」を表す部の伝統に従順な身体が，厳しい上下関係を通した「規律」によって育まれるのである。たとえば，毎年新入部員の仮入部中におこなわれる「シメ」と呼ばれる通過儀礼にそれは顕著に現れている。ここでは，2 年生による練習後の厳しい指導が新入部員を待ち受けている。

「シメ」では，2 年生から「お前らなめんなよ」的な厳しい言葉が飛び交うのである。そして，最初は戸惑った新入部員も 2 年生になれば，自分たちが言われたことを新入部員に厳しい言葉で浴びせるのである。自主的な活動である部活動に，顧問が「規律」をつくって部員を統括する。ところが厳しいルールだけでは部員はついてこないから，部員に「自主性」を促す項目を加える。そうすると，部員たちはその「自主性」に基づいて自分たちで「規律」をつくるのである。つまり，顧問教員と部員の関係性において，「規律」と「自主性」は入れ子構造になっているともいえよう。この A 高校に見られるような因習ともいえる「規律」を設けていることは，読者諸氏のなかにも経験した方がいるのではないか。

しかし，最も大きな問題は，「自主性」や「顧問教員の負担」ではなく，高校進学時の選択肢の少なさである。高校への進学は基本的に学力で振り分けられるから，受験学力の低い生徒は進学できる学校は限られている。高学力の受験生もまた，学力水準の低い高校

表 8‒4　スポーツと体育の違い

スポーツ	体　育
1．自然発生的。	1．意図的，計画的におこなわれる。
2．活動それ自体のためにおこなわれる。	2．教育の一環として構成された体育の目標がある。
3．遊び，楽しみとしておこなわれる身体活動の総称。	3．体育の目標を達成するためにふさわしい身体活動が，発育発達に応じて選択される。
4．しかし，遊戯と比較すれば闘争，競技の最大の努力に強調点が置かれ，最高度の技術の追求が目標となる。	4．すべての生徒・児童が対象であり，基礎的，共通的な事項の学習が主であり，心身健康な人間の形成が目標となる。
5．それぞれの特色をもった多様な種目から構成されている。	5．目標達成に寄与するスポーツ種目が選択され，また，体操，ダンスなどの身体運動によって構成される。

出典：江橋（1979）

を受験することはないのだ。よしんば入学後，自分の希望する部活に入ったとして，顧問と反りが合わなければ退部するか面従腹背で三年間を耐え忍ぶしかない。あるいは試合に出たくても，部員数が多ければ出番が回ってこない。兵庫県内では，1種から4種までを揃えたクラブは三つほどしかなく，移籍は実質不可能である。これが，ドイツとは対照的に「スポーツ」を学校内に押し込めてしまった「部活動」の致命的な構造の欠陥である。

4.3．部活は「スポーツ」か「体育」か

「スポーツは好きだけど体育は嫌い」。そんな言葉を聞いた人もいるだろう。では，「スポーツ」と「体育」はどう違うのだろうか。江橋慎四郎（1979：22）はこれを表 8‒4 のように簡潔にまとめている。「スポーツ」は，誰かに命じられることなく，市民が自分たちの意思で自由に楽しくおこなうもので，「体育」は，文科省の定める学習指導要領に従って，各学校が生徒の実態に応じて授業の年

間計画などを定めるものだ。

　江橋によるこの「スポーツ」と「体育」の違いは，教育学などで広く受け入れられているものだが，体育の「2.」に注目してほしい。体育は，「教育の一環として構成」されるとしているが，だとすると「教育（活動）の一環」として，あるいは「教育としてのスポーツ」として扱われる運動部活動は「体育」なのだろうか。

4. 4.　部活は「教育」か「スポーツ」か

　下竹（2022：89-149）は，1990 年代に多く出版された野球・サッカー・陸上・ラグビーなどの強豪校の指導者の指導論を検証している。そのなかで目にとまるのが，各指導者が指導の肝は「（技術云々ではなく）まず人間教育ですよ」と語っていることである。また，松尾（2015：227）は学校運動部と民間スポーツクラブのそれぞれの目的を「教育としてのスポーツ（人格形成）」，「競技としてのスポーツ（競技力・技術向上）」としている。部活動は，「人間教育」のためにするのか。また，顧問は「教育としてのスポーツ」であるサッカーを指導しているのか。

　筆者がサッカー部の顧問になったのは，なによりサッカーが好きだったからであり，大学進学後も，社会人になってからもサッカーを続けてくれる選手の育成を心がけてきた。けっして「教育の一環」としてサッカーにかかわってきたのではない。しかし，それは自分だけかもしれない，と他の公立高校の顧問 4 人に訊いてみた[18]。

　I 先生[19]は，関東の体育大学を卒業後，教員の道に進みサッカー一筋で来た。「純粋にサッカーを教えたい，だから体育の先生になろうと思いました。教育云々はその次の話でした」。退職後も「自宅近くの高校とかで，コーチの口がないかな」とサッカーにかかわり続けたいと思っている。

　I 先生と同じ高校に勤務する T 先生[20]は，部活とクラブの両方に在籍した経験をもつ。「J リーグのユースを 2 年生の冬で辞めて，それでもうサッカーはやめようと思ってたんですけど，父が『続けろ』と言うもんですから，在籍してた高校の部活に移籍しました。半年は（規約により）公式戦に出場できませんでしたが，チームの状態が良かったこともあって 3 年生の最後までやり切れました。小学校の先生になりたかったのですが，高校の教員免許も学部卒業の段階では取れてなくて，大学院に進んで，それで免許を取りました。で，教員採用試験を高校体育で受けたら通ってしまったんですよ（笑）。高校で教員をするんだったらサッカーを指導したいと思ってましたね」。サッカーのことをさらりと話す T 先生だが，転勤先の校長に他の運動部をもつように打診されたときは強く突っぱねた経験がある。

　H 先生[21]は，サッカーの競技経験はなく，新任として着任早々，学校長から「サッカー部の顧問をしろ」と一方的に言われ，仕方なく引き受けた。当時はやんちゃな部員も多く，なんの経験もない H 先生は何度も顧問を辞めようと思ったそうだ。それでも 4 級審判の資格も取り，部員とともにグラウンド整備などをしているうちに，部員との距離が縮まり，やりがいを感じるようになったという。その後，剣道やハンドボール部の副顧問に回されたこともあったが，やっぱりいまのサッカー部の顧問が良いという。「サッカーをしてる子の姿がいいんですよ。日頃はいろいろと規則で縛られ，先生からも言われる。でも試合が始まったら，自分らだけで考えてプレーするでしょ。好きやなあ，あの解放されてる感じが」。

　かつて選手権で全国ベスト 8 に導いた O 先生[22]は，運動部を指導することに「人間教育」を前面に打ち出す言説に対して，「『人間力を高める』とかいうけど，たしかにそうなんだけど，それはサッカーをやっていて二次的に生まれる，副産物みたいなもんでしょ」

という。英語を教える O 先生は,「英語の授業は手軽に教えるので十分で, あとはサッカーを教えるとかできひんかなあ」と笑う。みんな単純にサッカーが好き, No Football No Life なのだ。

5　スポーツの解放
——結びに代えて

　サッカーをはじめとする日本の育成年代のシステムは, 小・中・高で分断されており, 接続性に欠ける。そのため, 中・高の指導者は 3 年で結果を出そうとしがちで, 育成志向よりもパターナル(父性的)な, あるいは威圧的な指導による勝利至上主義に偏る傾向がある。おまけに, トーナメント方式の大会ではなおさらだ。ドイツのクラブや J リーグの下部組織における, 高校生までの一貫した指導が望まれるところだ。したがって, 現在中学校で進められているように地域のクラブに移行すれば良いようなものだが, ことはそう簡単ではない。

　N 先生[23]は, 高校で指導していたが, 2003 年に兄と弟が運営に参画している尼崎市内のクラブに 2 種(ユース)のチームを立ち上げ, 1 種から 4 種まで揃ったクラブとなった。2011 年には全日本ユース選手権に出場するまでになったが, 尼崎市の急激な人口減少やコロナ禍もあって, 4 種, 3 種が部員不足で消滅し, 選手の供給が途絶えた 2 種も消滅した。「1 種から 4 種まで揃えることで一貫した指導ができることに意義があるんですが, なかなか難しいですね。とくに 2 種は難しい。神戸市内にある 1 〜 4 種を揃えたクラブは, 月 1 万 6 千円の会費をとっていますが, うちは月 1 万円でやりくりしても続かなかった」。それで, 現在は再び尼崎市内の高校で指導している。「2 種は難しい」というのは, 「高校サッカー」がメディア・スポーツ[24]として広く浸透していることで, 高校入学後,

部活に所属してしまうことによる。活動経費も頭が痛い。表 8‐2
に示したように，学校であれば生徒会費として全体から薄く徴収し
て活動費に充てることができるが，クラブではそういった公的補助
がないのが現状である。したがって，地域に移行してクラブとして
活動の場をつくるのであれば，学校からクラブへの財源と指導スタ
ッフのシフトがなければ持続的な活動は厳しい。指導スタッフにつ
いては，教員の授業担当時間を 3 分の 2 程度に減らしてクラブの指
導者と兼任する，という方法が考えられるが，法の改正が必要だろ
う。

　では，子どもから大人までが楽しむことのできる総合型地域スポ
ーツクラブへの移行は，現実的には不可能だろうか。

　移行への突破口は，「サッカーに限らず，あなたがやりたい競技
を楽しめるスポーツクラブをつくること[25]」などの J リーグ百年構
想を掲げる J リーグの取り組みや，バスケットボールのプロリーグ
で，「夢のアリーナを作り，地域に根差したスポーツクラブになって
いく[26]」ことを目指す B リーグが，ヒントになるのではないか。
J リーグ百年構想は，ドイツのシュポルトフェラインやシュポルト
シューレの制度に倣ったものである。また，過疎に悩む町が「スポ
ーツでまちおこしを！」と総合型地域スポーツクラブ創設に取り組
む事例も出てきている。廃校となった学校の施設は，すぐに文化・
スポーツ施設として利用できる。スポーツを地域社会の手で育てる
という先導的な取り組みこそ，われわれが指針とすべきものであろ
う。

　高校の部活動を自明な存在として議論するのではなく，私たちに
とってスポーツとはなんなのか，（地域）社会にどのように位置づ
ければ良いかといった，本質的な議論を進めていかねばならないと
考える。

【注】

1 ）日程の前半は，ドイツのケルン近郊にあるヘネフ・シュポルトシューレ
（Heneff Sportshule）に滞在し，研修と試合をおこなった。ドイツサッカー
連盟および日本サッカー協会 S 級ライセンス授与最高責任者（当時）の
ゲロ・ビザンツ（Gero Bisanz）氏などから研修を受けた。

2 ）括弧内は筆者による補記。

3 ）「校務」ともいう。

4 ）本章では，「阪神」は尼崎市，西宮市，伊丹市，川西市，宝塚市，猪名
川町を指す。

5 ）文化部も，同様の組織である全国高等学校文化連盟（高文連）に加盟し
ている。

6 ）地域で区切られており，阪神・神戸・東播・西播・丹有・但馬・淡路の
7 つである。

7 ）新人戦は近畿大会までで，全国大会はない。

8 ）このリーグは全国で展開されており，トップがプレミアリーグ West と
East である。その下部に関西・東海・中国などの地域にあるプリンスリー
グが 1 ～ 2 部で構成され，その下部が都道府県リーグで兵庫県では 2 部構
成となっている。さらに，その下には高体連 7 支部の単位でリーグがある。
筆者が所属してきた阪神では， 4 部構成となっているので阪神リーグ 4 部
はプレミアリーグを 1 部とすれば 9 部に当たる。

9 ）女子は 19 校である。

10）日本サッカー協会が，将来日本代表選手となる優秀な人材を発掘・育成
するためにつくったナショナルトレーニングセンター制度。最小単位は都
市協会トレセン，その上部に 47 都道府県トレセン，関西・東海などの 9
地域トレセン，そしてナショナルトレセンがある。

11）たとえば，島沢優子（2020）など。

12）志水（2021：194-202）を参照されたい。

13）ドイツ全体の制度や統計資料は，藤井（2005），高松（2020）による。

14）基本的に NPO 法人である。

15）日本サッカー協会は，チームおよび選手の登録を男子について第 1 種
（18 歳以上），第 2 種（高校生年代），第 3 種（中学生年代），第 4 種（小
学生年代）とし，それに加えて女子，シニア（40 歳以上）の 6 つのカテ
ゴリーに分けている。また，ドイツでは基本的にクラブはすべてのカテゴ

リーでの活動ができるので，クラブ（チーム）数の比較はドイツのクラブ
数と日本の第1種のチーム数とした。

16）イングランドではプレミアリーグ，イタリアではセリエ A がそれに当
たる。

17）ドイツなどの欧州では，16 歳前後でプロの道を目指すかどうかを決め
て，クラブを選ぶ。日本の高校では，仮に顧問が全国大会出場を目指して
も，「レクリエーション志向」の部員と「競技スポーツ志向」の部員が混
在しているのが普通である。

18）各先生の脚注は，その先生の（生年，担当教科，競技経験，コーチ資格，
審判資格）であり，筆者は（1957，理科，経験あり，C 級， 4 級）である。

19）2022 年 8 月 29 日聞き取り。（1960，体育，経験あり，C 級， 3 級）。

20）2022 年 8 月 29 日聞き取り。（1988，体育，経験あり，C 級， 4 級）。

21）2022 年 8 月 31 日聞き取り。（1974，国語，経験なし，なし， 4 級）。

22）2022 年 8 月 10 日聞き取り。（1962，英語，経験あり，なし， 4 級）。

23）2022 年 8 月 30 日聞き取り。（1960，国語，経験あり，A 級， 3 級）。

24）メディア・スポーツの成立と発展については，伊藤（2019：159―179）
に詳しい。

25）J リーグ公式ウェブサイトより。

26）B リーグ公式ウェブサイトより。

【参考文献】

江橋慎四郎，1979，「第Ⅰ章　健康と身体の教育」江橋慎四郎・高石昌弘編
　　著『教育講座』第 14 巻，学習研究社。

藤井雅人，2005，「ドイツサッカー連盟およびその下位組織サッカー連盟に
　　よる学校とシュポルトフェラインの連携の推進―学校サッカー専門委員
　　会の活動を事例として―」『福岡大学スポーツ科学研究』36(1)，福岡大
　　学研究推進部。

細谷実，2019，「シティズンシップ教育と部活動」青柳健隆・岡部祐介編著
　　『部活動の論点』旬報社。

伊藤明己，2019，「メディア・イベントとしてのスポーツ」青柳健隆・岡部
　　祐介編著『部活動の論点』旬報社。

中澤篤史，2014，『運動部活動の戦後と現在』青弓社。

松尾哲夫，2015，『アスリートを育てる〈場〉の社会学―民間クラブがスポ

　　ーツを変えた』青弓社。

文部科学省，2009，『高等学校学習指導要領解説―保健体育編・体育編』東
　　山書房。

志水宏吉，2021，『二極化する学校　公立高校の格差に向き合う』亜紀書房。

下竹亮志，2022，『運動部活動の社会学―「規律」と「自主性」をめぐる言
　　説と実践』新評論。

高松平藏，2020，『ドイツの学校にはなぜ「部活」がないのか　非体育会系
　　スポーツが生み出す文化，コミュニティ，そして豊かな時間』晃洋書房。

内田良，2021，『部活動の社会学―学校の文化・教師の働き方』岩波書店。

Ｂリーグ公式ウェブサイト，（2022 年 9 月 20 日閲覧，https://www.bleague.
　　jp/about/）。

セレッソ大阪スポーツクラブ・アカデミー公式ウェブサイト，（2022 年 9 月
　　8 日閲覧，https://www.cerezo-sportsclub.com/academy/）。

ガンバ大阪アカデミー公式ウェブサイト，（2022 年 9 月 8 日閲覧，https://
　　www.gamba-osaka.net/academy/）。

Ｊリーグ公式ウェブサイト，（2022 年 8 月 20 日閲覧，https://aboutj.jleague.
　　jp/corporate/aboutj/100years/）。

京都サンガ FC アカデミー公式ウェブサイト（2022 年 9 月 8 日閲覧，https://
　　www.sanga-fc.jp/academy/u_18/）。

島沢優子，2020，「休校中の『闇部活』コロナ禍でも強要される異様―安全
　　より『インターハイ』を優先する大人たち」東洋経済 ONLINE，（2022
　　年 8 月 25 日閲覧，https://toyokeizai.net/articles/-/340980）。

ヴィッセル神戸アカデミー公式ウェブサイト，（2022 年 9 月 8 日閲覧，https://
　　www.vissel-kobe.co.jp/academy/）。

第 **9** 章 スポーツと用具

記録や安全，楽しさを支える用具の進化

福井　元

1　スポーツと用具の関係

　守っている仲間に向かって，「バッター・ビヨンド」という捕手からの指示がある。これはバッターが複合素材のいわゆる高機能のバットを使用しているということを意味する。息子が小学生だった頃，少年野球の試合を応援に行ったときの1コマであるが，この声があると外野手は数メートル後ろに下がるのだ。野球には硬式球を用いる硬式野球と，軟式球を用いる軟式野球があり，一般的に用具は硬式野球用の物の方が高価である。しかしバットにかぎり，現在ではその関係が大きく逆転している。従来の軟式野球用の金属バットは高くても1万5千円程度であり，硬式野球用の金属バットは2万5千円位の商品が主流であった。それが現在では，軟式野球用の複合素材のバットは5万円近い金額の商品も多く存在している。後で触れるが，この複合素材のバットは金額に見合った性能をもっており，現在では少年野球から草野球まで多くのプレーヤーが愛用している。勝敗がこの用具の使用の有無で決する場合もあり，それはどうなのかという疑問の声も上がりそうだが，一方でこの用具を使ったことでヒットを打つことができ，スポーツが好きになったという子どもがいることも間違いないだろう。

　さまざまな意見はありそうだが，野球ばかりでなく多くのスポーツでこのような用具の開発が進められていることは事実であり，さ

図 9 - 1　第 1 回アテネオリンピック
（陸上 100 m 走）
提供：SZ Photo／時事通信フォト

らにそれが，急に始まったことでもなさそうである。たとえば
2021 年 8 月の東京オリンピックであるが，この大会の男子陸上競
技 100 m の決勝では 2018 年にこの種目に転向したばかりの，ラモン
ト・マルチェル・ヤコブス選手（イタリア）が優勝した。彼のタイ
ムは 2009 年にウサイン・ボルト選手が記録した世界記録の 9.58
秒には及ばなかったものの，9.80 秒という好記録であった。今回
の東京大会で 32 回目を数える近代オリンピックであるが，第 1 回
はいまから 120 年以上も前の，1896 年にアテネでおこなわれてい
る。このときの男子陸上競技 100 m 優勝者はアメリカのトーマス・
バーク選手で，そのタイムは 12 秒というものだった。大雑把にい
うと 100 年以上の時間をかけ，2 秒以上記録を縮めていることにな
る。2 秒というと物足りなくも聞こえるが，仮に 100 m を 10 秒で
走る選手で考えると，実に 2 秒で 20 m 進むことになる。100 m と
いう距離において 20 m の差というのは実に大きいものと考えられ
る。

　さて，この 2 秒という記録の進化であるが，さまざまな要素が考
えられる。食生活の変化，それに伴う体格の向上，新たなトレーニ
ングの開発，スタートや走り方そのものの技術の向上などもあるだ
ろうが，一番大きな変化は用具であるといえるだろう。当時の

100mのスタートの様子を見ると，クラウチングスタートの構えはしているものの，足元にはスターティング・ブロックは存在しない。走路は，現在のいわゆるポリウレタンの走路とは違い土である。本章では，このようにスポーツに用いられる用具の開発に伴う，記録や技術，あるいはその競技の様相の変化との関係を中心に考えていきたい。

　まずは，本章におけるスポーツの用具について定義していくことにする。そもそもスポーツは遊戯や狩猟，さらには戦闘など実用術から派生したものが多い。つまりスポーツ用具についても，その原初形態は実用具であり，現在おこなわれているスポーツが誕生する以前からその用具は存在していた可能性が高い。たとえば陸上競技でいうと，やりは戦闘のための用具として，ハンマーは労働のための用具として，陸上競技としておこなわれる以前から，目的は異なるが使用されていたことを容易に想像することができるだろう。しかし本章では，あくまでスポーツ用具として開発された用具の進化について論じていく。さらに，一言でスポーツ用具といっても，直接的に競技を成立させるための用具から，間接的に使用される用具まで幅広い。広義ではトレーニング用器具，測定器具，防具やユニフォームなどを含み，狭義ではスポーツ活動の実践に直接必要な用具としている。

　本章では，とくにスポーツの記録とルールに与える影響が大きいという理由から，狭義の意味でのスポーツ用具を扱うこととし，各種競技を成立させるために，直接必要なスポーツ用具を中心とする。

2　スポーツ用具の進化

　現在盛んにおこなわれている近代スポーツだが，この近代スポーツの特徴の一つに，ルールのなかに用いられる用具の規格が細かく

規定されていることが挙げられる。もちろん古くからスポーツはおこなわれてきたのだが，いわゆる近代スポーツが誕生する前までのスポーツには，厳密な規格は存在しなかったということは，時代背景からも容易に想像できる。じつは，近代スポーツが世界に普及した一つの要因として，規格が統一された用具の開発がある。これは産業の発展から，物の製造加工技術が飛躍的な進化をしたこととも無縁ではなかった。そして統一された近代スポーツ用具の製造に欠かせなかったものは，鉄やゴムである。この加工技術の進歩が用具の規格化にも大きく貢献している。

　まずは鉄だが，1856 年にイギリスにおいてベッセマー法と呼ばれる製鋼法が発明され，安価な鋼鉄が大量に生産されるようになった。これによりテニスのポール，登山のアイゼン，器械運動用具などのスポーツ用具に鉄が導入され，性能が良く，さらには統一に規格化されたスポーツ用具を量産しやすくなる。

　また，ゴムについては，1888 年にダンロップ博士がゴムチューブを発明したことに端を発する。同一規格でよく弾む中空のボールの開発をはじめ，シューズ，ウェアなど，スポーツ用具の性能向上に果たした役割は大きい。

　さらに，1960 年代以降は，FRP などが代表的であろう。たとえば棒高跳では，選手が用いるポールは木製のヒッコリー→竹→金属→グラスファイバーと新たな素材の開発とともに進化している。また，ポールの素材の変化に伴い記録も更新され，ヒッコリーのポールを用いていた 19 世紀後半は 3 m 程度だったものが，竹のポールを使用していた当時の世界記録は 1942 年の 4 m 77 cm に更新されている。その後素材が金属になると 4 m 83 cm，そしてグラスファイバーを用いている現在の世界記録は 6 m 22 cm（室内記録）にまでなっている。さらに記録の向上は着地という技術と，着地に用いる用具にも変化をもたらしている。木製のポール使用当時は，着地地点

にはその衝撃を抑えるため，なめし皮や，砂場，木屑，ワラ布団が
用いられていた。しかし，現在では6mもの高さから背中で着地を
おこなうため，ウレタンを用いた分厚いマットを使用し，安全に着
地がおこなえるような開発も一方で続いているのだ。

3　わが国におけるスポーツ用具の普及

　これまで述べてきたように，スポーツ用具は産業の高度化に伴い
普及・発展することになるが，用具と記録の関係を考える前に，わ
が国においてどのように普及してきたのかについて，簡単に振り返
っておきたい。現在盛んにおこなわれているスポーツの大半が，い
わゆる近代スポーツと呼ばれ，日本には明治初頭に移入された。こ
れは，スポーツに用いられる用具も同時期から必要になったことを
意味する。ところで，現在日本にはミズノやアシックスなど，知名
度や売り上げなどで，世界のトップを追随するスポーツ用具メーカ
ーが存在する。日本でスポーツ用具を扱った草分け的存在のメーカ
ーとしては「美満津商店」が有名である。同社は，1882年に体操
器械および動物学標本製造販売業者として東京に創業した。その後，
野球，テニス，サッカー等の用具なども製造・販売し，戦前のスポ
ーツ用具の製造・販売業界の中心的役割を担っていたようである。
しかし当時は，スポーツ用具といえば輸入されたものが当たり前だ
ったようで，製造技術や品質が向上し，輸入品と変わらないスポー
ツ用具を国内で製造することが可能になるのは明治後期のことであ
った。

　1906年には，現在もスポーツ用具・用品メーカーとして名高い
ミズノ株式会社も「水野兄弟商会」という社名で創業，洋品雑貨や
野球のボールを販売し始めている。同社はその後，社会人野球や高
校野球の大会を開催するなど，自ら市場を拡大していった。その後

もスポーツ用具の産業は，他の産業と同様に度重なる戦争の影響を受け，一旦は停滞するが，戦後になると1964年に開催された東京オリンピックなどを契機に，多少の浮き沈みはあるものの順調に市場を拡大してきた。

4　スポーツの用具と記録の関係

　スポーツの用具が開発されると，記録は良くなるという図式が成り立つと考えられるが，じつはそうとも限らない。多くのスポーツ用具の開発は，そのスポーツの記録を高めたり，伸ばしたり，または競技力が向上する方向のものが多い。しかし，さまざまな要因によって，逆に記録を抑えるためのスポーツ用具の開発がおこなわれているのも事実である。次にいくつかのスポーツ用具をもとに，記録を伸ばす方向，記録を抑える方向の双方の開発について紹介し，そこに至った理由などについて考えていきたい。

4.1.　記録を伸ばすためのスポーツ用具開発の事例

　スポーツ用具の開発といえば，記録に変化を及ぼし，さらに競技力や記録の向上を引き起こすものが多かった。そのようなスポーツ用具の開発は，1998年長野オリンピックにおけるスピードスケートに用いられたスラップスケート，2006年FIFAワールドカップドイツ大会における空気抵抗の少ないサッカーボール，2008年北京オリンピックで注目を浴びたレーザーレーサーと呼ばれるハイテク素材による水着など，近年だけでも数多く存在する。

　最近よく知られるものでは，陸上競技の長距離走に用いられる，いわゆる厚底シューズが挙げられる。2021年12月下旬，翌月の箱根駅伝を前に，読売新聞にシューズ進化とタイムの関係を取り上げた記事が掲載された。この記事の内容を要約すると，それまでは1

写真 9 - 1　2021 年の箱根駅伝でのスタートの様子

提供：時事通信フォト

万メートルを 28 分台で走るランナーは一流とされていた。2018 年の箱根駅伝のときは，エントリーされた全選手のうち 1 万メートルの持ちタイムが 27，28 分代の選手は 62 人であった。しかし，2022 年の同大会では 153 名と大幅に増加しており，その原因はシューズの開発にあるということが書かれていた。

　この写真は，2021 年の箱根駅伝の往路のスタートのものだが足元に注目してほしい。色は白色と蛍光の黄色の 2 種類あるが，確認できるところで，同じメーカーのシューズを履いていることがわかる。これらのシューズはナイキが販売している，いわゆる“厚底シューズ”と呼ばれるものである。箱根駅伝に着目すると，2020 年には出場 210 人のうち 177 人が着用し，2021 年は 210 人中 201 人がこのシューズを履いて出場した。2021 年に開催された東京オリンピックにおいても，一時期使用の可否が，オリンピックの前から話題に上がっていたシューズである。

　この厚底シューズが出現する前のマラソンシューズは底が薄く，重量も軽いものが主流であったが，厚底シューズはソールの厚みが約 4 cm あり，これまでのシューズと形状が一変している。この分厚いソールのなかには，カーボンファイバー製のプレートが入って

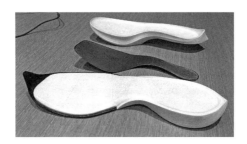

写真 9 - 2　シューズにおけるカーボンの使用
毎日新聞社提供

いる。もともと陸上競技において，短距離種目のスパイクには同様のプレートが入っていたが，それを応用して厚底シューズが開発されたのである。このプレートは地面からの反発力を利用して，バネのように前に進む推進力に変える。さらに，ソール自体も弾むことで，地面からの反発力を高めるというものだ。販売価格は2万円台後半からと，陸上競技に用いるシューズとしてはこれまでと別次元に高価であった。

　この厚底シューズであるが，まずは2017年4月のボストンマラソンにおいて，表彰台を独占したことから注目を浴びるようになった。さらにその翌月，2016年のリオオリンピックの金メダリストである，ケニアのエリウド・キプチョゲ選手が，非公認のレースではあるものの，世界新記録（2時間2分57秒）を大きく上回る，2時間0分25秒という記録を叩き出した。これらが大々的に報道された直後の6月に，ナイキから「ズーム　ヴェイパーフライ　4％」というシューズが発売されたのである。

　先にも述べたが，2020東京オリンピックでは，いわゆる厚底シューズの使用が問題視されていた。しかし，開幕まで半年に迫った1月下旬に，ソールの厚さ，挟み込むプレートの枚数，発売後4か月を経過した製品という条件がつき，世界陸連から使用が許可され

ることになる。つまり，シューズでタイムに変化があるということ
を認めつつ，不公平にはならないようにと定めた条件といえるだろ
う。これまでオリンピックや，別の競技でいうと甲子園大会などで
は，発売前の新製品や，新たなカラーリング等の特注品を選手が使
用し活躍することで，一般ユーザー向けの宣伝の役割を担ってきた
が，このシューズの規制は異例のことであったといえるだろう。

　東京オリンピックの男子マラソンの成績を眺めてみると，厚底シ
ューズの力をまざまざと見せつけられる結果となった。優勝者はエ
リウド・キプチョゲ選手で，以下アブディ・ナゲーエ選手が続くが，
「ナイキズーム X ヴェイパーフライ ネクスト％ 2」や「ナイキ エ
ア ズーム アルファフライ ネクスト％」といった，ナイキの厚底
シューズを上位 10 位までのうち 7 名が着用していた。じつは他の
3 名についても，他社のシューズではあるものの，いわゆる厚底シ
ューズを履いてレースに臨んでいたのである。

4.2. 記録を抑える・伸ばすための用具開発の事例

　続いて，使用するボールは違えども，同じ野球競技であるのに用
具の開発が正反対の方向に進んでいる珍しい競技ということで，硬
式野球と軟式野球に着目してみよう。野球も数多くの用具を用いる
が，今回着目するのはバットとボールである。硬式野球においては
1974 年の夏の甲子園大会より，木製バットから金属バットに素材
が変更されている。この理由は，木製バットは当たり所が悪いと 1
回で折れてしまうことがあるからだ。当時の木製バットの価格は 1
本 4,000 円もしており，バットが折れることで高校の野球部の経済
を圧迫していた。さらに，原材料が不足していたという社会状況も
あり，単純に折れないバットが求められていたのである。つまりこ
のとき金属バットが生まれたのは，プレーの要望からというわけで
はなく，経済的な要望からの素材の変化だったのである。しかし実

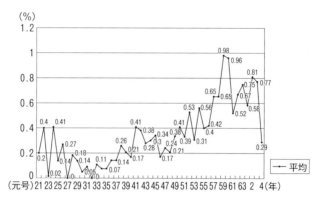

図 9 - 2　夏の甲子園大会における平均本塁打数の推移

際に金属バットを使ってみると，軽量化や，金属の厚みを調整する
などさまざまな工夫を施して反発力を高めるということを選手やメ
ーカー側が考えるようになる。つまり，加工が容易になった素材を
用い，金属バットを販売するメーカー側は売れるようにと，飛距離
を伸ばすことに力を入れていったのである。このことを証明するの
が，記録であろう。野球にはスコアブックがあり，そこから記録を
数値化することができる。その数値をグラフにすると，いろいろな
ことが視覚的にわかってくる。バットの素材が変わったことで一番
変化があった数字は，本塁打数である。図 9 - 2 のグラフだが，夏
の甲子園大会の本塁打数の 1 試合当たりの平均を表したものである
が，金属バットが用いられた 1974 年以降，すぐには大きな変化が
ないことがわかる。つまり，純粋に折損しにくいという理由で製作
されていたのである。しかし，1980 年代中頃以降は本塁打数が増
加していることが読み取れる。この理由は，飛距離を伸ばそうとす
るプレーヤーと，販売量を増やそうとするメーカー側の利害が合致
し，金属バットの改造が進められたからである。具体的には，バッ
トの肉厚を極限まで薄くし，反発力を高めるとともに軽量化を図っ

た，いわゆる"試合用バット"が登場したのであった。

　この金属バットの改造（試合用バットの登場）は，さまざまなことに影響を及ぼした。野球場の本塁からフェンスまでの距離，打撃技術，攻撃側の戦術，投手側の戦術，練習やトレーニングの方法などが挙げられる。

　有名なところで例を挙げると，やまびこ打線で有名な徳島県の池田高校がある。金属バットの出現により，パワーアップを重要視し，ウエイトトレーニングを早くから導入し，1982年の夏，1983年と1986年の春，甲子園大会での優勝という突出した成績を出している。その後，全国の高校が池田高校に追随し，ウエイトトレーニングを採用したのは当然の結果であろう。

　さらには，野球場の広さにも影響を及ぼしたと考えられる。直接的な理由は，野球がオリンピック種目に採用されることになり，国際規格に合わせたというものであったが，1980年代後半から国内の野球場が拡大されている。甲子園球場についても，1992年以前は外野フェンスの前にもう1枚フェンスが存在していた。これは，ラッキーゾーンと呼ばれ，終戦後粗悪な用具を用いていた頃にホームランが出やすいようにと設置されたものである。ラッキーゾーンが撤去されると，本塁から外野フェンスまでの距離が最長5メートル延びることになり，打球の飛距離が問題視されていたことからも高校野球界において好意的に受け止められることになった。

　このように反発力が高い金属バットが普及し，それを用いることで，飛距離が伸び，打者にとって有利な野球となっていた。しかし，そのようなバットを用いることで，打球が投手を直撃する事故や，反発力を高めようと打突部の肉厚が薄い金属バットが出回ったことで，バットが折れたり割れたりする事故が増加した。このようなことを受け，高校野球界において2001年の秋季大会より金属バットの太さや重さに関する新規制が設けられ，さらには2007年の春か

らは低反発球が採用されるなど，投打のバランスを図ろうとする試みがおこなわれている。これに加えて，2024 年からは最大直径を現在の 67 mm から 64 mm へより細くし，バットの性能を抑制する方向で開発が進んでいる。

　ところで，野球といえば，プロ，社会人，大学，高校野球のボールは硬式球（コルクを糸で巻き，皮で覆ったボール）を用いている。しかし，軟式球の野球しか経験がないという人が大半であると考えられる。ここからは，軟式野球のボールとバットの用具の変化について考えていく。

　軟式野球は硬式野球に比べ，得点の入りにくい競技でありロースコアの試合が多く，得点が入るようにとの要求が多くあった。そのため，硬式野球とは逆に打撃が有利になるような方向での改造が進められている。

　軟式野球においては，2002 年に登場した，"ビヨンドマックス"という複合バットが，先駆けとされる。それまでは，硬式野球同様に，木や金属でできたバットを用いていたが，軟式野球はバットがボールに当たった瞬間にボールが変形し，反発力をロスし，結果飛距離が出ないということが多々ある。そこで，この複合バットは，ボールが当たる打突部の素材をポリウレタンにし，バットに弾力をもたせることで，ボールの変形を抑えるというメカニズムであった。このバットは年々新たな商品が発売されているが，金属バットと比べると，金属バットで 80 m 飛ばす力で計算すると，2002 年の商品が 86.4 m，最新の商品では 106.3 m と大幅に飛距離が伸びている。

　さらにこのようなバットに加え，ボールについても変化が生じている。1919 年にわが国で初めて軟式野球のボールが誕生し，その後若干の変化はあったものの，大きく変化したのは 2005 年の改良である。ここでは直径や重さといった規格に変化はなかったものの，デザインを大きく変更している。そのデザインの変化は，空気抵抗

を抑え，飛距離を従来の物から約 10％伸ばしたものになった。
2018 年には表面のデザインの変更や重量を重くするなどしたこと
で，さらにボールが飛びやすくなっている。

　このように，野球に関しては，硬式野球については選手の安全を
守るため，軟式野球は飛距離を伸ばすため，という異なる目的で用
具が開発されている。

4.3.　記録を抑えるための用具開発の事例

　近代スポーツといえば，より高く，より速くというフレーズのも
と，選手や指導者は日々タイムを縮めたり，記録を伸ばしたりする
ような努力をおこなっている。見ている側にしても，記録更新の瞬
間を目の当たりにするのは，競技を観戦する醍醐味の一つとなって
いる。しかしここではその逆方向で，記録をあえて抑えるための用
具の開発について触れていく。

　陸上競技の投擲種目であるやり投げは，簡単にいうと助走をし，
スピードをつけたままやりを遠くまで投げる競技である。もちろん
遠くまで投じた選手の勝利である。この競技に用いられるやりは，
男子は 2.6〜2.7 m，女子は 2.2〜2.3 m の長さで，重量は男子が最
小 800 g，女子が同様に 600 g という規格になっている。

　この競技が，陸上競技場のどの場所でおこなわれているかを思い
浮かべてほしい。2021 年の東京オリンピックでは，新しく建設さ
れた国立競技場のトラックの内側で競技がおこなわれている。この
トラックの内側というのは，サッカーコートが 1 面入る大きさにな
っている場合が多く，たとえば国立競技場の場合，芝生の長辺は
107 m である。遠くまで投げる競技ではあるが，飛距離が伸びると
危険が生じる可能性がある。ちなみにこれまでのやり投げの記録で
最も遠くまで投じられた記録は，1984 年に出された 104.8 m であ
る。先述したフィールドの長さを考えると，用具の開発により飛距

離が伸びすぎても都合が悪いのだ。つまり距離が出すぎると，競技場内の他の選手に危険を及ぼす可能性がある。そこでやり投げでは，記録を抑制するために1986年にルールを改訂し，男子用のやり投げの重心の位置を4cmほど先端に近い方に移し，この結果記録は抑制されることになった。ルール改訂後の1986年以降に出された男子の世界記録は，1996年にヤン・ゼレズニー選手が出した98.48mとなっている。

　また，テニスに関しても，1960年代まではラケットの素材が木製だったものが，1967年に鉄製，翌1968年にはアルミニウム製，1974年にはCFRP製へと変化した。現在もCFRP製のものが主流となっている。この材質を用いたことでラケットの面を拡大することに成功し，このことが原因で，力強くサーブを打つことが可能となり，結果としてサーブのスピードが増している。さらに身体能力も他の競技同様に向上したこともあり，サーブの速度の速い選手が有利となる傾向があった。しかし，サーブだけでゲームが決まるのは面白味に欠けるということから，2001年にルールが変更され，重さは同じだが大きさが6％ほど大きいラージボールというボールの使用が，主催する連盟によっては可能となっている。日本では導入されておらず全世界とはいかないが，ラリーが続くゲームとなるような用具開発の工夫がなされている。

5　なぜ記録を追い求めるのか
——結びに代えて

　スポーツの語源は，ラテン語の dēportāre や古代仏語の depoter, desporter であるといわれている。これらの言葉は「運び去る」という意味をもつが，「運び去る」とはなにか物体を運ぶというよりは，労働や義務から離れて得る気分転換や喜び，楽しみを内包する言葉

であった。その後スポーツのもつ意味は，気晴らしや狩猟的活動という意味へと変わっていくが，ここからわかる通り，もともとスポーツというのは，一部の上流階級の人びとがおこなうものであり，この時点でスポーツは，政治や社会とはまったく関係がなく，経済的にも精神的にも余裕のある一部の人のものであった。

　しかし，ときを追うごとに，スポーツは広く大衆化をする。その結果，スポーツの勝敗が社会における重要な位置を担うようになった。たとえばメダルの数で国の威信を争ったり，勝敗が国の経済を左右させたりと，これまでは個人の楽しみのためにおこなわれてきたスポーツは，遊びや気晴らしとは大きく異なる意味合いを帯びてきている。さらには，勝利する選手の身につける用具が宣伝広告になることで，選手は，本人でもなく家族や友人でもない第三者の期待をさまざまな意味で背負うことにもなった。また，テレビばかりかインターネットなどのメディアが発達した今日，スポーツは社会に発信する大きな力をもつため，政治や経済からの利用価値が高く，大いに注目されるようになった。見るスポーツを楽しむ人びとは，さらに高いパフォーマンスを期待し，それを実現させるために，これからもスポーツ用具の進化は続くだろう。スポーツの用具の進化，それに伴うルールの変更，競技者や見る者の意見など，議論は尽きることはない。

【参考文献】

稲垣正浩，谷釜了正編，1995，『スポーツ史講義』大修館書店。

井上俊，菊幸一編，2012，『よくわかるスポーツ文化論』ミネルヴァ書房。

宇治橋貞幸，2008，「材料が変えるスポーツのパフォーマンス」『繊維と工業』Vol. 64, No. 7，繊維学会。

尾道博，2005，「『MIMATSU GYMNASIUM&PLAYGROUND』の紹介──日本最初のスポーツ用品製造企業「美満津」について」『商経学会誌』第 24巻第 1 号，日本文理大学商経学会。

柏原全孝，2021，『スポーツが愛するテクノロジー』世界思想社。

岸野雄三編，1984，『体育史講義』大修館書店。

北岡哲子，2017，『スポーツをテクノロジーする』日経 BP 社。

酒井政人，2019，『ナイキシューズ革命』ポプラ社。

新星出版社編集部，2009，『ボールのひみつ』新星出版社。

スティーヴ・ヘイク，2020，『スポーツを変えたテクノロジー』白揚社。

全日本軟式野球連盟編，1976，『軟式野球史』ベースボール・マガジン社。

田中克昌，2019，「材料がもたらすスポーツ用具の進化」『材料』Vol. 68, No. 5，日本材料学会。

玉澤敬三編，1936，『東京運動具製造販賣業組合史』東京運動具製造販賣業組合。

中嶋健，2011，「伊藤卓夫『美満津商店』創業までの経歴」阿部生雄監修『体育・スポーツの近現代』不昧堂出版。

福井元，2014，「スポーツ用品産業」『図表でみるスポーツビジネス』叢文社。

福井元，2016，「スポーツの用具の進化」『スポーツビジネス概論 2 』叢文社。

福井元，2021，「野球の技術・戦術史」『スポーツ技術・戦術史』流通経済大学出版会。

矢野経済研究所生活産業調査本部，2022，『2022 年版スポーツ産業白書』矢野経済研究所。

朝日新聞：2020 年 1 月 21 日　記事

朝日新聞：2021 年 1 月 16 日　記事

朝日新聞：2020 年 2 月 2 日　記事

毎日新聞：2018 年 8 月 24 日　記事

読売新聞：2021 年 12 月 20 日　夕刊　記事

第10章 スポーツと政治

ピンポン外交と中国スポーツの現状

周　重雷

1　ピンポンが中国人たちの精神的支柱であった

1970年代，中国での幼少時代は退屈なものだった。それは，「文革[1]」と少なからず関係している。

　文革において，小説はもちろんのこと，童話や古典文学でさえ禁止され，読むことが可能な書物は限られていた。『毛沢東選集[2]』や「八大様板戯[3]」の簡易版台本の他，国内戦争時代の共産党員の地下活動を描く『紅岩』，勇敢な解放軍兵士の成長を描く『欧陽海の歌』，翻訳ではソ連建国初期ウクライナの青年を描く『鉄鋼はいかに鍛えられたか』，第二次世界大戦中に国のために若くして犠牲になった姉弟の話『ゾーヤとシューラ[4]』などがそれである。筆者は当時これらの本を何十回も読んで，飽き飽きしていた。雑誌類も新刊はなかなか入手できず，ボロボロの『紅旗[5]』ばかりの状態だった。そのような日々で，たまたまその頃，手のひらサイズの冊子を見つけた。『中国ピンポンは世界チャンピオン』。その内容は，当時の中国卓球界の世界チャンピオンたちを，イラストつきで紹介したもので，これ以上ない楽しい世界へと導かれたように思えた。毎日のように手にして，紙がボロボロになるまで読みふけっていたことは，いまだに鮮明に覚えている。

　その冊子には，容国団，荘則棟，李富栄，徐寅生，周蘭蓀，張燮林，邱鐘恵，林慧卿，鄭敏之，梁麗珍という10名の選手たち[6]が

取り上げられ，それぞれのサクセスストーリーが物語られていた。彼らのテクニックの特徴や，世界大会での活躍が中心的な内容であったが，他国選手たちとの対戦場面なども印象深かった。筆者は，この冊子で初めて日本人選手の荻村や三木や星野[7]の名前を知ったのだった。

　しかも，冊子のおかげで，大人たちと共通の話題もできた。誰もが上記の中国人卓球選手たちを知っていたためである。卓球の話になると，荘則棟の俊敏さ，徐寅生のスマッシュ，張燮林のカットマン……みんな目をキラキラにして話し始めるのであった。無理もない。中華人民共和国が成立（1949 年）してから，1979 年国際オリンピック委員会（IOC）に復帰するまで，中国スポーツは 30 年間国際舞台から遠ざかり，卓球以外の世界チャンピオンは皆無だったのである。卓球は国民にとって，唯一誇りを感じられるスポーツ競技であった。当時は一般家庭にはテレビがなかったが，映画館や屋外放映の本編上映前のプロパガンダ短編映画のなかで卓球選手たちの活躍は取り上げられ，知られていたのである。卓球の世界大会の特集は人気があった。「われわれ中国人はやはり外国人に劣らない」「われわれ中国人は聡明で器用だ」「われわれの国は偉大だ」など，卓球の話題になるとみんな口々にこれらの言葉を発していた。また筆者が外に出て遊べる年齢になった頃には，町のあちこちにサイズが大小バラバラの卓球台が置かれ，使い古されたラケットで熱戦する老若男女をよく見かけた。いま考えれば，文革およびその直後の中国は，社会が混乱していて，経済再生の兆しもなく，民衆が困窮していて，人心が廃れていた。そのようななかで間違いなく卓球の輝かしい成績が，多くの国民に一筋の光明を与えていた。いってみれば，ピンポンが中国人たちの精神的支柱となっていたのである。

　そして国民の期待を一身に背負っている歴代の卓球選手たちは，巨大な競技人口，そして国家レベルの強化システムの支えを得て，

現在でも世界チャンピオンを獲り続けている。2021 年までに，中国卓球は世界選手権で金メダル 148.5 個（他国の選手とペアを組んで優勝した場合は金メダル 0.5 個と数えられる。2 番目に多いのはハンガリーの 64 個），オリンピックで金メダル 32 個（他の国は全部合わせて 9 個）を獲得しており，いずれも他の追随を許さないレベルに達している。卓球は，まさしく中国の国技となっている。

　この卓球が，日中・米中の外交に貢献してきたことはあまり知られていない。「ピンポン外交」とはよく聞くものの，具体的な外交成果について言及したものも少ないのではないだろうか。そこで，ピンポン外交の具体からスポーツの力について見てみることにしよう。

2　ピンポン外交のこと

　じつは上記の中国人卓球選手たちが外交にも貢献をしていたことは，当時の中国の国内では，あまり報道されていなかった。しかし，「改革開放[8]」後ピンポン外交のことは，中国国内においても注目され始め，広く知られるところとなる。

　ピンポン外交とは狭義では，1971 年の世界卓球選手権名古屋大会を契機に，長らく対立していた米中両国の外交関係が「雪融け」へ転換したことを指している。以下，名古屋大会での出来事を紹介しよう。

　1971 年 3 月 28 日から 4 月 7 日まで，世界卓球選手権大会が名古屋で開かれ，55 か国の選手たちが参加していた。中国代表団は当時 IOC に加盟していなかった。しかし，世界卓球連盟（ITTF）には加盟していたため，日本との国交は回復していなかったが，順調に名古屋入りを果たした。一方台湾の卓球協会は ITTF に除名され，

写真 10 - 1　ピンポン外交記念モニュメント（愛知県体育館正面）

本大会は不参加だった。のち中国と台湾との国際社会での立場が全面的に逆転する，一つの前兆になったのではないかと推測されている[9]（森武 2015）。

　中国代表団は，中国政府の高官であった趙正洪を団長[10]とし，他4名が来日している。選手は，先述した荘則棟，李富栄，張燮林など男子11名と，林慧卿，鄭敏之，梁麗珍など女子11名が出場した。男女団体戦は両方とも日中対決となり，男子団体は中国が優勝し，女子団体は日本が金メダルを獲った。中国代表団はさらに女子シングルスで林慧卿，女子ダブルスで林慧卿・鄭敏之ペアが優勝という結果を残した。

　じつは混合ダブルスの予選の際に，荘則棟ペアがカンボジアペアと対戦する直前に棄権するというトラブルも発生している。のちにこれは北京に亡命中のカンボジアのシハヌーク国王[11]が中国政府に要請したためと判明したが，外交のために混合ダブルスの優勝を放棄したのは，いかにも中国らしいことであった（後節においてまた改めて述べる）。

　この大会で起きた一番大きな出来事は，米中代表団の接触であっ

た。アメリカのコーワン選手[12]がある日の試合後，慌てて乗り込んだのは中国代表団のバスだった。ヒッピーのような風貌で，ジャージに「USA」と印字されているコーワンに，中国の荘則棟選手は自ら声をかけ，その場で中国杭州の刺繍をプレゼントしたという。この出来事がニュースになり，翌日コーワンが中国代表団のバスの前に来て，荘則棟にシャツを返礼した。その際，各国の報道機関に囲まれる格好となった。じつは大会期間中に，米中両国の政府関係者は密かに接触の可能性を探っていたが，この出来事が大々的に報道されることによって，ことが一気に前進する（森武 2015）。アメリカ代表団は訪問を申し入れていたが，中国中央政府からの許可がなかなか下りなかった。名古屋大会が閉会する 4 月 7 日に，中国側はガーデンパーティーを開催し，日本選手団をはじめ，アフリカやラテンアメリカ諸国の選手たち，そして ITTF の役員たちを招いた。当日は中国代表団の宿舎だった藤久ホテルの庭でパーティーが開かれ，その最中というタイミングで毛沢東国家主席からただ一文字の「請」（「どうぞ」という意味）の電報が届いた。つまり，アメリカ代表団の訪中が承認されることになった。そして中国側から急遽アメリカ側に連絡が入り，3 日後の 4 月 10 日に，アメリカ代表団一行 18 人が香港経由で中国入りを果たしている。これが，第二次大戦後初めてのアメリカの団体による正式な訪中になった[13]。

　日本の報道機関もこの出来事に敏感に反応し，まず 4 月 7 日に『中日新聞』夕刊がいち早く一面で「中国，米選手団を招待」と報じている。翌朝になると，各主要メディアも一斉に報道し始め，アメリカでも各社が大々的に報道している。4 月 26 日付週刊『タイムズ』の表紙では米中両国のトップがピンポンする様子が描かれ，中国の対外宣伝の月刊誌『人民中国』4 月号も，卓球の写真を表紙にしている。

　その後米中外交はとんとん拍子で進み，ピンポンを契機に，新時

代の一幕が開いたといっても過言ではないのであろう。1971 年 5
月 30 日，中国の周恩来首相[14]が政府外務会議において以下のよう
に発言した。「4 月 7 日，偉大な領袖毛主席がピンポンを弾き返し
て，世界を回転させた。小さな球が大きな地球を動かして，世界を
震撼させた」。事実，それは大げさではなかった。同じ年の 7 月，
10 月と，アメリカ国家安全事務次官のキッシンジャー[15]が二度秘
密訪中し，翌年の 2 月 21 日に米大統領ニクソン[16]が正式に訪中を
実現している。そして 1972 年 9 月 29 日に日本と中国が国交回復を
おこない，1975 年の台湾総統の蒋介石[17]の死去を経て，米中も 1979
年 1 月 1 日に国交を樹立することになる（キッシンジャー 2012）。

:∵: 3　ピンポン外交の時代的背景

　この狭義のピンポン外交のとき，中国は文革のただなかにあった。
もともと社会主義陣営にあった中国は，50 年代初頭の朝鮮戦争[18]
や 1958 年の大躍進と人民公社化[19]など旧ソ連の影響を受けて国家
政策をおこなってきたが，スターリン[20]の死後，徐々にソ連と異
なった路線に変更した。1957 年 11 月モスクワで開催された世界共
産党会議に毛沢東が出席，その場でソ連共産党総書記フルシチョ
フ[21]らのスターリン批判および世界平和共存路線に異を唱え，初
めて理論上，中ソ間で矛盾が生じた。その後 1962 年 10 月中印国境
紛争[22]では，ソ連がインド側に武器などを支援。中国も同じ時期
に起きたキューバ危機[23]について，ソ連が米帝に屈服したと痛烈
に批判し，1963 年 2 月，『人民日報』社説でソ連との路線の違いを
唱え，これが中ソ間での公開論争にまで発展し，関係悪化が長らく
続いた。

　一方，西側陣営のアメリカは，第二次世界大戦後も中国の国民党
政府（台湾に敗走したのちも中華民国と称する）を支持し続け，朝鮮

戦争において中国義勇軍と直接戦うなど，中国共産党を敵視するような政策をとっていた。さらにアメリカはキューバ危機後，1963年8月にソ連と部分的核実験停止条約を結び，核戦略上ソ連との緊張を緩和させつつ，中国を牽制したのである。それに対して，中国側は反米・反ソという「二つのこぶし」を挙げざるを得ない状況となり，さらに1960年代半ば頃に世界同時発生的な共産主義運動[24]が始まり，反覇権主義という共通のスローガンの下で，中国は国家主導の全国民規模の革命運動を起こすことになる。これが，すなわち「文化大革命」である。

　1966年5月から始まった文革初期は，中央および地方の各政府機関が造反派の若者たちに占拠され，混乱が生じて機能不全に陥り，中国の外交機関すら諸外国との交流が困難になった。その頃，さらに中ソの対立がエスカレートした。報道機関を通じての舌戦ばかりでなく，1967年1月モスクワ「赤の広場」で「毛主席語録[25]」を叫んだ中国人留学生が殴られ，駐ソ連中国大使館の展示用ガラスケースが割られる事件が起き，さらに1969年3月中ソ国境に位置する珍宝島[26]をめぐって，中国側の国境守備兵が射殺され，大規模な軍事衝突まで起きている。反中・反ソデモが両国で起こり，互いの大使が襲撃され，全面戦争の可能性すらあった。この頃，ソ連側は「壊滅的な打撃を与える」と称して，中国に1,000個以上の原子爆弾を投下する用意をしているとも述べていた。中国側もそれを受け，「深く洞窟を掘り，幅広く食糧を備蓄し，覇権争いに反対」というスローガンを打ち出し，中国全土の都市で防空壕をつくり始めている。こうして核戦争が一触即発の局面に差しかかっていたが，その裏では両国政府内による全面戦争回避の動きもあった。穏健派だといわれたソ連の首相コスイギン[27]が中ソ間のホットラインで周恩来首相に連絡を試みたが，中国外交部の若い通信交換手に電話の転送を拒否されたという珍事もあった。しかし両国の穏健派が密

かに努力した末，事態の緩和は 1969 年 9 月になってようやく実現
した。当時同じ社会主義陣営のベトナムのホーチミン主席[28]が亡
くなり，その追悼式に参列することを機に，中ソ両国の外交筋が戦
争回避の意思を互いに確認でき，事態は収まったのである。

　しかしソ連の脅威を感じ，なお東西両陣営から疎外されていた中
国は，四面楚歌の状況を打開しようと，ベトナム戦争によって再び
ソ連と対立したアメリカへの接近を考え始めた。アメリカも大国の
中国を取り込んで，社会主義陣営を弱体化しようという戦略的選択
に傾き始めたが，一部において互いに対する敵意と不信感がまだ根
強かったため，両国の外交関係者の行動は慎重な手探り状態だった
のである。1971 年の世界卓球選手権大会の開催は，中国側にとっ
ては千載一遇の機会となった。海外で唯一競技に参加できていた卓
球代表団は，アメリカ側と接触する任務を受けていた。当時の日本
において反共および親台湾の勢力が中国代表団の来日に断固抗議し
たため，中国体育委員会は訪日を躊躇していたが，外交上の大きな
チャンスを逃すべきではないと中央指導部は判断した。毛沢東が体
育委員会の報告に「わがチームが行くべし。何人か死ぬ用意をしな
ければ。死なずに済んだらなお良し」と返事をし，中国代表団の名
古屋大会参加が決まった。また代表団が出発する直前の 1971 年 3
月 16 日夜から翌日の未明までに，周恩来首相が代表団メンバーに
具体的な任務をそれぞれに事細かに指示し，大きな期待を託したの
である[29]。

　そして前節で述べたように，荘則棟選手とコーワン選手の「偶
然」の出会いによって，米中両国間における交流が進展したのだっ
た。また水面下では，両国の外交筋が大会期間中にすでに 6，7 回
ほど接触をし，アメリカ側が強く訪中の意思を示したこともあって，
両国は国家としての思惑が一致したのである。荘則棟はのちに当時
の出来事が「偶然」であったと証言していたが，コーワンに声をか

けた際に「脳裏に激しい思想の戦いがあったが，大会前に周恩来総理が友好第一と指導してくださった意味を考えて踏み込んだ[30]」と述べている。また当時の荘則棟は世界選手権シングルス三冠王という卓球界のスーパースターであり，中国人選手たちの誰よりも模範的な行動がとれる立場にあったのも事実だろう。こうして中国卓球代表団は外交の任務を完遂し，米中両国の「雪融け」が始まり，歴史の新たな一ページが開いたのである。

4 「政治優先」という中国のスポーツ

そもそも中華人民共和国における体育・スポーツは，やや異質なものである。ピンポン外交は，単なる一つの典型にすぎなかったのである。

中国は，1949年10月に建国されてから今日まで，体育・スポーツを国家の指導下に置いている。中国では体育とスポーツは一つの概念で，一律「体育」と呼ばれている。中国のスポーツを管理する組織は，行政府の下にある中国体育委員会体育総局であり，各地方にも体育委員会があるが，共産党中央や地方組織，あるいは中央政府や地方政府の要人が指示を出すこともしばしばある。学校教育から民間の健康運動まで，人材育成からトップアスリートの成績まで，政府の管理と指導を仰がなければならない。それゆえ中国のスポーツは，極めて濃い政治色を帯びているのである。

時代的な視点から見れば，1949年の建国から文革が終息した1970年代末まで，中国のスポーツは完全に政治に追従する立場にあった。学校体育の方針は，「学生の身体を正常に発展させ，体を強健にし，心身を爽快にし，行動を敏捷にし，動作を優美にし，一切の体質のすぐれた点を具有させるよう全身を全面的に発展させることである。同時に鍛錬によって刻苦耐労の精神を具有させ，肉体

写真 10‒2　1972 年「アジア卓球選手権」の記念切手

労働と頭脳労働によく従事し，社会主義建設に参加し，あわせて祖国防衛の任務を負担できる体格を得させるにある[31]」と，国に奉仕するための体育であった。同時に民間レベルのスポーツも軍事訓練が中心となり，体育委員会管轄下の専属選手たちも準公務員の立場で練習や試合を責務として取り組んでいた。

当時の中国体育界は，以下の 3 つのスローガンを唱えている。「体育運動を発展させ，人民の体質を増強させよう」「身体を鍛錬し，祖国を守る」「友好第一，競技第二[32]」といった，およそ競技スポーツとかけ離れた方針であった（笹島 1987）。

　そのため，中国の競技スポーツは常に政治を優先させ，政治の思惑でおこなわれていた。上述したピンポン外交はまさに外交のための世界大会参加であり，代表団がアメリカ側との接触を試みたり，シハヌーク国王の要請で混合ダブルスの試合をいとも簡単に放棄したのは，そのためである。中国卓球の内部においても，上層部の指示が試合結果に影響していた。たとえば荘則棟選手の世界選手権シングルス三連覇は，三回準優勝した李富栄選手が体育委員会の指示で二度も優勝を譲った結果であったと，のちに判明している（葉永烈 2007）。世界的なスーパースターをつくるための指示だったのであろう。友好国のチームや選手にわざと負けたり，国内の試合で模範的な共産党員選手を勝者にするなど，競技としてのスポーツというよりは，「政治優先」の産物と化したのである。

　しかし 1981 年に中国女子バレーボール代表がワールドカップで初優勝したことをきっかけに，事情は一変する。中国の競技スポー

ツが「中華を振興させる」ものとして，国民の愛国主義的意識および政治主導下の精神的団結を喚起する装置となった。それまでの「友好第一」精神が「勝利至上」主義に変貌したのである。その後1984 年ロサンゼルスオリンピックで，IOC 復帰後初参加の中国代表団が金メダル 15 個を獲得する。このような中国代表たちの活躍を見て，国民は中国人としての誇りを感じ，自分たちは幸せであるという感覚になる。愛国主義の下で政策を執行しやすくなり，社会は安定する。これもまた「政治優先」なのだが，その方向性は大きく変貌したのであった。

　このような「政治優先」という指導方針の下，中国体育委員会は挙国体制で「金メダル戦略[33]」を打ち出した。国民の愛国主義を最も喚起しやすい世界大会での金メダルの獲得を，スポーツ界全体の目標としたのである。具体的には，選手の育成を少数精鋭にし，伝統的に強い競技，たとえば卓球や体操などを強化しつつ，世界で競技人口の少ない種目，たとえば重量挙げや射撃や飛び込みなどを特別視し，さらに遅れている女子スポーツに力を入れる戦略をとっていく。この方針で，中国代表団は比較的短い期間に世界大会で金メダルを量産するようになる（ビーチ 2021）。2008 年北京オリンピックでは金メダル 48 個を獲得し，初めてアメリカ（36 個）を上回って首位となった。またパラリンピックでも，東京大会（2021）まで五大会連続して金メダル数 1 位を保ち，ほとんどの大会で 2 位の国の倍以上のメダルを獲得している。

　ところが，このような「金メダル至上」のスポーツ政策は時々裏目に出る。たとえばサッカーのように長い間成績が上がらない場合は，国民にとっては逆に屈辱を感じさせられるものとなり，人種や国民性，さらに現状の国家体制に不満を抱く結果にもつながる。また勝利至上主義は，「組織的なドーピング問題」にまでエスカレートすることにもなる。「金メダル戦略」の下で，いかにして金メダ

ルを獲るかに腐心したスポーツ界の幹部たちが，選手に違反薬物を
組織的に提供して検査対策を指導したケースは少なくない。なかで
も有名なのは，女子陸上中長距離の「馬軍団」。馬俊仁コーチ[34]が
率いた女子陸上選手たちである。1993 年世界陸上選手権シュツッ
トガルト大会において，中長距離種目で金メダル 3 個，銀 2 個，銅
1 個という驚異的な成績を残した。しかしドーピングの疑惑が浮上
する。違反薬物の強要など，馬コーチの所業を暴いた女子選手 10
人による告発があり，中国陸上競技協会は内部処理をして問題の表
面化を回避した。その他，重量挙げ，競泳，自転車など多数のドー
ピング問題が露見しており，北京オリンピックにおいても，中国代
表団が獲得した金メダルのうちの 3 個は，のちドーピング違反と認
定されて剥奪されている。こうした失態から，中国人たちも自国へ
の違和感や不信感を覚えるようになり，国威掲揚を目的としたスポ
ーツ政策の効果が減じつつある。

5　スポーツのあるべき姿を考えて

　こうした状況から中国スポーツ界でも，近年は政治からの脱却の
動きも見られる。

　1992 年の鄧小平による「南巡講話[35]」をきっかけに，中国の改
革開放が大きく進展を遂げた。スポーツ界でも 1994 年に発足した
プロサッカーリーグを筆頭に，プロスポーツやスポーツビジネスが
市民権を得始めた。当然ながらそれらの新生勢力は政治主導のスポ
ーツと相容れない部分を孕んでいる。

　2004 年に起きたいわゆる「G7 事件」はその好例で，起業家でプ
ロサッカークラブ大連実徳の代表徐明[36]が，他の 6 クラブ代表と
ともに，中国サッカー協会に政治権力とプロリーグ運営との分離を
迫った。政府はこれを「造反」として，その試みは失敗に終わった

が，このことは中国のスポーツ界に衝撃を与えた。

　また個人レベルでは，海外を練習基地にして二度も女子テニスのグランプリ優勝を果たした李娜[37]が，中国体育委員会の管理外で成功した好例である。ごく最近の傾向ではあるが，「祖国のために」戦うというよりは，「両親のために」や「自分のために」頑張るという選手の発言が目立つようになり，大義名分を唱える紋切り型のセリフより人間味が感じられるようになった。

　また，中国の国民たちのスポーツの見方も変わりつつある。過去における「愛国」一辺倒という無条件に自国を応援する義務を背負う感覚から，自国の選手や組織を批判したり，外国の選手を応援したりする柔軟な姿勢へ変わりつつある。あるいは金メダリストだけでなく，失敗した選手からも「感動」をもらう観客が増え，スポーツにおける純粋さや公平性を大事にするという価値観をもつ人たちが徐々に増えてきている。たとえば2018年に起きた「孫陽事件[38]」では，オリンピック金メダリストのドーピング疑惑およびその裁定が中国国内でも大きく注目された。国の英雄を守るべきか，それとも国際ルールを遵守すべきか，世論を二分するほど国民的議論となった。その際に中国体育委員会が世界反ドーピング機構と歩調を一致させ，以前のように自国を正当化して国民世論をミスリードする姿勢を回避した。世論もドーピングに対する批判が目立ち，4年の出場停止処分を受けた孫選手はのちに引退を余儀なくさせられたのである。

　国技である卓球界においても，1990年代より「海外兵団」つまり人材を海外へ輸出する政策がとられている。当初国民は，外国籍に入った中国出身の選手（この選手たちは「狼」と呼ばれた）に中国代表が負けることを受け入れられなかった。「何智麗事件[39]」はその代表例であろう。元中国女子代表の何智麗選手は，1987年世界大会の準決勝で対戦相手の中国人選手に負けろという上層部の指示

に逆らったため，準決勝，決勝と連勝して世界チャンピオンを獲得
したにもかかわらず，チーム内で除名の処分を受けることになる。
そして1989年に何選手は日本国籍を取得し，小山ちれという名前
で日本代表として1994年広島アジア大会で中国人選手たちを破り，
金メダルを勝ち取るが，中国人の目にはそれが祖国に対する復讐で
「売国」的行為として映り，長い間猛烈なバッシングを浴びせ続け
たのである。ただし最近では「海外兵団」に対する反感は減り，
「狼」の存在がむしろ卓球競技全体の活性化につながるとの認識が
一般化している。

　じつをいうと，「狼」たちは外国人と国際結婚しているケースが
少なくない。何智麗選手も日本人と結婚して日本に帰化している。
少し脱線するが，ここで中国人選手の国際結婚に触れたい。近頃は
中国人の国際結婚はごく普通の現象になっているが，文革中ではあ
り得なかったのである。しかし文革後，とくに改革開放政策の下で
国際結婚が可能となった。ここでも卓球の荘則棟選手がその先駆け
となる。彼はピンポン外交の舞台であった名古屋の藤久ホテルで，
日本人卓球ファンの佐々木敦子と初めて出会った。その際は一緒に
写真だけを撮ったが，13年後の1984年に二人は北京で再会し，そ
の翌年に結婚することになる。しかし荘則棟がもともと共産党高級
幹部であったこともあり，国家機密漏えいの危険があるとの理由で
北京公安部門からストップがかかる。荘則棟は中国卓球協会名誉主
席の李瑞環[40]に直訴し，李は最高指導者の鄧小平にこの件を報告，
鄧小平から直接許可を得てようやく結婚することが可能となった。
この先例があり，卓球選手の国際結婚は容易となる。だが，他のス
ポーツ分野では，それほど容易ではなかった。加えて「海外兵団」
という卓球の輸出政策下で，中国人卓球選手の国際結婚が頻繁にお
こなわれるようになった。何智麗の他，1983年世界選手権女子団
体チャンピオンの倪夏蓮がルクセンブルク人と，1985年と1987年

世界選手権男子団体チャンピオンの陳新華がイギリス人と，1987年世界選手権女子団体チャンピオンの焦志敏が韓国人と結婚している[41]。世界チャンピオン以外の選手たちの国際結婚はさらに多く，枚挙にいとまがない。

　話を戻そう。ここ数年，卓球ブームだけでなく，民間レベルの健康ブームも中国の各地で起きている。太極拳やランニングといった伝統的な運動の人気が衰えず，同時に「広場ダンス」や，スポーツジムやマラソンあるいはeスポーツなどをおこなう人口が爆発的に増え，多くの人びとがスポーツの楽しさと心身の健康を享受している。少数精鋭が国のメンツを賭けて金メダルを競うよりは，このような純粋な「草の根運動」こそが，スポーツのあるべき姿なのではないか。

　しかしスポーツの存在意義も，人間社会の発展とともに絶えず変化し続けるものである。上述した「ピンポン外交」が象徴するように，国家や政治の思惑でスポーツが利用されてきた。さらにオリンピックや世界サッカー連盟（FIFA）などに代表される商業主義が，いまそれに置き換えられつつある。そのなかでも，やはり不祥事や疑惑が浮上しているが，それはそれとして，国家政策とスポーツとのかかわりは，あながち不健全なものであるともいえない。国が主導しているスポーツ政策で経済の好転がもたらされたり，学校の体育が充実したり，国民の健康が増進されたり，スポーツ医学が進歩したりするといったポジティブな面もある。「オリンピック憲章」の根本原則には，「オリンピズムの目的は，人間の尊厳の保持に重きを置く平和な社会の推進を目指すために，人類の調和のとれた発展にスポーツを役立てることである」という条文がある。理想論ではあるが，スポーツを通じて世界の平和もしくは国や地域の紛争の解決が期待される[42]。紹介したごとく卓球の場合，その成功例がいくつか見られる。そもそも「ピンポン外交」とは，広義には

1971 年名古屋大会のことだけを指しているのではない。

　他のスポーツでも，競技を通じて国家の境界を越えて，人びとの交流と平和がもたらされることはある。香山リカが著書『ぷちナショナリズム症候群―若者たちのニッポン主義』で考察しているように，オリンピックやサッカーワールドカップには国家間の「代理戦争」的なニュアンスが含まれている。しかし，それが一種の「ガス抜き」となって本物の戦争が回避されるのなら，これに越したことはない。また，最近テレビやウェブサイトでスポーツ観戦をして感じるのは，競技を観る視聴者の多くが国家・民族間の境界を越えてアスリートの活躍に惜しみない拍手と喝采を送ることが，トレンドとなりつつある事実である。直近では，2022 年サッカーアジアチャンピオンズリーグ（ACL）準決勝の日韓戦の試合後，ホームの J リーグ代表である浦和レッズサポーターの大観衆が，敗れた韓国代表の全北チームの選手たちへ健闘を讃える手拍子を贈った。その瞬間，筆者は新鮮な感動を覚えた。その場にいた両チームのサポーターたち，それからその映像を見た人たちの心にも，おそらく響いたのではなかろうか。

【注】

1）「無産階級文化大革命」の略称。1966 年 5 月‐1976 年 10 月。中国共産党指導者の毛沢東が主導した政治運動。「資本主義復活を防止する」ことを掲げ，階級のない社会の実現のためとして，徹底的な権威破壊が推し進められた。この運動で経済が停滞し，文化財が破壊された。さらに多くの人びとが命を失い，失脚した。学校などの教育研究機関が一時停止し，それまで権威とされた知識層や教育者が追放されるなどした。

2）毛沢東（1893‐1976）。1921 年の中国共産党創立メンバー13 人の一人で，1935 年より中国共産党の実質的指導者となった。1949 年中華人民共和国の成立後から 1976 年死去するまで，党の最高指導者であり続け，長い間神格化され人心を支配した。彼が指導した「文革」などの失政は今日中国

　共産党に反省材料とされている。ただし，彼自身への批判は避けられている。『毛沢東選集』は，「文革」中は各家庭が常備する書物であったが，現在は出版と流通が中止されている。

3）「八大様板戯」は，「文革」中も上演が許可されていた八つの現代京劇。いずれも中国共産党を讃美するもの。『紅灯記』『白毛女』『紅色娘子軍』『沙家浜』『智取威虎山』『奇襲白虎団』『海港』『龍江頌』の八つ。

4）四種類の書籍には，いずれも邦訳がある。

- ・羅広斌・楊益言，1963，『紅岩』新日本出版社。
- ・金敬道，1966，『欧陽海の歌』外文出版社。
- ・ニコライ・オストロフスキー，1955，『鉄鋼はいかに鍛えられたか』岩波文庫。
- ・コスモデミヤンスカヤ，1970，『ゾーヤとシューラ』青木文庫。

5）『紅旗』は，日本の『赤旗』に当たる。1958 年創刊の中国共産党の機関誌。1998 年に『求是』と改名。『人民日報』が中国共産党の機関誌だという見方もあるが，厳密にいえば党の機関誌ではなく，中国政府が所有している最大主要メディアに当たる。

6）以下に選手たちの略歴を記す。

- ・容国団（ようこくだん）（1937-1968）。香港生まれ。1959 年世界選手権ドルトムント大会男子シングルスで，中国卓球界の初めての世界チャンピオンとなった。1968 年に失脚し，自殺した。
- ・荘則棟（しょうそくとう）（1940-2013）。江蘇省生まれ。1961-1965 年世界選手権男子シングルス三連覇。「ピンポン外交」の主役の一人。一時政治界のスターとなったが，のちに失脚し二度監禁された。1985 年に日本人の佐々木敦子と結婚した。
- ・李富栄（りふえい）（1942-）。上海市生まれ。1961-1965 年世界選手権男子シングルスで三回準優勝した。のち中国卓球代表団団長，中国オリンピック委員会副委員長，国家体育総局副局長，アジア卓球連盟主席などを歴任した。
- ・徐寅生（じょいんせい）（1938-）。上海市生まれ。1961 年世界選手権団体優勝メンバー。のち中国卓球代表団監督，国家体育委員会副主任，アジア卓球連盟副主席，国際卓球連盟副主席，主席などを歴任。2010 年に国際卓球連盟殿堂入り，国際卓球連盟終身名誉主席となった。
- ・周蘭蓀（しゅうらんそん）（1939-2000）。浙江省生まれ。1961 年世界選

手権団体優勝メンバー。のち中国卓球代表団コーチを務めた。

- ・張燮林（ちょうしょうりん）（1942-）。上海市生まれ。1961年世界選手権団体優勝メンバー。のち中国卓球代表団総監督，国家体育総局副主任を歴任した。
- ・邱鐘恵（きゅうしょうけい）（1935-）。雲南省生まれ。1961年世界選手権女子シングルスで中国人女子選手として初優勝を果たした。のち中国卓球女子代表監督，中国卓球協会副主席を歴任した。
- ・林慧卿（りんけいきょう）（1941-）。インドネシア生まれ。1971年世界選手権名古屋大会女子シングルスで優勝。のち中国卓球代表団コーチ，中国卓球協会副主席を歴任した。
- ・鄭敏之（ていびんし）（1945-）。広東省生まれ。1971年世界選手権名古屋大会女子ダブルスで優勝。のち中国卓球代表団コーチ，副監督，中国卓球協会副主席を歴任した。
- ・梁麗珍（りょうれいちん）（1945-2017）。広東省生まれ。1965年世界選手権団体優勝メンバー。のち広東省体育委員会主任を務めた。

7）以下に日本人選手3名を記す。

- ・荻村伊智朗（おぎむらいちろう）（1932-1994）。現役時代は世界選手権で金メダル12個を獲得した，世界卓球界のスーパースター。日本卓球協会副会長，国際卓球連盟会長を歴任した。
- ・三木圭一（みきけいいち）。卓球元日本代表。世界選手権で準優勝二回。のち中央大学卓球部監督を務めた。
- ・星野展弥（ほしののぶや）（1937-2020）。世界選手権で金メダルを4個獲得。試合中の名場面が多かった伝説のスター。のち「星野クラブ」を創設し指導した。

8）1980年に中国の最高指導者鄧小平が提唱した政策。社会主義の政治制度を保ちつつ，資本主義の市場経済を取り入れ，中国の経済と社会を開放的な方向に導いた「国策」。現在においても，その政策を継続している。
鄧小平（とうしょうへい）（1904-1997）。毛沢東時代は副首相などを歴任し，経済の回復に尽力した。政治闘争のなかで三回失脚するも，毛沢東の死後，1978年より中国の実質的指導者となった。

9）1971年10月25日の国連総会で中華人民共和国の中国代表権が承認され，台湾の中華民国が国連から追放された。「ピンポン外交」の直後であったが，米中急接近の結果，日本を含む西側諸国が次から次へと中国と国

交を樹立させ，台湾側は冷酷な現実を突きつけられた格好となった。

10）趙正洪（ちょうせいこう）（1913-1992）。1955年少将に昇進。中国東北軍区空軍政治部主任，中国体育委員会副主任を歴任。1971年世界卓球選手権中国代表団団長を務めた。

11）ノロドム・シハヌーク（1922-2012）。カンボジアの国王（1941-1955年，1993-2004年に在位）。中国と親交が深く，1970年3月に国内クーデターのため北京へ亡命。1975年帰国するも，1979年に北京へ2回目の亡命。1991年帰国し，王位に帰還。2004年に退位。2012年に北京で死去。

12）グレン・コーワン（1952-2004）。アメリカ合衆国ニューヨーク州生まれ。「ピンポン外交」のもう一人の主役。

13）李強「1971年　ピンポン外交が中米政治の難関を打開」『中国共産党新聞』2008年2月号。

14）周恩来（しゅうおんらい）（1898-1976）。中国の指導者の一人。毛沢東時代に主に首相として行政を指導していた。また，米ソ二大陣営以外の「第三世界」の連帯と「非同盟運動」を提起。日中や米中の国交回復を推進し，外交家としても高名。

15）ヘンリー・キッシンジャー（1923-2023）。ドイツバイエルン州生まれ。アメリカ合衆国の国際政治学者。大統領補佐官，国務長官などを歴任。ノーベル平和賞受賞者。

16）リチャード・ニクソン（1913-1994）。第37代アメリカ合衆国大統領（1969-1974）。在任中にベトナム戦争から撤退。1972年に訪中し，のち両国の国交回復の基礎をつくった。1974年に「ウオーターゲート」事件で弾劾を受けて辞職。

17）蒋介石（しょうかいせき）（1887-1975）。初代中華民国総統。中国の軍閥乱立の時代が終わった1928年から1975年死去するまで，中国国民党の最高指導者であり続けた。1937-1945年日中戦争で，共産党を含む中国抗日統一戦線を指導。1949年共産党との国内戦争で敗れ，台湾に撤退後，1975年に台北市で死去した。

18）1950年6月-1953年7月，朝鮮民主主義共和国と大韓民国との間で生じた紛争に，アメリカを主とした国連軍と中国軍（国連への対抗を名義上で避けるために義勇軍と称した）が巻き込まれ，大規模戦争まで発展。最終的に北緯38度線を国境とした停戦協議が結ばれ，今日まで南北の分断と対立が続いている。

19）毛沢東の指導下で，1958 年 5 月から 1961 年 1 月まで，米英の重工業経済指標を超えることを目標として，鉄鋼生産の増産命令が発せられた。しかし粗悪な鉄鋼が増産され，農業生産が落ち込み，結果的にのちの大飢饉を招いた失政であった。当時は農村部において「脱私有財産」の社会主義全体化運動が始まり，郷自治体の代わりに「人民公社」，村自治体の代わりに「生産隊」という体制となったが，1978 年に撤廃されている。

20）スターリン（1878-1953）。グルージア（今日のジョージア）生まれ。本名はヨシフ・ヴィッサリオノヴィチ。「スターリン」は彼の筆名で，「鉄鋼の人」という意味。ソ連建国の指導者レーニンの死後，1924 年からソ連の最高指導者であり続けた。第二次世界大戦で米英と同調し，自国を戦勝国に導いた。大戦後は共産主義圏を剛腕で支配し，西側諸国への対抗すなわち「冷戦」という時代をつくった。

21）フルシチョフ（1894-1971）。共産党中央委員会第一書記（1953-1964）を歴任するなど，スターリン死後のソ連の最高指導者となった。在任中はスターリン批判や米国との平和共存政策を提起した。この時期，中国との関係は悪化している。

22）1962 年 10 月に中国とインドがチベット高原南部・インド北東部のアクサイチン地方で軍事衝突し，大規模戦争が起きている。中国側が優勢であったが，11 月に自ら撤退。今日も約 9 万平方キロメートルの土地をめぐって，両国ともに自国の領土と主張し，時折国境で小競り合いが起きている。

23）1962 年 10 月から 11 月にかけ，ソ連がキューバで密かに軍事基地を建設し，核ミサイルを持ち込もうとした際に起きた米ソの緊張状態。アメリカの海上封鎖に遭い，両国間で核戦争寸前の状態になるも，最終的にソ連側が譲歩し，戦争は回避された。

24）1960 年代，ソ連が主導した共産主義圏を除いて，世界に散らばった旧国際共産連盟やその他の反ソ連の社会主義団体などが，世界で左翼運動を起こした。反戦運動，学生運動，労働ストライキ，武装ゲリラがこれに当たる。日本では「全共闘」「赤軍」などが社会に大きな影響を与えた。毛沢東はそれらの「反覇権主義」というスローガンに共鳴し，国内の政治抗争に利用した。

25）毛沢東の言葉を記録した小冊子。「文革」中は公私文書を問わず，書き出しに必ず引用する定例となり，ほとんどの国民がそれを暗記していた。

現在は出版・流通していない。

26）ロシア語ではダマンスキー島という。中国とソ連の国境に当たるウスリー川中流にある 0.74 平方キロメートルの小島。中ソ両国がそれぞれに領有を主張し，関係が悪化した 1969 年 3 月に衝突が起きた。1991 年合意が成立し，珍宝島は中国に属することになった。

27）コスイギン（1904-1980）。ソ連の政治家。ソ連共産党政治局委員，ロシア共和国首相，ソ連邦人民委員会議議長，ソ連邦首相などを歴任。経済改革を提唱し，米ソ関係の緩和や国内外の紛争を回避するために奔走していたことから，キッシンジャーに「ソ連最高の政治家」と称された。

28）ホーチミン（胡志明）（1890-1969）。ベトナム民主共和国初代主席。フランスの植民地支配からの独立戦争，ベトナム戦争などを指導。「建国の父」と称される。

29）このあたりの事情については，前掲注 13）に同じ。

30）蒋豊「ピンポン外交は歴史の選択」『日本華僑報』ウェブニュース　2021 年 4 月。

31）『中国体育教育大綱』（1961 年版）。

32）いずれも，毛沢東の言葉に由来。

33）1995 年中国国家体育委員会が発表した「オリンピックの栄光を勝ち取る計画」による。

34）馬俊仁（ばしゅんにん）（1944-）。遼寧省出身。90 年代に中国陸上代表コーチを担当。彼が率いた女子中長距離の選手たちは「馬軍団」と呼ばれ，数々の成功を収めたが，1994 年にドーピング疑惑および公金横領の不祥事などで解散。1997 年に陸上代表コーチに復帰したが，再度ドーピング問題のため，2004 年にコーチ業を引退した。

35）1980 年から始まった「改革開放」は一部の地域で徐々に進んでいたが，1992 年中国の実質的指導者鄧小平が南部の深圳などの開放特区を視察し，全国範囲で迅速に「改革開放」を拡大せよと指示した。それによって，全国範囲で社会主義的配給制度が撤廃され，資本主義市場経済が全面的に推進された。

36）徐明（じょめい）（1971-2015）。遼寧省生まれ。企業家でサッカープロリーグ大連実徳の代表であった。2011 年中央政治局委員・重慶市長の薄熙来の失脚に連座して逮捕された。2015 年に獄死。筆者の知人。

37）李娜（りな）（1982-）。湖北省生まれの女子テニス選手。2011 年全仏オ

ープン，2014年全豪オープン大会の女子シングルス優勝者。

38) 孫陽（そんよう）（1991-）。浙江省生まれの競泳選手。2010年ロンドンオリンピック男子400 m自由形・男子1500 m自由形の金メダリスト，2016年リオデジャネイロオリンピック男子200 m自由形の金メダリスト。中国で英雄視されていたが，2018年の世界反ドーピング機構の抜き打ち検査の際に，血液検査のサンプルをハンマーで割るなど妨害行為をした。2020年2月にスポーツ仲裁裁判所から選手資格停止8年の処分を下されたが，12月に再審によって最終的に資格停止4年の処分となった。

39) 何智麗（かちれい）（1964-）。上海市生まれ。1987年世界卓球選手権女子シングルス金メダリスト。1989年に来日して日本人と結婚し，小山ちれと改名。1992年に日本代表となり，2006年に引退した。

40) 李瑞環（りずいかん）（1934-）。天津市生まれ。中国共産党高級幹部。天津市市長，中国政治協商会議主席，中国共産党政治局常務委員などを歴任。2003年に政界を引退した。

41) ・倪夏蓮（げいかれん）（1963-）。上海市生まれ。1983年世界選手権女子団体優勝メンバー。1991年からルクセンブルク代表となる。

・陳新華（ちんしんか）（1960-）。福建省生まれ。1985年，1987年世界選手権男子団体優勝メンバー。1990年イギリス代表となった。1996年に引退した。

・焦志敏（しょうしびん）（1963-）。黒竜江省生まれ。1987年世界選手権女子団体優勝メンバー。1988年に選手を引退。1989年に韓国人と結婚し，韓国国籍となった。

42) 1988年ソウルオリンピックでは韓国・北朝鮮による卓球の南北合同チームが参加し，金メダル2個を獲得し，南北交流の門戸にテコを入れた。また2021年世界卓球選手権ヒューストン大会では，中国代表団から男女選手が一人ずつ派遣され，アメリカの2選手と混合ダブルスを組んだ。近年における貿易戦争や「覇権争い」による米中両国の冷え込んだ関係の改善を試みたと見られる。いってみれば，みな「ピンポン外交」なのであろう。

【参考文献】

銭江，1988，『米中外交秘録　ピンポン外交始末記』，東方書店。

笹島恒輔，1987，『中国の体育・スポーツ史』，ベースボール・マガジン社。

キッシンジャー，2012，『キッシンジャー回想録　中国』（上），岩波書店。

森武，2015，『ピンポン外交の軌跡』，KTC 中央出版。

李強，2008，「1971 年，ピンポン外交が中米政治の難関を打開」，『中国共産党新聞』。

蒋豊，2021，「ピンポン外交は歴史の選択」，『日本華僑報』ウェブニュース。

葉永烈，2007，「中国卓球界におけるやらせ事件を遡る」，『新民週刊』。

ハンナ・ビーチ，2021，「オリンピック背後の中国スポーツにおける挙国体制」，『ニューヨーク・タイムズ』。

香山リカ，2002，『ぷちナショナリズム症候群―若者たちのニッポン主義』，中央公論新社。

スポーツイベントと同年齢集団

雨森直也

● 雲南で人気のスポーツ

　本稿の事例となる村では週末になると，中高校生ぐらいの若者が村のバスケットボールコートで，バスケットボールを楽しんでいる姿をよく見かける。それは，筆者が初めてこの村を訪れた 2007 年からいままでも変わらない光景である。中高校生に加え，少し小さい子どももまれに一緒に楽しんでいる。おそらく，若者の兄弟か親戚の子だろう。そこには試合をするというよりも，純粋にバスケットボールを楽しむ微笑ましい光景が広がる。

　このあたりでスポーツといえば，バスケットボールといっても過言ではない。しかし，筆者は鶴慶県に来るまで，バスケットボールが中国において人気のスポーツとはまったく知らなかった。中国の国民的スポーツといえば，なんといっても卓球であり，その競技人口が多く，かつ非常に強いことは，日本でもとてもよく知られていることである。しかし，中国西南部に位置する雲南省の多くの村落で盛んなスポーツといえば，それは卓球ではなく，バスケットボールなのだ。

　ここでは，中国雲南省鶴慶県に住むペー族（白族）の一村落であるＮ村の春節（旧正月）におこなわれていたバスケットボールを中心としたスポーツイベントを足がかりに，村の住民にとってスポーツが果たす役割について考えてみたい。

● 村のスポーツとその主役となる集団

　筆者は 2005 年から，同県の別のペー族村落でフィールドワーク
を実施してきた。当時，中国人 NBA プレーヤーであった姚明（ヒ
ューストン・ロケッツ所属）の人気はものすごいものがあった。さら
に村の若者の間では，アニメ化もされた漫画『SLAM DUNK（中
国語名：灌篮高手)』はかなり有名であった。筆者が日本人とわかる
と，しばしば「『SLAM DUNK』を知っているか」と話しかけら
れ，「だれだれがかっこいい」とか，「あんな不良少年は日本に本当
にいるのか」などといった『SLAM DUNK』談義に花が咲いた。

　この村はペー族という中国の少数民族が主に暮らし，（日本では
考えられない大きさだが，）その規模は 300 世帯を超え，1998 年以来，
観光村として広く観光客を受け入れている自然村である。住民の農
外就業の多くは銀匠（銀加工職人）であるが，その歴史は実のとこ
ろそれほど長くなく，文化大革命期の 1970 年代初頭に小炉匠（鋳
掛け職人）から徐々に変化・発展していったものである。村では，
観光化される以前からすでに，チベット族やタイ族などの少数民族
が好む装飾品を製造していた（雨森 2012：80-1）。住民は農外就業
で以前から富裕化し，ペー族の伝統建築を豪華にした家屋が乱立し，
なかには銀匠で得た資金をもとに実業家として成功した人や，銀匠
として事業を拡大している人など，多くの利益を稼ぎ出す人が出始
めていた。

　1990 年代前半，地元鶴慶県政府は村内を走る道路の拡幅工事を
計画し，村ではその計画上にあった小さな廟を村内の空き地に移動
させた。その際に，廟の他にも古戯台[1]や村の広場を兼ねることが
できるバスケットコートが整備された。

　村の富裕化は，村の各家庭から集められる寄付金[2]の増加につな
がり，その使い道のひとつとして企画されたのが，旧暦 1 月 1 日〜
3 日までの 3 日間にわたって開催されていた春節のバスケットボー

ルを中心としたスポーツイベントをリニューアルし，賞金を用意す
ることであった。

　村出身のＡ氏[3]の話によると，このイベントの参加チームは以前
から，すべて「バンベイ」と呼ばれる同年齢集団，とりわけ男性に
よって構成されており，親戚集団やバンベイではない友人グループ
など他の集団からの参加はまったく見られなかったという。そして，
それまでは他村のバンベイのチームも参加していたが，村の住民の
みの参加になった。その理由は，賞金等の原資となる寄付金がすべ
て，村の住民から拠出されているためである。リニューアル元年の
2006年には15，6歳から50代までのバンベイをもとにする総勢
30チームぐらいが出場した。しかし，年配のチームは年齢的な問
題もあり，若いバンベイのチームにあまり勝てず，徐々に参加が減
っていった。さらに，2014年ぐらいからスマートフォンが本格的
に普及し始めたこともあり，参加チームが減っていったという。

　スマートフォンの普及によって，バンベイのメンバーはSNSア
プリでグループをつくり，集まりの日程調整をするようになった。
彼らは集まりのメンバー参加率を重視する傾向にあり，他日の参加
率が高いと見込まれると，スポーツイベントに必ずしも参加しなく
なった。こうした参加チームの減少は，スポーツイベントの盛り上
がりに精彩を欠くことになり，さらに参加チームを減らす悪循環と
なっていった。

　コロナ禍直前の春節の際には，すでにバスケットボールの参加チ
ームがほとんどなくなってしまったため，バンベイ対抗の綱引きや
既婚女性たちによる創作民族舞踊などがおこなわれるようになって
いた[4]。このイベントは順位に基づく賞金だけではなく，試合参加
料，民族舞踊についても出演料が用意され，バンベイのメンバーは
賞金や試合参加料，出演料を春節の「ダーピンフー」と呼ばれる共
食を伴う集まりの費用の一部に充てている。

　このように，各家庭から出された寄付金はこのスポーツイベントを通じて，バンベイという同年齢集団に流れ，バンベイの親睦を深めることに利用されている。また，他の村との交流の側面を抑えて，資金の原資を同村落内で分配しているという部分もあるのだろう。そこで，村のスポーツイベントに参加するバンベイという同年齢集団が村でどのような性格と役割をもち，彼らにとってスポーツとはなんなのかを紹介していきたい。

● バンベイという組織の性格・役割とスポーツのかかわり

　一般的に，同年齢集団または同世代集団は，村の集落等にある小集団の一つであり，集団規範に基づいて同調傾向を生み，社会を安定化させる効果をもつといわれている。世界的にはアジア・アフリカなどの村落社会で広く見られ，日本でもかつて多くの村落社会に広く存在した[5]。

　ペー族のバンベイという集団は，自然村単位で年齢一歳刻みの同い年の人びとによって構成されており，彼らは同じ村で生まれ育ち，同年齢というだけで結びついている。

　彼らが広く集まる機会は，一年のうちで春節時期および旧暦の7月15日前後，田植え後や収穫後の「ダービンフー」である。他方，バンベイの家族で結婚式や葬式，棟上げ式などがあった際には手伝いがあり，一種の義務も存在する。そうした集まりに参加できないと，低額ながらも罰金を支払わなくてはならない。他にも，たいまつ祭り（旧暦6月25日[6]）は，嫁として家を出て行った女性が村（実家）に帰ってくる日となっており，結婚前に所属していたバンベイと集まってご飯を食べる。

　以上が，どのバンベイにも共通する行事である。ダービンフーのような罰金が科せられる行事ではないが，若いバンベイたちがとくにバスケットボールを楽しんでいる姿をよく見かける[7]（写真）。

写真　閑散とした春節期のバスケットコート（2022 年 2 月　筆者撮影）

　また，バンベイをベースとした集まりは，とくにバンベイのメンバーが勤め先や進学先から帰郷する夏休みや春節前後に活発化する。何人かの住民にインタビューをしてみたが，バスケットボールを含めて，スポーツとバンベイとの関係をうまく説明できる人はいなかった。彼らにとって，それほどバンベイたちと時間をともにするのは自然なことであり，そのなかでバスケットボールをはじめとするスポーツが大きな役割を果たしているのだ。

　しかし，個々人が歩むライフコースによってバンベイに対する認識は大きく異なる。たとえば，先に紹介したA氏は同村で生まれ育ったものの，小学校，中学校と親の仕事の関係で学校教育にかぎり，村の学校ではなく街の学校に通っていた。筆者は彼が高校生のときから知っており，当時バンベイとバスケットボールで遊んでいるのを何度も目にしたことがあった。その後，彼は大学に進学し，いま

は昆明の国有企業で働いている。彼は，バンベイへの姿勢を次のように述べている。「私は，そんなに積極的に参加していない。時間が合ったときだけダーピンフーに行く」。筆者が「なんで積極的じゃないの？」と訊くと，「彼らとは学歴や知識も大きく異なっていて話題が合わず，あまり楽しくない。仕事でも関係ないしね」と話していた。

　他方，村で生活するB氏[8]は筆者の知るかぎり，バンベイの活動に積極的に参加しているし，頻繁にバンベイと行動をともにしている。彼はいまや，バスケットボールを日頃からやるような年齢ではないが，バンベイに誘われれば「喜んで行く」という。

　村に住まない人と村に住む人でバンベイに対する認識は明確に違いがあり，バンベイは村に住む住民にとってより重要といえる。こうしたバンベイによるダーピンフーなどの活動は，仲間が自然と減ってくるまで続けられる。また，メンバーが歳をとっていけば，バスケットボールから麻雀へと日常的な活動は自然と変容していくのだが，それでも，彼らはずっと時間をともにし続けている。彼らにとって，若いときに一緒に汗を流した経験はかけがえのない友情となって維持されていくのだ。

● 村でスポーツが果たす役割

　300世帯を優に超す自然村のN村において，住民の人間関係は親戚関係を中心としたものに硬直化しがちである。そこにバンベイが機能することで，人びとのつながりは親戚から同い歳の集団へと伸びていく。そして，同じバンベイの家族もまた，知り合いになっていく。住民のつながりを，バンベイが有機的に結んでいる。つまり，バンベイは単なる同い年の小集団ではないのだ。

　バンベイは日々の生活のみならず，村の銀匠ビジネスにおいても，そのつながりを利用でき，他のビジネスの起業の際にも実際に利用

され，大きな波及効果をもっている。バンベイは村という共同体の人間関係の構築・発展のみならず，生活の糧となるビジネスを涵養する集団の一つとなっている。

　春節のバスケットボールを中心とした村のスポーツイベントは，村の住民から集めた寄付金をもとに賞金まで用意され，バンベイを中心とした人間関係をより強くしてもらおうと企画・開催されてきた。バスケットボールをはじめスポーツは，そうしたバンベイの一体感を構築するうえで，大きな役割を果たしている。住民もまた，それがわかっているからこそ，バンベイが参加するスポーツイベントに多くの寄付金を賞金として支出することにためらいはないのだ。スポーツは，村という共同体の維持・発展に大きく寄与しているのである。

【注】
1）本来は演劇や踊りを見せるための舞台なのだが，実際は長らく公共の麻雀ルームとなっており，麻雀卓と椅子が置かれていた。しかし，コロナ禍のために使用を禁止されて以来，麻雀ルームとしての役割は終えたようだ。
2）日本の町内会費と似たような性格のものだが，金額は各家庭の経済的メンツに基づいて出すことになっている。大きなビジネスをしている者は，自身のメンツと他の住民から「ケチ」というレッテルを貼られたくないため，多くの寄付金を自ら進んで出す。
3）A氏は，30代男性で現在は昆明の国有企業に勤務している。2022年2月にインタビューをした。
4）2020年から2022年まで，春節のスポーツイベントはコロナ禍のため中止となっていた。
5）わずかに残る例としては，大阪・泉州地方での「トモダチ」という集団が挙げられる（足高2019：87-95）。
6）たいまつ祭りの日程は，雲南省の各地域・民族によってわずかにずれがあるが，旧暦6月24〜27日の間におこなわれることがほとん

どである。

7）若い年齢のバンベイでは，スマートフォンを利用した e スポーツや，ここ 3 年ぐらい前から増えてきたビリヤード場によってビリヤードも増えてきている。

8）B 氏は，30 代男性で村で銀加工品店の経営をしている。2022 年 2 月および 7 月にインタビューをした。

【参考文献】

足高壱夫，2019，「同輩集団についての先行研究の再検討─大阪・泉州地域にみられる「トモダチ」を手がかりとして─」『人と環境』12，大阪信愛生命環境総合研究所，pp. 87-95。

雨森直也，2012，「新たな「地域文化資源」の創造とエスニック・アイデンティティの強化─中国雲南省鶴慶県におけるペー族の観光化村落を事例として─」『アジア経済』53-6，JETRO アジア経済研究所，pp. 72-95。

●第4部●

スポーツをひろめる

第11章 スポーツの心理的要因

スポーツコーチングにおけるチームマネジメント

松本直也

1 ユニバーシアードサッカー日本代表チーム

　2022年3月24日，シドニーでオーストラリア代表と対戦したサッカー日本代表は2対0で勝利し，同年11月にカタールでおこなわれるワールドカップへの出場権を獲得した。この試合終盤84分に途中出場し，2得点を挙げ勝利に導いた三笘薫選手は，2019年7月イタリアのナポリでおこなわれたユニバーシアードに筑波大学4年次で参加した，優勝の立役者の一人であった。また，このオーストラリア戦の23名の登録には，同じくナポリユニバーシアードに参加した3名の選手がメンバー入りを果たしている（23名中10名が大学出身選手）。この試合がおこなわれる約8か月前，新型コロナウイルス感染拡大により延期された2020年東京オリンピック・パラリンピックが開催され，男子サッカー競技では日本代表チームはメダル獲得こそ逃したものの，4位入賞を果たした。ここでメンバー入りした22名の選手のうち，5名が大学出身選手で，そのうち4名が同じくナポリユニバーシアードに参加している。

　日本の男子サッカーは，1998年のワールドカップフランス大会に初出場して以降，7大会連続でワールドカップに出場し，オリンピックには，1996年アトランタ大会以降，同じく7大会連続で出場を果たしている。2022年現在，日本代表チームの多くの選手がプレーするのは，ドイツ，ベルギー，イングランドなどヨーロッパ

のトップレベルの国々となっている。ヨーロッパのトップリーグでプレーするためには，Jリーグや代表戦で活躍しなければならない。代表選手のなかには，18 歳から 22 歳まで日本の大学を経験してプロサッカー選手として活躍している場合が少なくない。この大学経由の日本代表選手の多くは，高校やユースサッカーを終える 18 歳時点では，Jリーグなどのプロのチームからオファーがなく，大学に進学したケースがほとんどである。

　全日本大学サッカー連盟は，その理念として大学サッカー全体の競技力向上を目指すとともに，日本を代表するような選手の発掘・育成・強化を図り，国際競技力をもつ選手の育成を掲げている。この目標達成のために，国内大会の整備やリーグ戦改革をおこないながら，その強化の柱としてユニバーシアードを一つのターゲットとしていた。ユニバーシアードは，国際大学スポーツ連盟（FISU）が主催する世界の学生総合競技大会である。この大会においてサッカー日本男子代表チームが初優勝を果たしたのは 1995 年の福岡大会で，合計 7 回優勝を果たしている。そして，2019 年 7 月におこなわれたナポリユニバーシアードでは，日本男子代表チームは決勝戦でブラジル代表を破り，台北大会に続く二連覇を成し遂げた。

　筆者は，2017 年にこの代表チームの監督に就任し，それ以前からも，大学サッカー連盟の強化部の一員としてさまざまな改革に取り組むとともに，選抜活動全体のサポートをおこなってきた。また，遡れば，2003 年カタールでおこなわれた 23 歳以下の国際大会にコーチとして参加して以来，U19 から U23 年代の代表活動に関して，プロアマ問わず経験してきた。2019 年大会では日本代表チームの監督に就任し，これまでの代表活動の集大成となった。

　スポーツにおいて「チームをマネジメントする」とは，「個々の目標を達成するために，チームにかかわる個々の強みを最大限に引き出し，チームとしてのパフォーマンスを最大限に向上させていく

ための方法」（勝田 2018）と定義されている。監督として代表チームを率いるためには，選手選考からスタッフの選定，強化スケジュールの決定，大会に向けた戦略や戦術の策定，トレーニング内容の決定，ミーティング，ゲーム分析等，さまざまな準備が必要となる。特に代表チームを率いて国際大会に臨む場合，気候や食事など環境の変化にも目を向ける必要がある。また，学生である選手たちは，当然学業面を疎かにすることはできない。まだ精神的にも大人になり切れていない選手は身体的準備だけでなく，心理的準備も必要になってくる。これまでのコーチや監督という立場で代表チームの強化にかかわってきた経験から得た知見を，この章では，主にスポーツチームのチームマネジメントと心理的要因として考えてみたい。

2　長期的なチームマネジメント

　ナポリ大会での目標は，前回大会に続く二連覇を成し遂げることであった。また，ナポリ大会参加選手の多くは，23 歳以下の選手として 2020 東京オリンピック・パラリンピックへの出場資格があり，長期的な目標としてオリンピック代表チームに選出されることも併せて個人目標として掲げていた。チームの中心を担う選手は，2016 年 4 月に全国の大学に入学してきた学生が該当する。これまでも海外遠征や国際大会への参加をおこなってきたが，特にこの年代の選手たちは，彼らが大学 1 年次から国際大会への参加を積極的におこなってきた。大学 1 年次には，アジア大学サッカーチャンピオンシップへ U19 全日本大学選抜チームとして参加し，大学 2 年次には，ミャンマーでおこなわれた国際大会で優勝も果たしている。

　これは，第一に大学 1，2 年次では，所属チームにおいて十分な公式戦への試合出場が確保されない現状が問題視されていたためであり，第二に海外遠征による長距離移動，気候の違い，時差等を含

めた試合環境，対戦相手のフィジカル面での違い，食事や生活での
環境の変化を経験することによって個々の成長を期待した面が大き
かった（表 11-1 第 I 期）。

　2018 年 1 月から本格的にナポリ大会に向けたチームとしての活
動が始まったが（表 11-1 第 II 期），U21 日本代表チームや全韓国大
学選抜との試合および海外遠征において，技術的，身体的，そして
心理的な面での課題が浮かび上がった時期であった。特にセルビア
遠征や日韓戦では，フィジカル面の弱さを感じた選手も多かったよ
うである。招集時におこなわれた選手面談においても，「プレー強
度の高いなかで，連続した動きを出していきたい」（MF），「得点力
が求められているので今年は二桁得点を目指したい」（FW），「ビル
ドアップ時のポジショニングや対人プレーの強化をしたい」（DF）
といった各個人のフィジカルや得点やアシストなどに偏った意見が
多かった。

　第 I 期にアジア諸国で開催された同年代の国際大会では，自身の
力が通用したと感じた選手が多かったが，第 II 期では，ヨーロッパ
のプロ選手や日本のアンダーカテゴリーの代表選手との試合のなか
で通用しない部分も自覚され，自分自身の能力に目を向けた発言が
多かったように思われる。また，チームをどのように成長させてい
くかに言及した選手はほとんどなく，チームの一員であるという考
えは芽生えていなかったようである。所属チームにおいても，まだ
チームをまとめる立場になく，チーム全体に目を向けた考えより，
個人としての考えが中心にあることが窺えた。

　第 III 期に入り，1 年後のナポリ大会を見据えたチームづくりに着
手した。ボールを保持し積極的に攻撃を仕掛けるチームコンセプト
を掲げ，イタリアセリエ B，C に所属するプロチームと対戦し，強
化を図った。この頃より，選手の意見として「コミュニケーション
をとる必要を感じている」（MF），「自分の意見を言えるようになっ

表 11 - 1　ユニバーシアードサッカー日本代表チーム活動記録および課題の変遷

	期日	試合成績および特記事項	トレーニング課題および留意点
第Ⅰ期	2016年9月	第3回アジア大学サッカーチャンピオンシップ大会（韓国）U19 全日本大学選抜での参加	・入学年度から国際大会の経験を目的とした活動 ・大学1, 2年次は公式戦への試合出場が限られる ・より多くの選手の発掘
	2017年6月	KBZ Bank Cup（ミャンマー）U20 全日本大学選抜での参加（優勝）	
	2017年9月	アジア大学サッカートーナメント（韓国）U19 全日本大学選抜2チームでの参加（EAST チーム優勝）	
第Ⅱ期	2018年1月	TRM×U21 日本代表	・チーム強化活動開始、スタッフの決定 ・戦術的共通理解の構築 ・フィジカル的に勝る相手との戦い方 ・1vs1の強化、コンタクトプレー ・国際試合から個々の課題を見つめ直す
	2018年2月	第32回デンソーカップチャレンジサッカー熊本大会 U20 全日本大学選抜での参加（第5位）	
	2018年3月	全日本大学選抜チーム セルビア遠征（1部リーグ所属 FK ラドを含む2チームと TRM） 第15回デンソーカップサッカー日韓定期戦（優勝）	
第Ⅲ期	2018年7月	FC Aesch Int. U19 Tournament（スイス）U19 全日本大学選抜チームでの参加（優勝）	・2018年度入学選手の発掘 ・戦術的共通理解の構築 ・AT の攻略／ビルドアップ
	2018年8月	全日本大学選抜チーム イタリア遠征（セリエB 所属クレモネーゼを含む4チームと TRM）	
第Ⅳ期	2019年2月	第33回デンソーカップチャレンジサッカー埼大会（優勝）	・ハイプレッシャーのなかでのプレーの発揮 ・プレー強度の発揮 ・国際試合でのレフリングの違い、無駄なファウルを減らす ・代表チームとしての誇りとチームへの責任感
	2019年3月	全日本大学選抜チーム アメリカ遠征（UCLA を含む大学4チームと TRM） 第16回デンソーカップサッカー日韓定期戦（準優勝）	
	2019年4月	TRM×U20 日本代表	
第Ⅴ期	2019年5月	ユニバーシアード競技大会参加メンバー決定	・選手のストロングポイントとユーティリティ ・リベロ選手 ・ハイレベルな国際試合の経験 ・戦術的共通理解の浸透、セットプレー ・チームビルディング活動 ・時差調整／コンディショニング ・ベストパフォーマンスの発揮 ・AT の攻略／共通理解 ・リーダーシップ ・チームのための行動 ・勝負のメンタリティー
	2019年6月	トゥーロン国際大会（フランス）に U22 日本代表チームとして大学連盟所属4選手が参加 コパアメリカ（ブラジル）に日本代表チームとして大学連盟所属1選手が参加 国内最終合宿（柏レイソルとの TRM）	
	2019年7月	ナポリ ユニバーシアード競技大会（優勝） GL 第1戦　vs アルゼンチン代表 2-0 ○ GL 第2戦　vs ロシア代表 4-1 ○　*グループリーグ1位となり、決勝トーナメント進出 　　　　　vs 韓国代表 2-0 ○ 準々決勝　vs イタリア代表 3-3 (PK5-4) ○ 準決勝　vs ブラジル代表 4-1 ○ 決勝　vs ブラジル代表 4-1 ○	

てきた」（GK），「最上級生として盛り上げて引っ張っていこうと思っている」（DF）など，個人の目標だけでなく，チーム内でのコミュニケーションやリーダーシップに関する発言，チームをどのようにまとめていくかという発言も目立つようになってきた。限られた時間のなかで共通理解の構築が求められる代表チームにおいて，チーム内でのコミュニケーションや選手のリーダーシップは大切な要素となる。学年的にも 3 年生となり，チームでの役割も徐々に変化し，その一員としての自覚と責任を感じていることが推察され，心理的にも成長したと考えられる。

　本大会まで残り半年となった第Ⅳ期に入り，チームづくりが本格的に進んだ。チーム戦術として，攻撃面では相手の守備ブロックを崩しシュートチャンスを多くつくる。攻撃と守備の切り替えの早さなどを主なテーマとして，トレーニングをおこなった。アメリカ遠征では，日本では感じることのできないフィジカルの強さやスピードを経験することができた。続く日韓戦では，ハイプレッシャーのなかでの技術の発揮，国際試合でのファールの基準の違いを経験し，常に平常心でプレーすることの大切さを学んだ。選手の意見では，「チームとしてのまとまりを大切にしたい」（FW）といったチーム全体についての言及や，「オリンピックチームでも走る，戦うというところを求められている」（MF）といった，オリンピックチームを意識した発言も出てきた。また，卒業後の進路となるプロサッカー選手として通用すると感じたプレーや克服したい課題点を挙げる選手もいた。他にも，「就職活動と練習を並行してやっている」（DF），「就職に向けて自己分析するなかで，自分にとってのサッカーやチームでの役割が整理された」（MF）など，少数意見であるが，就職活動とサッカーを両立している選手も存在した。

　第Ⅴ期に入り最終登録メンバー20 名が決定し，いよいよ本大会に臨むことになった。過去三大会のメンバーと比較しても選手層の

写真 11 - 1　2019 年のユニバーシアードナポリ大会優勝
提供：一般財団法人全日本大学サッカー連盟
©JUFA

厚さが感じられ，特に技術，フィジカルでそれぞれの選手が高いレベルにあったと言える。最終的に選手選考の決め手となったのは，本大会での 5 試合をどう戦い抜くか，海外での集団生活も含め常にベストパフォーマンスの発揮が臨めるかであった。そして，ピッチ内外を問わず，チームのために行動できる選手を選考するよう努めた。国際大会に臨む場合，選手に求められる技術的，フィジカル的な要素は重要であるが，長い合宿生活や大会を通してチームとしてのまとまりや結束力を発揮できるか否かが勝敗に大きく影響する。ピッチ外の普段の生活においても，個々の選手がチームに対してどのような行動をとり，どのような影響を与えるのか見極める力も，監督には必要とされる。本大会では，3 月に敗れた韓国代表，堅守のイタリア代表を退け，決勝ではブラジル代表に勝利し，目標であった優勝を果たすことができた。約 3 年半にわたる強化活動のなかで一貫していたのは，目標設定についてであった。このチームとしての最大の目標はユニバーシアード大会優勝だが，個々の選手にと

っては，あくまでも通過点であり，その先にある東京オリンピック・パラリンピック出場やワールドカップ出場を目標として掲げており，われわれスタッフも同じ目標設定であった。ただし選手のなかには，サッカーに専念するのは大学で終える予定で，3 年生終了時の海外遠征でも夜遅くまでエントリーシートを作成するなど，選抜活動と就職活動を両立させる学生も存在した。われわれスタッフはこのような考えをもつ選手たちを尊重し，就職活動の準備が合宿中の深夜に及んでもけっして否定することはなかった。最終的には，これらの選手も企業の内定を得ながらも，本大会前に J リーグチームのオファーを受けプロサッカー選手の道へ進んでいる。このような選手の存在や多様性も，大学サッカーの一つの魅力であるといえるだろう。単にサッカーが上手いからプロ選手になれるのではなく，さまざまな経験を経て得られた人間的成長が必要となってくると考えられる。

3　スポーツコーチングにおける心理的側面

　スポーツにおいて，良いパフォーマンスの発揮のためには，「心・技・体」が重要であるといわれている。また，武道の考えから「心・技・体」について言及されることもある。スポーツコーチングにおいても，選手に対して，これらの側面から成長を促すことが重要になってくる。

　「心」とは，メンタル面・精神面を指し，「技」とは，技術面・戦術面またはテクニックやスキルなどを指す。「体」とは，体力面やコンディショニング面や筋力面などを指す。これら 3 つの側面の重要性をコーチはよく理解する必要がある。だが，実際のトレーニングでは，技術的，戦術的そしてフィジカル的な強化が重要視されていることは否定できない。多くの指導現場においてトレーニングや

試合に臨む際，「心」の重要性はわかっているものの，実際には「技」や「体」に関することが多くなり，「心」のトレーニングに関しては，「気持ちで負けない」，「声を掛けよう」といった抽象的な言葉の投げ掛けにとどまっている場合が少なくない。特に日本のスポーツ現場では，「心」については，「根性」や「やる気」の問題だと指摘されるケースが現在でも多いようである。そこで，ここではスポーツコーチングにおける心理的側面として，主に①動機づけ②リラクゼーションとサイキングアップ ③チームビルディングについて考察したい。

3.1.　動機づけ

　「やる気の問題」といわれやすい「心」の部分は，言い換えると動機づけ＝モチベーションの問題であるといえる。モチベーションとは，行動が生起し，維持され，方向づけられるプロセス全体を意味し，人間の行動のエネルギー源となるものである。よって，スポーツにおいては，スポーツを始めた頃の上手くなりたいという気持ち，上手くなくてもただそのスポーツをやりたいという欲求や，なにかの技を身につけるために反復したトレーニングを持続させる力，目標に向かって行動する力などと結びつくといえる。

　このモチベーション（動機づけ）には，内発的動機づけと外発的動機づけの2種類がある。内発的動機づけは，行動すること自体，つまりスポーツすること自体が目的となる。自分の内面に湧き起こった興味や関心，意欲によるものといえる。行動すること自体が目的なので，行動を支えるのは，上手くなりたい，速くなりたいといったスポーツに対する「楽しさ」そのものとなる。また，チームメイトや仲間に認められたい，認め合いたいという気持ちや，自分自身の力を最大限発揮し，あるべき自分になりたい，自分自身に価値があると感じたいといった自己実現欲求によって行動が促される。

表 11 – 2　動機づけを高める方法

| 1. 達成可能な目標を設定する |
| 2. 自己の力で成功した喜びを感じとらせる |
| 3. 行動の主体は自己であるという意識をもたせる |
| 4. 目標を明確にし，自覚させる |
| 5. 学習内容に興味や関心をもたせる |
| 6. 目標や運動することの価値を認識させる |
| 7. 成功や失敗の原因を正しく認知させる |
| 8. 概念的葛藤によって知的好奇心を喚起させる |
| 9. 成功と失敗のバランスをとる |
| 10. 結果の知識を与える |
| 11. 競争や協同を利用する |
| 12. 賞罰を適切に与える |

出典：西田（1987）

対して外発的動機づけは，報酬や評価を獲得するためや，称賛や罰則などの自分以外の外的な報酬を得るための手段となる。たとえば「お金」や「地位」のため，「コーチに怒られたくない」といった気持になる。ただし外発的動機づけは，インパクトはあるものの時間の経過とともに価値が下がり，効果は一時的であるといわれている。実際にはコーチが選手のモチベーションを高めるのではなく，選手自身でモチベーションを高めることができるような機会や環境をつくり出すことが重要になってくる。

　西田保（1987）は，動機づけを高める方法を表 11 – 2 のようにまとめている。このなかで，行動の主体は自分であることや，目標の明確化，成功した喜びなどを挙げている。では次に，スポーツにおける「内発的動機づけ」の重要性について考えてみたい。

　スポーツにおける目標設定は，選手のやる気を高めるためにおこなわれる。「外発的動機づけ」を「内発的動機づけ」に変えることで，動機づけはさらに強化される。また目標には，現実的目標（短期目標）と理想的目標（長期目標）という二つの目標を設定することが望ましいと考えられている。自分の夢を理想的目標だとすると，

夢を達成するためには，現実的目標を一つひとつ達成していくことが重要になる。現在の自分の力より少し上の目標を設定することで，必要となる具体的なプランも作成しやすくなり，長期目標に対するプロセス（過程）も明確になる。このとき注意すべきことは，夢という目標（理想的目標）に向かって進むため，プロセスにしっかりと目を向けることである。夢を達成するための身近な目標として期間を区切り，挑戦的で現実的な短期目標を立て行動に移す。長期目標に到達するためのプロセス（過程）で，どのようにすればよいか目標の細分化をおこなう。理想的目標（長期目標）とは，現実的目標の積み重ねであり，積み重ねた結果として理想が現実になるという考え方である（竹田 2020）。

　ユニバーシアード代表チームでも，学生時代は，ユニバーシアード代表に選ばれることやユニバーシアード大会の優勝を現実的目標（短期目標）として設定していた選手がほとんどであった。ユニバーシアード大会で優勝し，プロサッカー選手となり，プロサッカー選手として活躍し，東京オリンピックのメンバーに入りメダルをとる。海外での活躍，ワールドカップに出場する……アスリートとしての目標は，常に現在より未来（理想的目標）に存在する。その目標に向かって，自分自身の成長のプロセスをしっかりと歩んでいくことが重要になってくる。

3. 2.　リラクゼーションとサイキングアップ

　スポーツでは，緊張しすぎていても，リラックスしすぎていても，良いパフォーマンスを発揮することはできない。日本代表選手として国際試合に臨む際に，平常心を保とうとしても難しいかもしれない。また，サッカーの試合終盤に勝敗を決するようなペナルティキックを蹴る瞬間，リラックスしろといわれても難しいかもしれない。ここでは，リラクゼーションとサイキングアップについて考えてみ

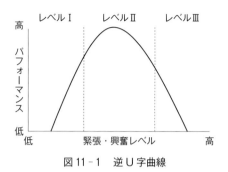

図11‑1　逆U字曲線

たい。

　図11‑1は，逆U字曲線から見た理想的な心理状態を表している。縦軸はパフォーマンス水準を表し，横軸は緊張・興奮状態を表している。レベルⅠの状態は過度のリラックス状態で，気分が乗らない状態である。集中力が欠け，自分自身の意識的な動きや外部刺激に対する筋肉の反応が遅れ気味になる。当然，プレーパフォーマンスも上がってこない。逆にレベルⅢの状態は過度の緊張・興奮状態で，力みなどがある状態である。注意力がコントロールできなくなり，視野が狭くなる。この状態のプレーパフォーマンスも同じく良くない。レベルⅡが理想的な心理状態で，一心不乱に取り組み，プレーしていてワクワクした感じをもつ状態である。つまり，緊張とリラックスが適度なバランスにあるときが理想的な心理状態だといえる。このとき，最高に近いパフォーマンスを発揮しやすくなる。この状態が，「ゾーン」「理想的な心理状態」「ピークパフォーマンス」などと呼ばれる。

　また，この理想的な心理状態は，スポーツの競技特性によって違いが見られる。一般的には，ラグビーや格闘技など身体接触を伴うコンタクトスポーツでは，より高い興奮状態が求められ，逆にアーチェリーやゴルフや飛び込み競技などは，よりリラックスした状態

が求められる。あるスポーツにとっては，興奮しすぎてパフォーマンスの低下を招くような状態でも，他のスポーツにとっては，最適な心理状態になり得ることがある。自分自身で最適な心理状態をつくれるか否かが，一流選手の条件の一つだといえるかもしれない。自分自身の状況を見極め，その状況に応じた方法をルーチン化していくことが大切である。

　理想的な心理状態に近づけるトレーニングには，二つの方法がある。サイキングアップトレーニングとリラクゼーショントレーニングである。サイキングアップトレーニングは，試合前に気持ちが乗らないときに，どのようにすれば気持ちを高めることができるのか。また，ミスをして落ち込んでいるときに，どのように気持ちを切り替えていくのか。高妻容一（2002）は，サイキングアップの方法として，音楽に合わせてステップを踏むなどし，楽しみながら身体を動かし心拍数を高めることが大切だと述べている。筋温が上がり，外的な刺激に対しても筋肉の反応が良くなり，意識が高まり集中力が増す状態だといえる。また，ミスをして気持ちが落ち込んでいるときなどに，顔を上げ目線を上に向けるなど，一定の動作や掛け声などをあらかじめ決めておいて実践することで気持ちを切り替える方法もある。

　これに対し，リラクゼーショントレーニングは，大事な試合前やプレッシャーのかかる場面などで，緊張を緩めリラックス状態にするためのトレーニングである。落ち着いた状態で音楽を聴き，深呼吸に合わせて身体全体をマッサージし緊張をほぐしていく。ストレッチは筋肉をほぐし伸ばす役割があるので，試合前にルーチン化し，リラクゼーショントレーニングに組み合わせることも可能である。また，リラクゼーショントレーニングに類似した漸進的筋弛緩法がある。この方法は意識的に緊張状態をつくり出し，脱力することでリラックスした状態にするもので，実践している選手も多い。手や

足，顔や体全体に力を入れ強く緊張させ，それを一気に脱力し解放させることでリラックス効果を高めることができる（坂入 2020）。

　このような試合前の「サイキングアップとリラクゼーション」のルーチンの継続実施の効果については，過去のユニバーシアード大会での心理的サポートによるチームマネジメントの実例として報告されている（宮崎ほか 2017）。プレッシャーのかかる国際大会において，選手の心理的な不安を取り除く必要性が欧米諸国では重視され，スポーツ心理学の専門家がチームに帯同することが一般化している。今後は日本においても，そのような体制づくりが必要になってくるといえるだろう。

3.3.　チームビルディング

　スポーツにおいて能力が高い選手が多く存在しても，チームにまとまりがなければ良いパフォーマンスを発揮することはできない。集団には共通の目標を達成するため，団結心や協調性といったメンバー間の円滑な人間関係を保つことが必要であり，これらの調和がとれているとき，集団は効果的に機能する。

　この集団のまとまりを表す用語に「集団凝集性」がある。集団凝集性は，集団を構成するメンバーを自発的に集団にとどまらせる力を指し，スポーツでは自分の所属するチームに対して強い魅力を感じているほど，集団凝集性は高いと見なされている。この集団凝集性は，「課題凝集」と「社会的凝集」という二つの主要な基盤の上に成り立っている。課題凝集はチームの目標を達成するために，メンバーがチームとして取り組むべきことに魅力を感じ，プレー方針に納得し，理解して行動することができる。各メンバーは，自分に与えられた役割に満足している。課題凝集が不足すると，チームの目標と個人の目標が一致せず，モチベーションや集中力などに問題が生じやすくなる。

　社会的凝集は選手同士や選手とコーチの関係性に関するもので，社会的凝集が高いチームでは，良好な関係をもちコミュニケーションがとれている。チーム内で起きた問題を解決する力があり，団結する力が備わっている。社会的凝集が不足すると，他のメンバーのことを考えることができず，団結できないなどの問題が発生しやすくなる。厳しい競争のもとで優れたパフォーマンスを発揮するということは，慎重な計画と忍耐力が要求される。チームの心理的安定性を良好な状態に保つためには，チームの結束力が大切な要素となってくる（杉山ほか 2012）。

　今回のユニバーシアード代表チームも本大会に臨むにあたり，ピッチ内でのパフォーマンスだけを重視していたわけではなく，ストレスのかかる長い合宿生活をどのように乗り越え，選手一人ひとりがチームのために行動できるのか，選手同士や選手とスタッフとのコミュニケーションを重視した。チームが効果的に機能し，チームとしての適応力を上げるためのピッチ外のチームビルディング活動として，ASE 活動をおこなった。ASE（Action Socialization Experience：社会性を育成するための活動体験）は，野外活動を通して選手たちが協力し合い，コミュニケーションをとりながら，さまざまなプログラムを実践し課題を克服していく活動である。過去のユニバーシアード代表チームにおいても，大会直前合宿時におこなってきた（宮崎ほか 2017）。それぞれの課題の解決方法に正解があるわけではない。メンバー全員で意見を出し合いながら協力し，課題を解決するため，ときには衝突しながらグループとして行動する活動によって，チーム内のコミュニケーションの深化や信頼関係の構築に一定の効果があった。今回のチームも，6 名程度のグループに分かれ，複数のプログラムに取り組んだ。サッカーのトレーニングや試合で見せる表情とは違った雰囲気で，さまざまな課題に対して意見を出し合いながら積極的にコミュニケーションをとり，各選手が楽

しみながら積極的に取り組むことで，集団凝集性を高めることが可能となった。

4　まとめに代えて

　冒頭で述べたワールドカップ出場を賭けた試合から 8 か月後，カタールでおこなわれたワールドカップ本大会においても，ナポリユニバーシアードを経験した 2 名の選手がピッチに立ち，堂々と戦う姿がそこにはあった。また，残念ながらワールドカップのピッチに立てなかった選手も，J リーグやヨーロッパのトップリーグで活躍している姿を目にすることができる。彼らが，ユニバーシアード優勝後，大学卒業後の目標を一つひとつ達成していることが，なによりも誇らしく尊敬に値する。自分の夢を実現するために，長期的，短期的目標を掲げ，そして，そのプロセスを重視し，一日一日を大切に過ごしていく。彼らとともに過ごした時間のなかで，本当に彼らがその時間を大事にし，心の底からサッカーを楽しんでプレーしていた姿を思い浮かべることができる。

　スポーツが上手くなるためには，なによりもそのスポーツを楽しんで継続することが重要になる。スポーツを継続するなかで，習得すべき「技術」や「戦術」が整理され，成長とともに鍛えられるべきさまざまな「体力的要素」と同じように，「心」の面もその年代や成長に応じて考慮される必要がある。年齢の低い子どもの「心」の面では，スポーツを楽しむ気持ちや，意欲を大切にしなければならないだろう。スポーツをおこなううえで試合に勝つことを目的とすることは重要ではあるが，勝利やメダルといった結果目標ばかりに目を向けてはならない。勝つために自分はどのように努力すべきか，どのような行動をとるべきか，自分自身のプレーや行動に目を向けることが重要となる。結果目標を意識しすぎると，他人との比

較や失敗を恐れる気持ちにつながり，パフォーマンス低下へと向かう危険性がある。すべてのプレーや行動は選手の意志によるものであり，気持ちとつながっている。自分自身がコントロールできることに集中しプレーすることで，失敗への不安感を取り除くことができるだろう。

　スポーツは，挑戦と失敗の連続であるといえる。失敗を恐れず難しい技に挑戦したり，実力を上回る相手にどのように勝つか模索したりする。一つひとつの挑戦から生まれる失敗と成功の体験を通して選手は成長していく。コーチが選手のプレーする楽しさを奪わないことで，内発的動機づけが高まり，プレーを継続しておこなうことが可能になると考えられる。「スポーツそのものを楽しむ」「勇気をもって挑戦する」，そんな選手の心の状態に目を向けた環境づくりやコーチングが大切だといえるのではないだろうか。

【参考文献】

勝田隆，2018，『競技力向上のためのマネジメント　日本スポーツ協会公認スポーツ指導者養成テキスト（共通科目Ⅲ）』公益財団法人日本スポーツ協会，pp. 161-162。

西田保，1987，「動機づけの方法」松田岩夫・杉原隆編『新版運動心理学入門』大修館書店，pp73-81。

高妻容一，2002，『サッカー選手のためのメンタルトレーニング』TBSブリタニカ。

松本直也，2018，「第30回ユニバーシアード競技大会（2019/ナポリ）におけるサッカー日本代表チームのコーチングプロセスについて―ゲームモデルを中心としたゲーム構想の確立―」『桃山学院大学総合研究所紀要』47(2)，pp. 65-89。

宮崎純一・高妻容一，2017，「チームマネジメントにおける心理的サポートの有用性について―台北ユニバーシアード2017日本代表サッカーチームの取り組み―」『青山経営論集』52(1)，pp. 15-35。

宮崎純一・田村達也・高妻容一，2017，「国際スポーツ大会におけるチーム

マネジメントの考察―台北ユニバーシアード 2017 日本代表サッカーチームの取り組み―」『青山経営論集』52(3), pp. 69-89。

竹田唯史, 2020,「目標設定」簑内豊・竹田唯史・吉田聡美『基礎から学ぶスポーツ心理学』中西出版, pp. 27-34。

杉山佳生・渋倉崇行, 2012,「スポーツと集団」中込四郎・伊藤豊彦・山本裕二編著『よくわかるスポーツ心理学』ミネルヴァ書房, pp. 92-97。

坂入洋右, 2020,「リラクゼーション技法」日本スポーツ心理学会編『スポーツメンタルトレーニング教本 三訂版』大修館書店, pp. 87-91。

第12章 スポーツとレクリエーション

楽しさは私たちの生活を豊かにするのか

竹内靖子

1 レクリエーションで広がる世界

日本における急速な高齢化は，介護等の生活課題を社会で支える必要性を高めた。1987年「社会福祉士及び介護福祉士法」が制定され，社会福祉の専門職資格を取得できる大学・短大・専門学校が増加した。そうした状況下で，筆者は介護福祉士養成校に入学した。

とくに印象に残っている講義は「レクリエーション指導法[1]」。介護福祉士養成校だけに，福祉対象者の「楽しみ」「生きがい」を中心に支援の方法を学ぶ科目の一つだった。そこでは，被支援者だけでなく，支援者も含めてレクリエーションを通して「生きがいとはなにか」を考える必要性が強調されていた。

この講義が契機となり，授業やアルバイトがない時間にキャンプなど野外活動に参加するようになる。養成校2年のとき「レクリエーション指導法」の授業の一環で，無人島キャンプや地域の高齢者対象のレク交流会を企画した。その教員の勧めで，初級障がい者スポーツ指導員（現在は初級パラスポーツ指導員）養成講習会や，レクリエーション・インストラクター養成講習会を受講し，資格を取得した。さらにレク活動を極めようと，体育大学に編入，そこでレクリエーションとスポーツを学ぶことになる。

大学では社会体育コースに所属し，学校体育から生涯スポーツまでさまざまな科目を受講した。課外活動でも野外活動部に入り，

「海洋実習」「スキー実習」といった野外実習補助や，子どもキャンプ企画もこなすようになる。こうした活動を通して，スキー，カヌー，シュノーケリングが好きになり，野外レク活動に熱中した。ダイヤモンドダストのなかを滑走したスキー，初夏のハイキングで小雨に映える新緑，ウインドサーフィン，セーリングしたときの爽快感，それらの思い出は筆者の財産だ。

　その頃ゼミ教員の勧めで，「高齢者レクリエーション研究会[2)]」へも出席するようになる。それが契機となり，高知県四万十川でのシニアキャンプや，認知症高齢者キャンプ（石田 2000）などに参加することもできた。

　こうした活動のなかで筆者に大きな影響を与えたのは，「特定非営利活動法人キャンピズ[3)]」による「ユニバーサルキャンプ」である。

　このキャンプは，0 歳から 100 歳以上，しかも障がいのある人たちも参加できる。この法人ではアメリカで実践されている「セラピューティック・レクリエーション（Therapeutic Recreation：以下 TR）」の方法を参考にすることが多く，それまでの集団的なレクリエーションとは異なり，被支援者一人ひとりの個別支援計画を策定し，その計画に沿ったレク活動を目指していた。この TR をより深く学びたい。そう思い，アメリカに留学した。

　アメリカでは，レクリエーションの専門家がさまざまな職場で活躍しており，後述するように TR に基づく被支援者一人ひとりの楽しさを重視する支援がなされる。日本と大きく異なる内容に戸惑いつつも，留学中，その学びに筆者は没頭した。帰国後，大学教員になり，ユニバーサルキャンプ，共生キャンプ，インクルーシブキャンプなど，TR を踏まえた野外レク活動を実践してきた。

　振り返ってみると，これらの活動は自分自身のウェルビーイング（幸せ，健康，福祉）につながっているように思える。レク活動は，

被支援者だけでなく，支援者も含めて人生を豊かにするものなのだ。とはいえ「レクリエーション」とか「レクリエーション活動」とは，そもそもなんなのか。そこから話を始めよう。

2　レクリエーションとはなにか

　「レクリエーション（recreation）」と聞き，どのような活動をイメージするかは，人によってまちまちだ。学生に質問すると，ゲームや体操，あるいは合唱などの音楽活動を挙げることが多い。おそらく学校や地域で自分自身が経験してきたレク活動を基準にしているのだろう。

　そもそも「レクリエーション」はどのような意味なのだろうか。『Oxford English Dictionary』でレクリエーションの語源を検索すると，ラテン語とフランス語など，複数の語源があるとされている。語源といわれているラテン語 "recreātiōn⁻"，"recreātiō" は「回復する行為や過程」を意味し，4 世紀でも「精神的な回復」を意味した。13 世紀フランス語では「快適さ，リラクゼーション」，13 世紀アングロ・ノルマン語では，「再び，新たに創造する行為や過程」を意味した。14 世紀半ばには，フランス語 "récréation" は「リラクゼーションや娯楽」，"Recréation" は「再び，新たに創造する行為や過程」を意味するようになる。また，『Kraus' Recreation and Leisure in Modern Society 第 12 版』には，やはりラテン語の "recreātiō（回復する行為や過程）" と，フランス語の "recreation（再び，新たに創造する行為や過程）" に由来する言葉だと記される（Hurd ら 2021：9）。

　ちなみに『日本大百科全書』（田村 1988：358）では，その意味するところを「仕事などの拘束あるいは強制によって緊張し疲れた肉体と精神を回復させ，新たなエネルギーを生み出すために，余暇

（レジャー）を利用して行われる活動全体」，あるいは『大辞泉』には「仕事・勉学などの肉体的・精神的疲労をいやし，元気を回復するために休養を取ったり，娯楽を行ったりすること」（小学館大辞泉編集部 2012：3857）とある。休養以外，「娯楽」「余暇活動」とあるものの，具体的な活動についてはとくに言及がない。公益財団法人日本レクリエーション協会編『楽しさをとおした心の元気づくり　レクリエーション支援の理論と方法』を見ると，レクリエーションの主旨を「心を元気にすること」と定義したうえで，それを達成するためにおこなう活動内容を「ゲームや歌や踊りやスポーツなど」としている。娯楽の内容にやや詳しく言及するが，興味深いのは気分（心のありよう）に重点を置いた定義を採用している点だろう（吉岡ら 2013：14-38）。たしかに，レクリエーション活動をしても「楽しい」と感じないことも稀ではない。周囲から促され，仕方なく活動することもあれば，活動が身体的，あるいは精神的に苦痛になることもある。レク活動で重要なのは「心のあり方」である。ゆえに福祉現場などでのレクリエーション支援の目的について，同書では「人々が心を元気にすることを手助けすること」としている（日本レクリエーション協会 2017：8）。

　楽しさや喜びを追求することは，それに連動して，その人の長所を育み，ポジティブな感情を高め，生活満足度を増幅させる。そのことがストレスを軽減し，免疫機能や循環機能の改善にもつながるのだろう。

　では，日本に「レクリエーション」の概念はどのように移入されてきたのだろうか。

　池田勝らによれば，この概念が移入されたのは明治期で，当時は「復造力」「休養」「保養」という訳語が用いられたらしい。加えて昭和になると，「厚生」の訳語も用いられる。1939（昭和 14）年刊行『教育学辞典』では「元来，休養・慰安・気晴らし等を意味し，

労働の結果たる心身の疲労を癒し元気を回復するのがその目的」
（宗像 1939：2362）とある。ただし，戦中の一時期には「余暇」に
ついて否定的な見解も少なくなかった。それは，その当時，国家に
勤労奉仕することが「美徳」とされていたためである。余暇活動が
「遊び」と同義に把握され，人心を荒廃させると目されたのである。
ゆえに，政治による余暇の統制が企図された。

　終戦後は，アメリカの影響を受けつつ，レクリエーションはその
様相を大きく変貌させ，高度経済成長期には「労働エネルギーの再
生産」，安定成長期には「生活の質的向上」（池田ら 1989：5-6）を
もたらすものとして，余暇活動そのものに肯定的な意味が見出され
るようになった。

　こうした状況下で 1938（昭和 13）年に発足した「日本厚生協会」
の業務を引き継ぎ，1948（昭和 23）年，財団法人日本レクリエーシ
ョン協会が設立されている。1949（昭和 24）年には「社会教育法」
が制定され，日本において「レクリエーション」は法律用語として
も定着するようになったのであった。

　レクリエーションは「再創造」「再生」を原義とし，「再創造や再
生をするための楽しさの探求とその実践」といえるだろう。しかも
「楽しさ」を探求する以上，レクリエーションは行為ではなく，そ
の行為が心にどう作用するかが問われているといえる。

　気分の問題にかかわる以上，レクリエーションは身体活動に限定
されるものではない。レクリエーションには映画鑑賞や読書，昼寝
なども含まれる。後述するが TR と言ったとき，欧米では，屋内に
おけるゲームやトランプ，絵画や音楽，陶芸なども実施される。ト
ランプなどは，認知機能などの回復を目指すリハビリテーション
（機能回復）の一環でもある。が，それはそれとして，レクリエー
ションの意味は，スポーツの原義である「遊び」に近いと考えてい
いだろう。義務を離れた行為全般といえる。

　とはいえ，日本ではそのように把握されていない。そこで日本における スポーツ・レクリエーション活動について，文部科学省スポーツ基本計画の用語補足説明，およびスポーツ基本法第 24 条における「スポーツ・レクリエーション活動」の定義を確認・紹介しておこう。まず，スポーツ基本計画の用語補足説明には以下のようにある（文部科学省 2012：63）。

　○　スポーツ・レクリエーション活動
　　スポーツとして行われるレクリエーション活動のこと。心身の健全な発達，生きがいのある豊かな生活の実現等のために行われる活動としてスポーツ基本法第 24 条において新たに位置づけられた。

　さらに，スポーツ基本法第 24 条「野外活動及びスポーツ・レクリエーション活動の普及奨励」では，スポーツ・レクリエーション活動の普及が奨励されている。

　　国及び地方公共団体は，心身の健全な発達，生きがいのある豊かな生活の実現等のために行われるハイキング，サイクリング，キャンプ活動その他の野外活動及びスポーツとして行われるレクリエーション活動（以下この条において「スポーツ・レクリエーション活動」という。）を普及奨励するため，野外活動又はスポーツ・レクリエーション活動に係るスポーツ施設の整備，住民の交流の場となる行事の実施その他の必要な施策を講ずるよう努めなければならない。
　　（文部科学省 2011）

　ここに記される例が，スポーツ・レクリエーションの具体といったところだろう。話を戻そう。レクリエーションが気分にかかわることを確認したが，そもそも楽しみや，個人の心理的幸福はどのような状況で生じるのか。そこで，楽しみにまつわるチクセントミハ

イのフロー理論について次に紹介しよう。

3　楽しい経験はどのように生まれるのか

　社会心理学者であるミハイ・チクセントミハイは，各自の能力に応じた目標設定が，楽しさ（フロー）をつくり出すとしている。フローとは「一つの活動に深く没入しているので他の何ものも問題とならなくなる状態，その経験それ自体が非常に楽しいので，純粋にそれをするということのために多くの時間や労力を費やすような状態」（チクセントミハイ 1996：5）をいう。

　このフローを経験するためには，各自の能力と目標設定のバランスが大切になる。図示すれば，「フロー状態モデル」（図 12‐1）のようになる。行為の難易度（行為への機会〔挑戦〕）と，自分自身の能力（行為の能力〔技能〕）のバランスがとれたときフローが生じる。能力に対して難易度が高すぎれば「不安」を生じ，能力に対して難易度が低すぎれば「退屈」になる。

　フロー状態は，体育会系学生たちが「ゾーンに入った」「スローモーション状態」という言葉で説明するものと同じと考えていいだろう。

　また，チクセントミハイは「楽しさの現象学は八つの主要な構成要素をもっている」という。「何が経験を楽しいものにするのかを，一二年以上にわたって数千人の回答者から集められた長時間の面接，質問紙，その他の資料に基づいて概観」し，これらの調査から得られた帰結として，「被験者たちは，最も生き生きとした経験をしている時の感じについて尋ねられた時，少なくとも次のうちの一つ，しばしば全部，を挙げた」としている（チクセントミハイ 1996：61-62）。表 12‐1 の①から⑧がそれに当たる。

　たとえば，仲間とハイキングをして滝を見に行ったとする。滝ま

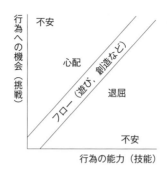

図 12 - 1　フロー状態モデル

M. チクセントミハイ，今村浩明訳，
2000，『楽しみの社会学』新思索社，
p86 より引用

表 12 - 1　楽しさの現象学の構成要素

> ［楽しさの現象学の構成要素］
> ① 達成できる見通しのある課題に取り組んでいる
> ② 活動に集中できている
> ③ 明瞭な目標がある
> ④ 直接的なフィードバックがある
> ⑤ 意識から日々の生活の気苦労や欲求不満を取り除く，深いけ
> 　れども無理のない没入状態がある
> ⑥ 自分の行為を統制している感覚がある
> ⑦ 自己意識は喪失するが，フロー体験後の自己感覚は強くなる
> ⑧ 時間の経過の感覚が変化する

M. チクセントミハイ，今村浩明訳，1996，『フロー体験　喜びの
現象学』世界思想社，p61-63 より筆者作成

で歩くことを目標とし（①③），山道ですれ違う人と挨拶しながら，
歩くスピードや体力についてのフィードバックを得つつ（②④），
一番安全で楽しそうなコースを登る（⑥）。目標とする難易度が高
くもなく，低くもない。自然の豊かさを感じながら歩いていると，
表情が和らぎ，会話も弾み，仲間意識も高まる（⑤）。心地よい空

間で，時間の感覚も疲労感もないまま，いつの間にか滝に到着していた（⑦⑧）。こうした状況が「楽しさの主要な構成要素」の具体といったところだろう。

　このフロー理論を他者に対するレクリエーション支援の場面で考えるならば，対象者の変化（気持ちが高まるなど）に合わせ，ちょうど良い難易度の目標を示すことがインストラクターの腕の見せ所になる。

　じつは，前記した TR の実践はこれに近似している。TR 以前，日本のレクリエーションはしばしば集団的に実践されてきたことは前記した。そこでは，それぞれの能力に応じた難易度などを設定するのは難しかったのである。そのため高齢者施設などでのスポーツ・レクリエーション活動のとき，参加者に対して強制的な印象を与え，ときに退屈や不安の感情を喚起することも少なくなかった。それは，参加者一人ひとりの能力差や目標設定がないことに起因していたといえるだろう。TR では被支援者一人ひとりの個別支援計画を策定し，その計画に沿ってセラピーとしてのレク活動がなされる。つまり，個人の能力に合わせた難易度を設定することが可能になり，フロー状態を現出しやすいのである。

　TR について，もう少し詳しく説明しておこう。TR（セラピューティック・レクリエーション）は，もともとセラピー（治療）としてレクリエーションを取り入れている。じつはアメリカとカナダでは，リハビリテーションに携わる専門職として作業療法（OT），理学療法（PT）に加えて，レクリエーション療法（TR）の資格が存在している。国家資格と同等の認定レクリエーションスペシャリスト（Certified Therapeutic Recreation Specialist）がそれで，医療はもちろん，福祉，教育等の現場で活躍している。

　アメリカのリハビリテーション病院で実施されている TR プログラムは多岐にわたる。患者は屋内であればゲーム，トランプ，陶芸，

絵画，音楽など，屋外であれば散策，園芸，サイクリング，水泳，登山などを自分の興味で選択することができる。

　1984 年に結成されたアメリカ・セラピューティック・レクリエーション協会（ATRA: American Therapeutic Recreation Association）の TR 定義は以下のようである（ATRA, n. d.）。

> レクリエーション療法（Recreational Therapy: RT）は，治療的レクリエーション（Therapeutic Recreation）としても知られ，心理的・身体的な健康，リカバリー（回復），ウェルビーイングへの手段として，病気や障がいのある一人ひとりのアセスメントに基づいたニーズに対応するために，レクリエーションやその他活動支援を活用する体系的なプロセスである。
>
> （ATRA 理事会改訂版　2015 年 5 月）

　理学療法や作業療法などが身体機能の回復を企図したリハビリであるのとは異なり，TR ではレクリエーションを治療に取り入れることで「心身ともに健康な状態」を目指している。身体活動を伴うスポーツ・レクリエーションを通して身体機能の回復を目指すが，ただ機能回復を目指すのではなく，レクリエーションである以上，心のありように重点が置かれる。「楽しさ」を重視するのである。

　繰り返しになるが，TR では能力差を考慮している。個別の目標設定，個別のレクリエーション・メニューの策定が必須となる。チクセントミハイのフロー理論から見ても，障がい者のみならず，年齢によっても，性別によっても，「楽しみ」を感じるには個別の目標設定が重要になるのである。

　また TR は，APIE プロセスと呼ばれる方法論を用いる。これは Assessment（アセスメント，評価）⇒ Planning（プランニング）⇒ Implementation（実施）⇒ Evaluation（評価）の頭文字をとったもので，

TR の実践における循環型支援を意味するワードである（茅野 2013：40）。

　たとえば，TR では，余暇歴・趣味・強み・希望を中心にアセスメントする。個々の対象者が楽しさを感じる活動目標を専門家とともに設定し，活動計画を立て実施する。そして，目標達成状況を評価する。施設の利用が初めての人は，「自分の趣味や興味のある活動を通して施設やプログラムの流れを知る」といった目標もあった。

　筆者の勤務校のレクリエーション演習においても，TR の一部を導入している。学生は授業目標のなかから個々の授業目標を設定し，計画を立て実践後最終レポートで評価されることになっている。受講生は，複数の学部の学生と交換留学生で構成されているため，「楽しく仲間をつくる」「楽しく体を動かす」「楽しくストレス発散」「安全に楽しむ」などが多い。学生個々の興味や状況を確認しながらプログラム企画書を作成・実践し，評価することで APIE プロセスを学ぶことになる。

　より質の高いレクリエーション活動をおこなうには，さらに工夫が必要である。

4　スポーツ・レクリエーションとウェルビーイング／ウェルネス

　クオリティ・オブ・ライフ（quality of life：以下 QOL）という言葉を聞いたことがあるだろう。QOL とは単に生存するのではなく，人間としての尊厳を保ち，自分らしい生き方を尊重する考え方で，「生活の質」あるいは「生命の質」と訳される。これは従来の医療が，生命それ自体に絶対的な価値を認め，技術の進歩に伴い，重篤な患者の延命が可能になったことと無縁ではなかった。〈ただ生きる〉のではなく，〈いかに生きる〉かが問われる，という考え方に

基づいている。

　理学療法や作業療法は，しばしば院内，またはその周辺の限られたスペースで被支援者の基本動作などの機能回復を目指すことが多い。その活動が重要であることはいうまでもない。しかし繰り返しになるが，TR は，スポーツを身体機能の回復，治療に役立てると同時に，気分や心の満足も重視するところにその特徴がある。それは，QOL を高める治療行為ともいえるだろう。ただ回復するのではなく，回復過程をも楽しみ，有意義なものにしようと努めるのである。

　また「ウェルビーイング（Wellbeing）」「ウェルネス（Wellness）」についても，ここで併せて紹介しておこう。心のありようを重視する健康観であるウェルビーイングやウェルネスといった考え方は，QOL に連なるものである。

　ウェルビーイングは，個人の生活における幸福感（happiness）や生活満足感（life satisfaction）を意味している。こうした議論は，1940 年代から欧米でなされるようになった。幸福感や生活満足感はあくまでも主観的なものであるため，心理学では「主観的ウェルビーイング（subjective wellbeing: SWB）」の語も用いられる。この幸福感，生活満足感を得るための健康の重要性を謳ったのがウェルネスである。

　ウェルネスは，1961 年アメリカ人医師ハルバート・ダン（Halbert L. Dunn）が『ハイレベル・ウェルネス（high level wellness）』で提唱した概念で，それぞれの個人が置かれている状況のなかで，潜在能力を最大限に引き出し，健康的で質の高い生活を築くことを目指している。Wellness は「元気」「爽快」を意味する英語「well」をもとに，「病気」を意味する「illness」の対照語としてつくられた。ウェルビーイングを実現するため，身体機能にとどまらないホリスティックな健康観であるウェルネスがある，といったイメージだろう。

ちなみに，日本の国語辞典（『日本国語大辞典』小学館）でウェルネスの意味はただ「健康」と記され，ウェルネスは立項されているが，ウェルビーイングは見当たらない。しかし繰り返しになるが，ウェルネスの目指す「健康」は各自の置かれた状況のなかで最大限の身体的健康を保ち，そのうえで，より高いウェルビーイング（幸福感・生活満足感）を目指すというものであった。

　レクリエーションは気分にかかわる以上，楽しみながら健康になる。そのとき，個人のウェルビーイングが実現する。

　われわれが TR から学ぶべきは，その個別的な対応だろう。それぞれ置かれている状況は異なり，年齢・性別・ジェンダー・人種・エスニシティ・障がいの有無などさまざまである。興味関心，嗜好性もさまざまであることを考えれば，「楽しさ」もまたさまざまなのである。スポーツ・レクリエーションの現場の多様なニーズに応えるうえでも，TR のもつ視点は重要性を増しているといえよう。

　残念ながら，日本ではスポーツ・レクリエーションは実践されているが，TR はそれほど知られておらず，定着していないだろう。作業療法士や理学療法士の資格はよく知られているが，TR にかかわるアメリカの認定レクリエーションスペシャリストのような資格は，日本に存在しない。

　日本のレクリエーション教育は，約 70 年前から公益財団法人日本レクリエーション協会を中心に公認指導者資格制度が導入され，現在，多くの大学でレクリエーション公認指導者の資格取得ができるまでになった。しかし，この資格は作業療法士や理学療法士のような国家資格ではないのが現状である（「レクリエーション・インストラクター」「福祉レクリエーション・ワーカー」等の民間資格が存在する）。

　アメリカでは 2020 年 9 月の時点でレクリエーション専門家養成課程認定校が 72 校あり，「レクリエーションの学位取得者や資格取

得者は，市立・州立・国立の公園・レクリエーション施設や自然環境保全団体，リハビリテーションセンター，高齢者施設，デイケアセンター，野外活動・キャンププログラム，地域活動センター，YMCA，フィットネスセンター，イベントプランニング会社，リゾート会社，ゴルフ産業，等の幅広い業種に就職する際，優位に立つことができる」という（永田ら 2022：20-27）。これに対して日本では TR，およびそれに関連する資格そのものの存在もあまり知られていない。日本はレクリエーションに関する民間資格取得者や学位取得者が必ずしもアメリカのように就職に優位となる環境ではないのである。

　作業療法や理学療法のように TR が実践されていけば，前記した多様なニーズに合わせた「楽しい」リハビリも可能となるのである。〈ただ生きる〉のではなく，〈いかに生きる〉かが問われるように，機能回復も「楽しく」実践できれば，それに越したことはない。

　また，最後に付言しておきたいのは，アメリカにおけるレクリエーション授業の効果に関する研究報告である。じつは，レクリエーション科目を大学で受講した学生は，受講していない学生と比べ，生活満足度・大学への帰属意識・自尊心の安定と向上をもちやすいとの報告がある（Jordan, 2018）。被支援者のみならず，支援者自身の充実にもつながるレクリエーション活動の日本での普及拡大が望まれる。

【注】
　1）介護福祉士養成の必修科目であった「レクリエーション指導法」は，2000 年 4 月の教育課程改正後に科目名が「レクリエーション活動援助法」となった。
　2）高齢者レクリエーション研究会は，1989 年朝日新聞大阪厚生文化事業団を事務局として，医師，看護師，作業療法士，専門学校の介護教員，キャンプ指導者など，専門性の高いメンバーが集まり，毎月 1 回勉強会をお

こなっていた。さらに，研究紀要発行，ワークショップやシニアキャンプ
も実施している。1999 年には，事務局が大阪 YMCA に移った。
3 ）キャンピズは，1998 年に障害者キャンプ支援ボランティア養成講座講
　師の石田易司（桃山学院大学名誉教授）と受講生によって，ボランティア
　団体として発足した。

【参考文献】

Anderson, L. S., & Heyne, L. A., 2016, Flourishing Through Leisure and the Up-
　　ward Spiral Theory of Lifestyle Change. *Therapeutic Recreation Journal vol.
　　50, No. 2.*

American Therapeutic Recreation Association，n. d., Who we are.
　　（https://www.atra-online.com/general/custom.asp?page=WhoWeAre）（2023
　　年 8 月 31 日閲覧）

池田勝・永吉宏英・西野仁・原田宗彦，1989，『レクリエーションの基礎理
　　論』杏林書院。

石田易司，2000，『Camping for All 障害者キャンプマニュアル』エルピス社。

Carruthers, C. P., & Hood, C. D., 2004, *The power of the positive: Leisure and
　　well-being. Therapeutic Recreation Journal vol. 38, No. 2.*

Oxford English Dictionary, s. v. "recreation, n.[1], Etymology", July 2023.
　　（https://doi.org/10.1093/OED/3500036232）（2023 年 8 月 31 日閲覧）

日本レクリエーション協会編，2017，『楽しさをとおした心の元気づくり―
　　レクリエーション支援の理論と方法（レクリエーション・インストラク
　　ターテキスト）』公益財団法人日本レクリエーション協会。

小西亘，2013，「福祉レクリエーションサービスを学ばれる皆様へ」日本レ
　　クリエーション協会編『楽しさの追求を支える理論と支援の方法　理論
　　に根ざした福祉レクリエーション支援の方法　事例でなっとく！よく分
　　かる福祉レクリエーションサービス実施マニュアル 1 』公益財団法人
　　日本レクリエーション協会，p. 1。

田村穣生，1988，「レクリエーション」『日本大百科全書 24』小学館，p. 358。

茅野宏明，2013，「第 2 章　楽しさ追及の支援の根拠～理論に裏付けられた
　　支援～」日本レクリエーション協会編，同掲書，pp. 40-45。

日本レクリエーション協会編，2017，『スポーツ・レクリエーション指導者
　　養成テキスト―スポレク活動で健康寿命を延伸』公益財団法人 日本レ

クリエーション協会。

Jordan, K. A., Gagnon, R. J., Anderson, D. M., & Pilcher, J. J., 2018, Enhancing the College Student Experience: Outcomes of a Leisure Education Program. *Journal of Experiential Education*, *41*(1).

スポーツ庁，2022，第3期スポーツ基本計画
（https://www.mext.go.jp/sports/b_menu/sports/mcatetop01/list/1372413_00001.htm）（2022年9月10日閲覧）

Dunn, H. L., 1961, *High-level Wellness: A Collection of Twenty-nine Short Talks on Different Aspects of the Theme "High-level Wellness for Man and Society"*. R. W. Beatty LTD.

永田真一・松尾哲矢・田中伸彦・篠原俊明ほか，2022，「米国のレクリエーション支援者養成課程認定及び資格認定からみるレクリエーション支援者としての資質・能力・技術」『レジャー・レクリエーション研究』96，pp. 19-29。

Hurd, A., Anderson, D. M., & Mainieri, T., 2021, *Kraus' Recreation and Leisure in Modern Society Twelfth Edition*. Jones & Bartlett Learning.

前野隆司・前野マドカ，2022，『ウェルビーイング』日本経済新聞出版。

M. チクセントミハイ，今村浩明訳，1996，『フロー体験　喜びの現象学』世界思想社。

M. チクセントミハイ，今村浩明訳，2000，『楽しみの社会学』新思索社。

宗像誠也，1939，「リクリエーション」城戸幡太郎ら編『教育学辞典 第4巻』岩波書店，pp. 2362-2363。

小学館大辞泉編集部編，松村明監修，2012「レクリエーション」『大辞泉第2版下巻』小学館，p. 3857。

文部科学省，2011，スポーツ基本法
（https://www.mext.go.jp/a_menu/sports/kihonhou/）（2022年9月10日閲覧）

文部科学省，2012，スポーツ基本計画の策定について（答申）参考資料
（https://www.mext.go.jp/component/b_menu/shingi/toushin/__icsFiles/afieldfile/2012/10/16/1318913_1.pdf）（2022年9月10日閲覧）

吉岡尚美・マーレー寛子・小池和幸・茅野宏明，2013，「第1章 楽しさを追い求めることを支える～福祉レクリエーション支援の理解～」，日本レクリエーション協会編，同掲書，pp. 14-38。

第13章 スポーツのアレンジ

みんなのスポーツ実現に向けて

水流寛二

1 福祉専門学校から始まった

大学を卒業し，1年間の任期つき体育科非常勤講師として中高一貫教育の私立校に着任した筆者は，その年の8月，お世話になった大学教授から福祉専門学校で保健体育の授業をもたないかと打診された。たまたまスケジュールが空いていたので，9月から社会福祉科の保健体育の授業を2クラス分受け持つことになった。その専門学校は保母（保育士）養成から始まっており，全国でも珍しい社会福祉法人が経営する学校で，保育士の他に社会福祉主事任用資格が取得できる社会福祉科と，国家資格である介護福祉士が取得できる福祉介護科があった。

翌年の1990年からその福祉専門学校で専任講師として採用され，保育科II部（夜間3年制）に配属された。保育科II部は学生数の減少からその年度の募集を停止しており，2年後には廃止が決まっていた。筆者は3年生の担任を命じられる。その学年の実習指導と就職指導を受け持つことになり，福祉現場のことがほとんどわからない筆者が取り組んだのは，所属する就職委員会での業務だった。その頃パーソナルコンピュータが導入され，その学校にも2台設置されたばかりで，福祉施設を種別ごとに分類してデータベース化するための入力作業をおこなった。おかげで，大阪府下にある福祉施設の全容をある程度把握することができた。授業は，社会福祉科の保

健体育と保育科Ⅱ部の保育体育を受け持った。また研修と称して，先輩教員がおこなうレクリエーションの授業やゼミ活動も助手としてかかわり，早朝から夜間終了時までの勤務も少なからず経験した。

　思いがけないきっかけから初めて足を踏み入れた福祉業界でなにができるかを自問するなか，スポーツ・レクリエーションについて学びを深めていかなければ，ここではやっていけないと思った。スポーツ・レクリエーションは大学で理論も実技も学んでいたので，ある程度の基礎知識はあった。しかし，その理念を福祉の場面において，授業を通じていかに学生に展開すべきかについてはずいぶん悩んだ。それを救ってくれたのが，「高齢者レクリエーション研究会」だ。折しも 1987 年に「社会福祉士及び介護福祉士法」が制定され，介護福祉士養成カリキュラムのなかに「レクリエーション指導法」が位置づけられたところであった。それまでレクリエーションというと，青少年の健全育成のツールとしての「ゲーム・ソング・ダンス」と指導法，あるいは労働者の精神保健を担保し，余暇の善用により労働への意欲につなげるための環境整備として，日本レクリエーション協会が指導者養成制度のもとリードしてきた。いわゆる「学校レク」「職場レク」だ。しかし，福祉の世界にレクリエーションが位置づけられたことによって，それまでのやり方に当てはめるのでは通用しないことが明白になった。そのようなときに高齢者レクリエーション研究会の例会や研修会は，大いに筆者の力になっていった。高齢者レクリエーションワークショップ，ブックレットづくり，シニアキャンプ，認知症高齢者キャンプなど，ここで学んだことが筆者のレクリエーション観を形成しているといっても過言ではない。高齢になっても，障がいがあっても，生活を楽しく明るく生きていくという考え方がしみ込んだのは，この研究会が礎となっている。

　時期を同じくして，現場をもったことも大きかった。行政が実施

する障がい者福祉センターでの体育講座は，土曜日の10時から12時までの2時間の講座で，前半の1時間はストレッチ体操を中心におこない，後半の1時間はニュースポーツを中心とした運動プログラムを実施している。ここには，脳血管疾患の後遺症による片麻痺，視覚障がい，聴覚障がい，難病，股関節障がい，知的障がい，ダウン症，脳性麻痺などさまざまな障がいや病気を抱えた人たちが集う。身体を動かすことはもちろんだが，顔を合わせてあいさつをすること，おしゃべりを楽しむことも大きな目的となっている。とくに後半の運動プログラムは，いろいろな障がい特性を考慮しながら進めていかなければならない。たとえ身体に制限があったとしても，ルールを理解することができなくても，いきいきと楽しく生きる権利は誰にでもある。多くの人の笑顔に触れ，歓声を浴び，心震わせる。音に合わせて身体をゆすり，でき得るかぎりの力を振り絞ってボールを転がしたり，棒を握ったり，できることはたくさんある。実践の場面を積み重ねることで，多様なアクティビティを創作することができた。ここで創作したスポーツゲームは，「アレンジスポーツ」と称して現在まで続いている。

2 「アダプテッド・スポーツ」としての「アレンジスポーツ」

　当時から，野球・サッカー・バレーボールなど既存のスポーツ種目を室内の限られたスペースでおこなえるようにゲーム化したものや，身近にある用具を活用して身体運動を伴う場面に仕立て上げたものをあえて「アレンジスポーツ」と呼んできた。ここでいうスポーツとは，チャンピオンシップを目指すものではなく，身体機能が発揮される運動すべてを指している。したがって，愉快さゆえに起こる笑いも，表情筋の働きや腹部などの筋収縮を引き起こすという

点で広義のスポーツと捉えている。「笑顔はこころのスポーツです」といったところであろうか。「アレンジスポーツ」は，本章のテーマでもある「アダプテッド・スポーツ」にも通じると考えられる。

　アレンジスポーツのそれぞれの種目は，ある程度の競技的方向性をもちながら，対象者との意見交換を図りつつ自由につくり替えることも可能である。要は，アレンジスポーツという手段を押しつけるのではなく，手段を通してコミュニケーションを図り，楽しみの空間づくりを意識することが大切だ。アレンジスポーツ創作のポイントは素材探しから始まり，素材特性を理解したうえで動きの組み合わせを考えてみる。そして，既存スポーツの要素に照らし合わせてゲーム性を高める。アクティビティ創作に当たっては，「遊び」をコンセプトにしている。遊びと一言でいっても多様な意味を有しているが，ここでは「本源的自由」と解釈していきたい。それは，何者にも束縛されず，自らに湧き起こる楽しみの状態（時間・空間）やその状態を生み出す手立ても含めて捉えるべきだろう。これは，ミハイ・チクセントミハイの「フロー理論」に通じるところがある（第 12 章 241‑243 頁参照）。フローは，「全人的に行為に没入しているときに感じる包括的感覚」と定義されている。一つのことに集中して夢中になっている状態は，私たちが感じる楽しさの深さともいえよう。それは，その経験自体が非常に楽しいので，純粋に多くの時間や労力を費やす状態といわれている。このフローが起こる前提条件として，目標の難易度（挑戦のレベル）と自らがもつ能力（知識や技術）がちょうど良いところでバランスを保っていることが挙げられている。したがって，技術や知識が足りない状況のなかで高い目標を設定されても不安が募り没入するどころか，その場から逃げ出してしまいたくなるだろう。逆に高い能力をもっているにもかかわらず，容易な目標設定を提示されても退屈なだけだ。フローは高い知識や技術がなくても，挑戦する度合いがバランスのとれた状

態であれば感じることができるのである。

　もう一つ，アレンジスポーツ創作に当たっては，フランスの思想家であるロジェ・カイヨワの「遊びの4つの要素」も意識している（第3章42-44頁参照）。カイヨワは著書『遊びと人間』で，遊びの根本的性質をアゴン（競争），アレア（運），ミミクリ（模擬），イリンクス（めまい）の4つに分類している。さらにその方向性を両極に配し，一方をルドゥス（規律），もう一方をパイディア（奔放）とし，その軸のなかで4つの要素を整理した（カイヨワ 1970：15-55）。

　アゴンは競い合いの要素である。一対一やチーム対チームの競い合いは，スポーツ種目の多くに当てはまる。また，相撲やレスリングなどの肉体的衝突もあれば，囲碁や将棋などの知的対戦もこれに当たる。ただしこの要素は，強いものが勝つという特性がある。したがって，負け続けるとやる気を喪失していくことにもつながりかねない。そこで，運の要素であるアレアの登場だ。「強い弱い」や「上手下手」に左右されることなく，どちらに転ぶかわからない要素といえる。サイコロを使った遊びやくじ引き・ビンゴゲームなど，ハラハラドキドキの高揚感が特徴である。模擬の要素であるミミクリには，幼い子どもが大好きなごっこ遊びや見立て遊びが含まれる。アニメキャラクターにあこがれて髪形やコスチュームをまねるのもこの要素である。ダンスやミュージカル，映画などもミミクリの要素に含まれる。急速な回転やスピード感を楽しむのは，イリンクスの要素である。テーマパークの絶叫マシンやスキーなどのウィンタースポーツもこれに当たる。また，列車の旅で流れる風景を楽しむことや，卓球のラリーを目で追いかけることなども含まれる。アレンジスポーツには，カイヨワが示す遊びの要素が複合的に盛り込まれている。

　では次節で，具体的実践例を紹介することにする。

:: 3 「アレンジスポーツ」の実際

3. 1. 「フロアベースボール」

　高齢者に人気のスポーツでもあるグラウンドゴルフを使った「フロアベースボール」は，省スペースで室内でも十分楽しめる。まず，ホームセンターで 5 mm 径のホースを購入する。水用とエアコンプレッサー用があり，1 m 単位で購入できる。いくつかの色があるが，ここでは 5 色のホースを使用する。ヒット（水色）2 つ，アウト（桃色）2 つ，ツーベース（緑色）2 つ，スリーベース（橙色）2 つ，ホームラン（赤色）1 つを，フロア上に配置する（図 13‐1）。

【輪のつくり方】
5 mm 径のホースを 50 cm に切り，2 cm の長さに切ったラミン丸棒をジョイント部分に差し込んで，輪をつくる（図 13‐2）。大きな輪は，50 cm のホースを 2 本連結させる（図 13‐3）。

【用意するもの】
5 mm 径のホース 50 cm 赤色× 1 本，橙色× 2 本，緑色× 2 本，水色× 4 本，桃色× 4 本，ホースのジョイント用 5 mm 径のラミン丸棒 2 cm × 13 本，グラウンドゴルフ用ボール，グラウンドゴルフ用スティック，ホワイトボード，磁石 7 個（カウントおよびランナー用），ホワイトボード用マーカー

【進め方】
・2 チームに分かれて対戦形式で進めていく（10〜20 人）。
・先攻・後攻を決め，先攻チームの 1 番バッターがグラウンドゴルフ用スティックで輪を目がけてボールを打つ（図 13‐4）。
・1 打席につき 3 回打つことができるが，1 回で入れば次のバッタ

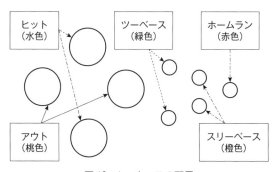

図 13 - 1　ホースの配置

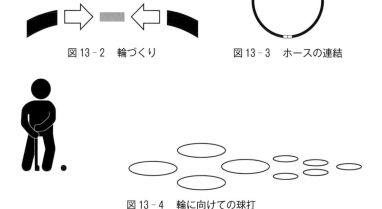

図 13 - 2　輪づくり　　　　　　図 13 - 3　ホースの連結

図 13 - 4　輪に向けての球打

ーに打順が移る。 3 回打って入らなければ三振でアウトになる。
・ 3 人がアウトになったら，後攻のチームに攻撃をチェンジする。
・ホワイトボードを用意し（図 13 - 5），1 打ごとにカウントを磁
　石で示す。ヒットが出れば，該当するベースに磁石を置く。得点
　が入ればホワイトボード用マーカーで得点を記入し，ゲームを進

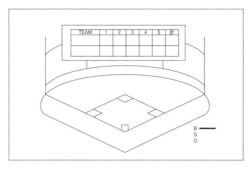

図 13 - 5　ホワイトボードの設置

めていく。

【ゲーム進行】

・先攻チームの 1 番バッターの 1 打目がフロア上に置かれているいずれの輪にも入らなければ 1 ストライクとし，ホワイトボードのストライクカウントに磁石を置く（図 13 - 6 ）。

・ 1 番バッターの 2 打目も同様にいずれの輪にも入らなければカウントが 2 ストライクとなり，ホワイトボードのストライクカウントに 2 つ目の磁石を置く（図 13 - 7 ）。

・ 1 番バッターが 3 打目を打って，その球がヒットの輪に入ったらランナー用の磁石を 1 塁ベースに置き， 2 番バッターに打順を移す。このとき，ストライクカウントの磁石は取り除いておく（図 13 - 8 ）。

・ランナー 1 塁で 2 番バッターがボールを打ってスリーベースの輪に入った場合，ランナーの磁石を 3 塁に置き 1 点が入る。このとき，ホワイトボードのスコアの 1 回表の枠に「得点 1 」を記入する（図 13 - 9 ）。

・ランナー 3 塁で 3 番バッターがボールを打ってヒットの輪に入っ

た場合，ランナーの磁石を1塁に置き，さらに1点が入るので，ホワイトボードのスコアの1回表の枠に「得点2」と記入し直す（図13‑10）。

・4番・5番バッターが凡退して2アウトになり，ランナーが1塁で6番バッターが3回ボールを打って，3回ともいずれの輪にも入らない場合は，三振で後攻チームにチェンジする（図13‑11）。このとき，ホワイトボード上にあるランナーとカウントの磁石は取り除いておく。

・後攻チームも同様に順番に進めていく。

・5回の両チームの攻撃が終了した時点で，勝敗を決める。

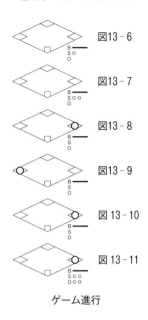

図13‑6

図13‑7

図13‑8

図13‑9

図13‑10

図13‑11

ゲーム進行

【実際の活動の様子】

　知的障がいがあるMさんは，大の阪神ファンだ。いつもお気に入りのタイガースキャップを被って講座にやってくる。昨日のオリックスとの交流戦は逆転勝利したのでご満悦だ。今日の講座でのフロアベースボールは，昨日の試合の再現となるだろうか。バッファローズとタイガースに分かれての対戦は，一進一退の攻防でずいぶん白熱してきた。いよいよ5回の裏阪神の攻撃は，ダウン症のYさんだ。1点ビハインドでランナーは一塁。Yさんは野球のルールをよくわかっていないが，何気なくグラウンドゴルフのスティックをボールにコツンと当てる。すると，転がり始めたボールはアウトの輪を通り越し，ツーベースの輪をかすめるとなんと，ホームラン

の輪に吸い込まれていった。訓練室は歓喜に包まれ，拍手が湧き起こった。Yさんはなにが起こったのかわからないが，まんざらでもなさそうに「ニコリ」と微笑んだ。「やったー，サヨナラホームランだ」とMさんは大喜び。

　2チームに分かれて競い合うアゴンの要素，いずれかの輪のなかに入るかもしれないというアレアの要素，野球をやっているイメージで楽しむミミクリの要素，そして，打った球の行方を目で追うイリンクスの要素など，カイヨワの遊びの要素がふんだんに盛り込まれている。

3.2.「カップ DE ペタンク」

　ペタンクは南フランスマルセイユ地方で発祥したスポーツで，似たような競技でパラリンピック種目であるボッチャも有名だ。ペタンクは的となる目標球「ビュット（木製ボール）」目がけて鉄球を投げ合い，ビュットに近い方の個人あるいはチームの得点となる。競技形態はシングルス・ダブルス・トリプルスがあり，シングルスは1人3球ずつの対戦。ダブルス・トリプルスは1チーム6球ずつで対戦をおこなう。ここでは，鉄球の代わりに使い捨ての汁椀とゴルフボールを使用する。

【用意するもの】
使い捨て汁椀（図13‐12）12個
ゴルフボール 12球
目標球（ビュット）1球（ピンポン球）
ホワイトボード（得点用）

【実施場所】
フローリングなどの摩擦抵抗が少ないフロアを使用する。スペース

図 13 - 12　使い捨て汁椀

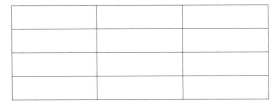

図 13 - 13　長机の配置

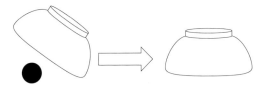

図 13 - 14　投球カップ

は 24 m^2（4 m×6 m）ほど確保したい。机を使用しておこなう場合は
長机を 4 × 3 脚並べ（図 13 - 13），その上に養生パネルを 6 枚敷く。
その際，養生パネルは養生テープでとめておく。

【投球カップ】
ゴルフボールに汁椀をかぶせ，投球カップをつくる（図 13 - 14）。
それぞれのカップは，わかりやすいようにチームごとに色分けして
おく。

図 13 - 15　カップの押し出し

【進め方】

・2 チームに分かれて，対戦形式で進めていく（6 人）。

・先攻・後攻を決め，先攻側の 1 人目が目標球である「ビュット」
　を投球する。

・ビュットを投球した人から，カップを滑らせるように押し出す
　（図 13 - 15）。

・次に，後攻側の 1 人目がビュットに近づけるようにカップを投球
　する。

・1 投ずつ投げ終えた時点で，ビュットから遠い方のチームが 2 投
　目を投球する。

・以降，常にビュットから遠いチームが投球をおこなう。

・両チームがすべての投球を終えた時点で，得点の確認をおこなう。

・ビュットから相手チームのカップより近いチームのカップの数が
　得点となる。

・1 回の対戦を「1 メーヌ」といい，メーヌを何度か繰り返し，13
　点先取したチームの勝利となる（到達点数は，対象者や時間によっ
　て変更してもかまわない）。

【ゲーム進行】

3 人対 3 人のトリプルス（1 チーム 3 人・1 人 2 投ずつ）

・A チームの 1 人目（A1）がビュットを投球する。その後 A1 が 1
　投目を投球する（図 13 - 16）。

・A1 が投球したカップが，ビュットに近づく（図 13 - 17）。

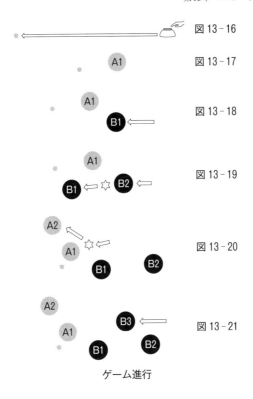

図 13 - 16

図 13 - 17

図 13 - 18

図 13 - 19

図 13 - 20

図 13 - 21

ゲーム進行

・B チームの 1 人目（B1）が投球する（図 13 - 18）。A チームのカップより B チームのカップがビュットから遠いので，次は B チームの 2 人目（B2）が投球する。

・B2 が投球する。B2 が B1 に当たり，押し出して B1 がビュットに近づく（図 13 - 19）。

・B チームのカップより A チームのカップがビュットから遠いので，A2 が投球する。A2 が A1 に当たり，そのままビュットを押し出し，A1 がビュットに近づく（図 13 - 20）。

・B チームがビュットから遠いので B3 が投球するも届かず（図 13 - 21）。

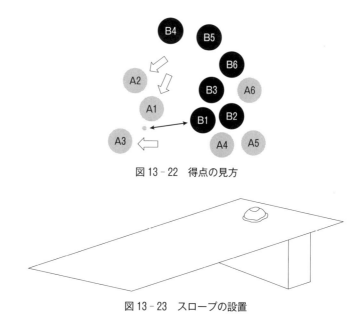

図 13 - 22　得点の見方

図 13 - 23　スロープの設置

　以降，ビュットから遠いチームが投球を続け，すべての投球が終
わった時点で得点の判定をおこなう。

【得点の見方】
ビュットから一番近いカップは A1 で，次に A3 そして A2 の順とな
る。その次に近いのはようやく B のカップの B1 となり，B1 より
もビュットに近い A のカップが 3 つあるということで，A チーム
に 3 点が入る（図 13 - 22）。

【実際の活動の様子】
　脳性まひがある F さんは，ボールを転がしたり投げたりするこ
とが大変苦手だ。そこで，ペタンクをあきらめるのではなく，ペタ

ンクが可能となる工夫をしてみよう。「カップ DE ペタンク」は，ゴルフボールに汁椀を被せたものを投球する。転がすことが難しい場合は，台と板を用意してスロープをつくろう（図 13 - 23）。

　Fさんはスタート地点でカップを押さえ，傾斜の角度を介助者に指示する。そして本人のタイミングでカップから手を離すと，スロープの傾斜が勝手にカップを運んでいき，目標球（ビュット）に近づいていく。ナイスコースだ。

4　「アダプテッド・スポーツ」とは

　「アダプテッド・スポーツ」という用語がある。障がい者スポーツに代わって定着しつつある用語だ。1993 年に横浜で開催された「第 9 回 International Symposium on Adapted Physical Activity」を，組織委員の矢部京之助らは適訳を見つけられず「第 9 回障害者ヘルスフィットネス国際会議」と訳した。しかし，開催後も「Adapted Physical Activity（APA）」の適切な意訳について検討がなされた。特に難航を極めたのは「Adapt」の翻訳だ。直訳すれば，「適応・適合」になるが，APA の理念にそぐわないということで議論が重ねられ，「Adapted」は「リハビリテーション」や「レクリエーション」と同様，発音のまま表記することとし，「Physical Activity」は主体的に取り組む意味合いで「スポーツ」に置き換えられた。具体的な意味合いとしては，スポーツのルールや用具を実践者の「障がいの種類や程度に合わせたスポーツ」と解釈できる。たとえば，1977 年にカナダで考案された「車いすラグビー」は楕円球ではなく，バレーボールの 5 号球をもとに開発された専用球を使用し，室内でおこなわれる。また，プレー中のドリブルや前方へのパスが認められている点から見れば，典型的な「アダプテッド・スポーツ」といえる。障がい者が主役のようにも見えるが，必ずしも障がい者

に限定したスポーツではないことや国際的には障がい者といった包括的な表現を用いない傾向にあることから，「アダプテッド・スポーツ」が使われるようになってきている。矢部が初めて「アダプテッド・スポーツ」という言葉を使ったのは 1994 年である。2001 年に WHO が示すことになる「国際生活機能分類（ICF: International Classification of Functioning, Disability and Health）」以前は，1980 年にWHO が示した「国際障害分類（ICIDH; International Classification of Impairments, Disabilities and Handicaps）」をもとにした障がいの捉え方がなされていた。矢部もそれになぞらえて「アダプテッド・スポーツ」を捉えようとし，「体育，スポーツ活動は，低下した日常生活能力や職業能力をいかに環境に適応させるか，いわば人間個体の適応性（adaptation）を高めることに関わっています」と述べている。一見すると障がい者自身を環境，つまり既存のスポーツのルールや用具に適応させなくてはならないかのように思える。しかし，そのすぐ後で「具体的には，運動の種類や方法を障害の種類や程度，あるいは本人の能力や好みにアダプト（adapt：適応，適合，合わせる）させることです」と述べ，運動をする者に運動の種類や方法を合わせることとしている（矢部 2006：54）。

　ICF の特徴は，障がいをマイナスの立場からプラスの立場へ変換しようとしたことにある。ICIDH の「機能障害」は「心身機能・構造」へ，「能力障害」は「活動」へ，「社会的不利」は「参加」へ置き換えられ，障がいの状態はそれぞれ機能・構造の障がいであり，それにより活動が制限され，参加の制約がされていたとし，障がいに限定することなくすべての人間の生活機能に着目しようとした。その機能を阻害する要件として背景因子である環境因子と個人因子が加えられ，健康状態を包括的に捉えようとしたのが ICF である。佐藤紀子は，矢部の提唱するアダプテッド・スポーツは ICF を先取りしたものであるとしている。たとえば，目が見えない（心身機

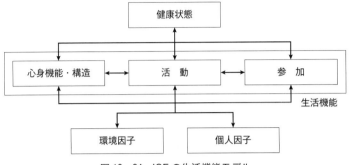

図13‑24　ICF の生活機能モデル

出典：大川（2006）

能・構造）人が音の鳴るボールを使うという用具の工夫（環境因子）があれば，活動に参加すること（活動）が制限されず，チームに加わり役割を果たすこと（参加）が可能になる。また，本人の好み（個人因子）も考慮されている。さらにアダプテッド・スポーツを「そのスポーツを実施しようとする人の特性（「心身機能・構造」「個人因子」）に，施設，用具やルール，方法等「環境因子」を適合させたスポーツといえる」と述べている（佐藤 2018：2‑3）。

　アダプテッド・スポーツの用語定着に向けては，アダプテッド・スポーツに関する学術研究が進んできたことが大きい。日本アダプテッド体育・スポーツ学会によると学会創設に当たっては，1997年につくばで開催された「アジア障害者体育・スポーツ学会（AS-APE）」の日本の会員による研究会開催が契機となり，日本部会が組織されたとある。その後 2006 年に会則などを整備し，ASAPE 傘下の独立した日本の学会として成立した。歩みを同じくして，2005年 11 月に日本体育学会に専門分科会として設置された「アダプテッド・スポーツ科学専門分科会」は，2012 年 4 月 1 日より「アダプテッド・スポーツ科学専門領域」へと名称変更し，運動生理学・

運動心理学・バイオメカニクス・体育社会学など 15 領域の一つに名を連ね研究が進められている。「アダプテッド・スポーツ科学専門領域」では，2014 年度より「教員養成課程におけるアダプテッド体育関連科目必修化」に向けたロードマップを作成し，取り組みをおこなっている。

　2019 年 3 月 22 日，文部科学省より「保健体育科の教員養成課程を有する大学において障害者スポーツに係る指導者養成カリキュラムの導入を推進する障害者のスポーツ活動推進プラン」が示された。背景には，ここ数年，小中高等学校の教育現場において，特別な配慮が必要な生徒が増えていることもあり，体育教員の指導能力向上が求められていることが挙げられる。同年には，スポーツ庁からの委託を受けた筑波大学体育系アダプテッド体育・スポーツ学研究室が「アダプテッド定着プロジェクト」をスタートさせている。このプロジェクトは，体育授業において障がいがない子どもとともに障がいがある子どもも，授業の恩恵を受けるために必要な「アダプテッド体育・スポーツ」の視点や技術を現職教員に理解し実践してもらうために動き出した。プロジェクトでは，研修会・カリキュラムの開発・ガイドブックの作成などを通してアダプテッドの周知活動をおこなっている。

　「アダプテッド・スポーツ」という用語が誕生してから，2024 年で 30 年を迎える。その間，スポーツを取り巻く社会環境は大きく変化をしている。1911 年に創立された日本体育協会（当時 大日本体育協会）は，2018 年に「公益財団法人日本スポーツ協会」へと名称を変え，1964 年の東京オリンピック・パラリンピックを控えた 1961 年に公布された「スポーツ振興法」は，大幅に改定されて 2011 年に「スポーツ基本法」として生まれ変わった。さらに 2015 年には，これまで懸案に上がっていた政府におけるスポーツ行政の一元化を目指した「スポーツ庁」が文部科学省の外局として設置さ

れるに至った。障がい者スポーツの関連でいえば，1964 年に開催された東京オリンピック・パラリンピック翌年の 1965 年に，厚生省（現 厚生労働省）の認可を受け設置された「財団法人日本身体障害者スポーツ協会」は，1999 年に「財団法人日本障害者スポーツ協会」へと改称することになる。これは，1998 年に開催された長野オリンピック・パラリンピックを契機に，身体のみならず知的・精神の三障がいすべてのスポーツ振興を目指す目的もあった。また，国際舞台で活躍できる選手の育成・強化を担う統括組織として，協会内部に日本パラリンピック委員会を設置した。2014 年には「公益財団法人日本障がい者スポーツ協会」に改め，そして東京オリンピック・パラリンピックを終えた 2021 年 10 月には広く社会に浸透してきた「パラ」という用語を採用し，「公益財団法人日本パラスポーツ協会」へと改称するに至った。一般社会のスポーツの捉え方についても，大きく変化してきている。東京 2020 の機運を高めようと，メディアもずいぶん取り上げるようになった。2020 年 2 月以降，猛威を振るう新型コロナウイルス感染症の影響で 1 年延期とはなったが，それでも，オリンピックだけでなく，パラアスリートも多く取り上げられ，メディアに露出する機会が増えるようになった。競技の放映やドキュメンタリーはもちろん，情報番組やバラエティー，企業のコマーシャルに至るまで幅広く活躍の場が広がってきている。

　スポーツは，子どもからお年寄りまで，性別・人種・国籍・障がいのあるなしにかかわらず，誰もが享受できる権利でもある。いまこそ，スポーツ・フォー・オール，スポーツ・フォー・エブリワンの実現のために「アダプテッド・スポーツ」が社会に根づいていくことを期待している。

【参考文献】

公益財団法人日本レクリエーション協会，2017，『楽しさをとおした心の元気づくり』，p. 22。

R. カイヨワ，清水幾太郎・霧生和夫訳，1970，『遊びと人間』，岩波書店，pp. 15‒55。

池田勝・永吉宏英・西野仁・原田宗彦，1989，『レクリエーションの基礎理論』，杏林書院，pp. 17‒19。

奥野孝昭・渡辺嘉久編，1998，『レクリエーション論』，相川書房，pp. 211‒220。

清水良隆・紺野晃編，1995，『ニュースポーツ百科 新訂版』，大修館書店，pp. 156‒160。

「日本アダプテッド体育・スポーツ学会」

（http://www.adapted-sp.net/yan-jiu-qing-bao/adaputeddo-supotsuno-you-lai）（2022 年 8 月 21 日閲覧）

矢部京之，2006，「特集　スポーツの科学『アダプテッド・スポーツとパラリンピック』」『学術の動向』11 巻，p. 54。

佐藤紀子，2018，「わが国における『アダプテッド・スポーツ』の定義と障害者スポーツをめぐる言葉」『日本大学歯学部紀要』46 号，pp. 2‒3。

大川弥生，2006，「ICF（国際生活機能分類）―『生きることの全体像』についての『共通言語』―」，厚生労働省

（https://www.mhlw.go.jp/stf/shingi/2r9852000002ksqi-att/2r9852000002kswh.pdf）（2022 年 9 月 2 日閲覧）

上田敏，2002，「国際障害分類初版（ICIDH）から国際生活機能分類（ICF）へ―改定の経過・趣旨・内容・特徴―」『ノーマライゼーション 障害者の福祉』第 22 巻 251 号。

「アダプテッド・スポーツ科学専門領域」

（https://sites.google.com/adaptedsport.org/adaptedsport/）（2022 年 9 月 24 日閲覧）

「一般社団法人 日本体育・スポーツ・健康学会」

（https://taiiku-gakkai.or.jp/director）（2022 年 9 月 24 日閲覧）

植木章三，2016，「アダプテッド・スポーツ科学専門領域」日本体育学会体育・スポーツ情報コラム

（https://taiiku-gakkai.or.jp/wp-content/uploads/2016/09/2016.9.24_column_

Adopted. pdf）（2022 年 9 月 24 日閲覧）

「公益財団法人日本スポーツ協会」

　　（https：//www. japan-sports. or. jp/about/tabid140. html）（2022 年 9 月 24 日閲覧）

公益財団法人日本パラスポーツ協会，2021，『パラスポーツの歴史と現状』，公益財団法人日本障がい者スポーツ協会，p. 4。

「アダプテッド定着プロジェクト」筑波大学体育系アダプテッド体育・スポーツ学研究室

　　（https：//adaptedproject. jimdofree. com/）（2022 年 9 月 24 日閲覧）

●第5部●

スポーツをひらく

スポーツと暴力

「戸塚ヨットスクール」から「日本大学危険タックル」まで

高井昌吏

1 メディアに媒介された「スポーツと暴力・体罰」に関するイメージ

　まずは，筆者の個人的なスポーツ経験，あるいはそれにまつわる「暴力」や「体罰」などについて，具体的な事例から書き出そうと考えていた。しかしながら，これまでの筆者の人生を振り返るに，そもそもスポーツに携わっていた期間が短いこともあり，そこで暴力をふるったこともなければ，体罰を受けた経験もない。高校の3年間はテニス部に所属していたのだが，顧問の先生が超理論派の理科教員で（ちなみに，彼はインターハイ出場経験者である），スポーツについて「理詰めの指導」だけをひたすら受けた記憶がある。

　むしろ，筆者の「スポーツと暴力・体罰」に関する知識は，実体験よりもテレビニュースやワイドショーなどによるイメージから形成されていた。中学生の頃（1980年代半ば），いたずら好きだった筆者は，他のクラスメイトたちも巻き込んで，授業中の先生にいたずらをしていた。たとえば「教室の時計が午前10時になった瞬間，全員が筆箱を落とす」といった定番（意外にこれは難しかった）や，「午後14時になった瞬間，クラス全員で奇声を発する」など，いたってくだらない遊びである。当然のことながら，先生は大声で怒り狂う。もちろん，いまとなっては反省の気持ちでいっぱいだ。当時の先生に土下座をして謝りたいくらいである。だがそのとき，先生

はいつも，次のような定型の言葉を発していたことを思い出す。

　　「おまえら〜！　全員！　戸塚ヨットスクールに入れるぞ‼」

　2000 年以降に生まれた若者たちにとって，「戸塚ヨットスクール」という名前は，もはや死語だろう（ちなみに，2023 年現在でも戸塚ヨットスクールはまだ存在しており，多くの青少年が所属している）。だが，いま思えば当時，「戸塚ヨットスクール」こそが「スポーツと暴力・体罰」，そして「死」が凝縮された言葉だった。1980 年代の日本でおそらくその名を知らない者はいないくらい，「戸塚ヨットスクール」は日本国民にインパクトを残していた。テレビや新聞でその事件は頻繁に報道され，多方面からその教育方法は批判されていた。そこには「体罰」「暴行」「スパルタ教育」「若者の死」といったイメージがすべて含まれており，「スポーツと暴力・体罰」の象徴的存在になっていたといっても過言ではない。筆者が中学教員からいただいたお叱りの言葉も，そのような時代を反映していた。この「戸塚ヨットスクール」についてはのちに詳しく述べるが，まずは，若者のみなさんにも比較的記憶のある事件から，「スポーツと暴力」について考えてみたい。

2　「反則タックル事件」が提起するもの

　みなさんは，大学アメリカンフットボールの試合で起こった事件，「日本大学・危険タックル問題」を覚えているだろうか。2018 年 5 月 6 日，アメリカンフットボールの定期対抗戦，「日本大学フェニックス」対「関西学院大学ファイターズ」の試合で，この事件は起こった。日本大学のある選手が，関西学院大学の無防備な状態の選手に背後から反則タックルを浴びせ，相手選手に大きな負傷を負わ

せ，退場処分となったのだ。当時のフェニックス監督がマスコミに対して，この反則行為を容認するようなコメントを流したこともあり，メディアは連日のようにこの事件を報道した。監督やコーチから選手へ具体的なタックルの指示が果たしてあったのか，世間で大きな話題となり，社会問題化したのだ。この危険タックルの動画はSNSなどを通じて瞬く間に拡散し，社会における炎上案件の一つとなってしまった。

　加害者の選手（当時20歳の学生）は，実名と顔を公開する形で異例の会見をおこない，被害者やその関係者に深く反省と謝罪の意を示した。この学生は結果的に，会見によって世間からの同情を集めることになったのだ。一方で，日本大学側は不誠実な記者会見の影響や，事件への対応が後手に回ったこともあり，ネットニュースやテレビのワイドショー，SNSなどから連日のように手厳しい批判を浴びせられた[1]。

　さて，この事件は社会にさまざまな問題を提起した。たとえば，「選手／指導者の関係性」の問題，学校運動部や日大フェニックスという組織の構造的問題，日本大学の理事などを含めたスポーツにおけるガバナンス問題などが指摘されたのだ。だが，そもそもこの問題のすべての出発点は，アマチュアの学生選手がおこなった極めて危険な反則タックル，すなわちスポーツにおける「暴力」にある。したがって，スポーツ組織の問題や，指導者と選手の関係性などを問う前に，まず私たちは「スポーツと暴力」の関係について，改めて考えなければならないだろう。

3　「スポーツの文明化」と「国家／暴力」の関係

　まず，事実として確認しておかなければならないが，アメリカンフットボールやラグビー，サッカー，アイスホッケー，あるいは格

闘技のようなスポーツでは，激しい接触プレーが頻繁に起こる。したがって，スポーツそのものがある意味で「暴力的」ともいえるのだ。「無防備な相手にタックルを仕掛けてはならない」というルールを設定しているのは，そもそもアメリカンフットボールが暴力的なプレーを伴う危険なスポーツであることを前提としているからに他ならない。

　このようなスポーツと「暴力」の関係を歴史的に考えた著名な学者として，ノルベルト・エリアスが挙げられるだろう。素朴な問いとして，スポーツにおいて暴力を抑制するものとはなんだろうか。多くの人びとは，まずは各スポーツの「ルール」だと考えるだろう。あるいは「フェアプレイ精神」と答える者もいるかもしれない。しかしながら，エリアスはその前提として，西洋社会が古代から近代に至るまでの長い歴史に注目し，大きく以下の二点を考察している。第一に「自己抑制化」，第二に「中央集権化」である。ではこの二点について，スポーツと絡めて具体的に考えてみよう。

　第一に，「自己抑制化」について重要な点は，人間の「不快感」および「羞恥心」である。たとえば，毎日の食事について考えてみよう。おおよその人間は，ステーキを食べるとき，ナイフとフォークを使用する。もちろん，ステーキを素手でかじって食べることも可能だが，私たちは通常そのような食べ方を好まない。もし素手でステーキを食べている者を見たら，多くの人びとは「不快感」や「羞恥心」にさいなまれるだろう。さらに，ナイフとフォークを使うというマナーが歴史的に発展し，ナイフを右手にフォークは左手にもつ，という作法が現れる。そのようにマナーは洗練され，変化していく。トイレなどに関しても同様である。私たちはそれを便所で済ませることをエチケットとしており，道端でそれを済ます者に出くわすと，「不快感」や「羞恥心」を覚えるのだ。

　同じ現象は，「暴力」やスポーツについてもいえる。現代人は日

常生活において，人間同士が路上で殺し合う姿など見たいと思わないだろう。なぜならば，それを目の当たりにすることがどうしようもない「不快感」を人間に与えるからだ。だが，ルールが整備された格闘技，たとえばボクシングの世界タイトル戦であれば，そこに流血が見られることを予想できたとしても，多くの人びとが試合会場に足を運ぶ。なぜならそこで人びとは，本来は「殴り合い」であるはずのボクシングを，「ルール化された競技スポーツ」として観戦することができるからだ。ここで，私たちはボクシングを見ることの意識が反転していることに気づく。すなわち，ボクシングを観戦したい人間のなかには，じつは「暴力への欲求」が内在的に組み込まれており，その発露が「ルール化された暴力」，すなわちボクシングへと向かっていると考えられるのである。ただし，ルール無用の「剥き出しの暴力」ではなく，「ルール化されたスポーツ」だからこそ，ある種の暴力とも思える行為を容認し，その欲求を吐き出すことが許されるのだ。もしボクシングの試合で，ラウンド終了のゴングが鳴った後に背後から相手選手を殴れば，観客は間違いなくその選手を糾弾するだろう。相撲で相手力士を投げた後，倒れた相手に足蹴りをしても同様である。

　このようにルールによる暴力性の抑制は，歴史のなかで，食事作法などと同様に，「文明化の過程」を経て形成されてきたものなのだ。そもそも歴史的にスポーツには「暴力性」や「攻撃性」が含まれているのだが，近代社会ではそれを覆い隠さなければならない。現代のスポーツは，それが格闘技であっても，けっして古代ギリシアのような殺し合いではなく，「文明化されたスポーツ」として存在しているのである。

　第二に，エリアスが重視するのが「中央集権化」，言葉を変えるならば「国家による暴力の独占」である。そもそも私たち個人は，基本的に他人に対して暴力をふるうことは許されていない。自分の

親や子どもが他人に殺されたからといって，その人間に暴力で復讐して良いわけではない。一方で，警察官であれば，犯罪者の身柄を力ずくで拘束すること，ときには銃を発砲することなどが許されている。裁判官であれば，法という根拠に基づいて被告人を裁き，懲役刑や場合によっては死刑の判決を下すことが可能である。これは近代社会というものが，「暴力」を個人にではなく，「国家」に独占させてきた結果によるものである。警察官や裁判官は，「国家」が与えた権限によってそれを行使することができ，それによって内部の平和を保つことができるのだ。

　プロスポーツにおける乱闘が基本的に許されないのも，フーリガンなどの一部の過激なファンの集団的暴力が否定されるのも，このような理由からである。大相撲の稽古における過剰な暴力（いわゆる「かわいがり」）や，プロ野球の舞台裏（ロッカールームなど）で引き起こされる暴力事件なども同様である。警察官や裁判官などにはときとして「暴力」が許されているのだが，それは「国家」によってそれを作動させる力が付与されているからであって，スポーツ選手にも，その指導者にも，あるいはスポーツファンにも，そのような権限が与えられているわけではないのだ。

　ちなみに，複数の国家間の軍事的抗戦状態，いわゆる「戦争」であれば，上記のような「国家内に限定された論理」は通用しなくなる。「敵を壊滅させろ」という上官の命令は，明らかに他国国民への暴力，あるいは殺人の強制である。これは完全な暴力ではあるのだが，一方でそれは自国内の秩序を乱すことではなく，むしろ自国民を守るものと意味づけられる。ほとんどの国々は，戦争を起こす際にその攻撃を自ら「侵略戦争」と名乗ることはない。表面的にしろ「自衛戦争」と呼ぶのは，外部への攻撃よりも「内部の防衛」という論理を使い，他国への暴力を隠蔽するためなのだ。

4　スポーツの「再暴力化」と体罰

　さて，ここでスポーツ，あるいは教育における暴力の一形態である「体罰」について論じたい。学校体育や学校部活動での体罰，親が子に与える体罰など，そこには多種多様なタイプがあるのだが[2]，それが許されない理由は「中央集権化」の理論で説明することができる。選手の技術を伸ばす，あるいは強い精神力を養うなど，そこにはさまざまな理由づけができるかもしれない。だが，体罰の効力が万が一科学的に証明されていたとしても，スポーツの指導者や部活動の教員にはけっして暴力を行使する特権など与えられてはいない。体罰が許されないのは，まさに「国家による暴力の独占」という理由に拠っているのだが，それでも体罰の教育的効果に関する信仰には根強いものがある。冒頭ですでに紹介したが，ここでは 1980 年代に日本社会を震撼させた「戸塚ヨットスクール」の問題に注目してみよう。

　戸塚ヨットスクールは，校長の戸塚宏氏によって 1976 年に設立された。スクール設立当初の目的は，青少年にヨットの技術を習得させ，その楽しさを教えることだった。一方で，その教育方法は非行少年の更生，あるいは情緒障がい児の矯正などに効果があるといわれるようになっていった。問題のある子どもをもつ親たちは，戸塚氏の教育実践に期待を寄せ，子どもたちの更生を戸塚ヨットスクールに託したのだ。

　戸塚氏は，少年の「非行」「甘え」「無気力」「不登校」などに言及し，ヨットを利用したスパルタ教育によって，それらを抑制できるという持論を展開した。たとえば，戸塚氏の著書のなかに以下のような発言がある。少し長いが，彼の思想とヨットによる教育の関係を如実に示すものなので，引用する。

　小さなヨットで海に出ることには本能的な恐怖がつきまといます。体力がなければ海，そして風と格闘することはできないでしょう。また，闘おうとする意志がなければ，死が迫ってきます。甘えは許されない世界なのです。言い訳も通用しません。海で生き抜くためには技術と，意志が要求されます。そういう状況のなかで，私は子供たちに“何か”をつかませてきたのです。わがままをいい，他人を他人と思わず平気で攻撃していく。それが非行の典型です。非行にはつねに他人に対する甘えがあります。学校に行かず家に閉じこもり，そのなかで暴れる。家庭内暴力には，どこかで断ち切らなければならないもうひとつのヘソの緒が見えかくれしています。何もできず，生ける屍のように呆然と日々をかろうじて生きている。無気力タイプの子供たちは，心をスパークさせる糸口をさがしあぐねて迷路に入りこんでしまっているのです。そういった子供たちに，生きることの本当の意味を教えるのがヨットであったと，私は考えています。彼らはヨットを通じて実存状況と対峙するのです。そのために，私は容赦なく子供たちを鍛えあげます。…（中略）…生きるために。生きるきっかけと意志力をつかむために。体罰は，当然，伴います（戸塚 1983：11-12）。

　戸塚氏は，問題のある子をもつ親たちに対して独特の教育論を唱え，世間にアピールを続けていた[3]。エキセントリックな言動が強かった戸塚氏であるが，当時のマスコミは彼を「教育界のカリスマ」として好意的に取り上げ，親たちも我が子が強い精神力を担い，丈夫な体をもつことを期待した。ちなみに 1970 年代後半から 80 年代は，学校社会で校内暴力やいじめ，不登校などが問題化された時期である。

　しかしながら，戸塚氏やスクールのコーチたちによる度重なる暴力が発覚し，多くの青少年が被害を受けている状況が明らかになっていく。1979 年から 82 年にかけて，スクールに所属する青少年の

なかの計 5 名が体罰などによって死亡したことが判明し（暴行による直接的な死，暴力によって自殺に追い込まれるなど），戸塚ヨットスクールは社会から強い批判を浴びるようになった。関連書籍として，『スパルタの海―甦る子供たち』（上之郷利昭，1982，東京新聞出版局）などが出版され，それを映画化した『スパルタの海』（主演・伊東四朗）も制作された[4]。戸塚氏やヨットスクールにかかわったコーチたちは告発され，1983 年から約 20 年間にわたる長期の裁判を経て，2002 年，ついに彼らに対して有罪判決が確定した。

写真 14 - 1　『スパルタの海』
DVD
©「スパルタの海」管理委員会
発売：「スパルタの海」管理委員会
販売：アルバトロス株式会社

　戸塚氏は 2003 年から 3 年間の懲役刑に服したが，驚くべきことに，なんと出所後すぐに，スクールの現場に復帰した。彼は持論のスパルタ教育を反省することはなく，社会復帰した後も，スクールで教育を実践していったのだ。

　さらに，戸塚氏が唱えるような教育方針や体罰を支持するグループの活動があったことも忘れてはならない。1987 年に設立された「戸塚ヨットスクールを支援する会」が代表的だが，その会長は，のちに東京都知事となる石原慎太郎だった。また，その支援者にも落語家の立川談志や，俳優の伊東四朗など，多くの有名人がいたのだ。保守的な思想をもつ有名人や，元自衛官などが会の中心となっていた。

　いずれにしても，戸塚ヨットスクールをめぐる現象で注目すべきは，本来は暴力を抑制する方向で変化してきたスポーツ（この場合はヨット）が，「教育」あるいは「青少年の更生」の名のもとに，

再び「暴力化」していったことである。現代であれば，戸塚氏のようなエキセントリックな教育論，体罰の肯定などは，日本社会においてけっして受け入れられないかもしれない。

　だが，当時の社会背景として，1970 年代から 80 年代にかけて問題となった「少年非行」や「校内暴力」「いじめ」「不登校」などがあった。それらの教育問題をどうやって解決していくのかが，日本社会で大きな課題とされていたのだ。戸塚氏のような突拍子のない主張が注目を浴びたのも，単にヨットスクールで死者を出したからではなく，上記のような教育問題の顕在化という時代背景が影響していたのである。

5　スポーツにおける「見えない暴力」

　以上のように，現代におけるスポーツと「暴力」あるいは「体罰」の関係を，エリアス的な観点，あるいは日本社会の教育問題の視点から論じてきた。最後に残された問題として，以下のような事例を挙げておきたい。スポーツに関してだけではなく，人間に対する最大の暴力とはなんだろうか。指導者から暴言を浴びせられたり，競技中に反則行為で怪我を負わされたりすることは，もちろん立派な暴力である。一方でその最大のものがなにかといえば，本人の望まない「死」ではないだろうか。指導者からの「体罰」についての事例は，すでに「戸塚ヨットスクール」で指摘した通りである。他のスポーツで「死」について考えるならば，登山家の遭難死，あるいはレースや格闘技の試合中に起きる事故死などが挙げられる。植村直己（登山家・冒険家，1984 年），アイルトン・セナ（F1 レーサー，1994 年），三沢光晴（プロレスラー，2009 年）などの死が，スポーツ界ではしばしば語られている。とくに冒険家や探検家は，そもそも「危険であること」が彼らの行動の絶対条件なので，とびぬけて死

者が多い。彼らの死を「危険な行動にあえて踏み込んだのだから，自己責任である」と認識することは，もちろん可能だろう。だが，そういった理屈では考えられない事例を紹介したい。

　かつて，三浦雄一郎というプロスキーヤーがいた。ただのスキー選手ではなく，登山家，冒険家としても有名であり，2013 年には80 歳で三度目のエベレスト登頂に成功し，エベレスト最高齢登頂者の記録を更新した。だが，彼の人生で最も注目された代表的な冒険は，1970 年，エベレストでおこなわれたスキーによる直滑降である。周知のように，1970 年は大阪万国博覧会が開催された年であり，このイベントは 1964 年の東京オリンピックとともに，日本の戦後復興を象徴するものだった。三浦雄一郎の「エベレスト大滑降」は，大阪万国博覧会の記念行事として認定されており，外務省，通産省，日本科学振興財団，万国博協会など，国家ぐるみで後援された。当時，6 千メートル以上の高所でのスキー滑降は世界初であり，三浦はスキー探検隊とともにエベレストを登り，6 千メートルをはるかに上回る実に 8 千メートル以上の高さから滑降し，その大冒険を成功させた。スポーツともいえるし冒険ともいえるようなスキー滑降であるが，この三浦の冒険スキーを記録した映像は，『The Man Who Skied Down Everest』（「エベレストを滑った男」）というタイトルで，カナダ人によってドキュメンタリー映画化された。その作品は，1975 年にアカデミー賞記録映画部門で長編映画賞を獲得し，三浦はこの冒険によって，世界的なスターになったといえる。

　だが，けっして無視できない事実がある。三浦のスキー隊がおこなったエベレスト登山で，6 人のネパール人シェルパ（山の案内人）が，雪崩で命を落としたという悲しい事件である。もちろん，登山で雪崩に遭遇することは，それほど珍しくはない。しかしながら 6 人の死は，当時のエベレストでは 1922 年に英国の隊が 7 人のシェルパの犠牲を出したのに次いで，二番目に多い数字だった。ちなみ

にシェルパが死亡した場合，補償金は 1 人につき 3 万ルピー（当時の日本円で約 105 万円）だった[5]。残酷な言い方をすれば，金銭的に余裕があるならば，シェルパ一人の命を 105 万円で買えるという表現もできる。

　生和寛は，1970 年当時，半年間にわたってヒマラヤにあるシェルパの村に滞在し，彼らとともに生活し，フィールドワークをおこなった。生は，次のような当時のシェルパのインタビューを紹介している。

　　「山は好きです。山がなければチベットに行けない今，収入がなくなってしまいます。私の希望って？　それは山で死なないこと。それがいちばんです」（シェルパ　28 才）（生 1971：146）。

　一方，スキーによるエベレスト大滑降を成功させた三浦は，自身の冒険について次のように述べている。

　　心のエベレストとは何であったか。私をあの死の世界からつれもどして，人の世に人間としてもどしてくれたものの意志は何であったか。私は新しい人生の巡礼者として，それを探し求めるために，"残り"の人生をはるかなるものに向けて歩みつづけねばなるまい。…（中略）…人生なんて，一瞬のうちに消えていくはかない夢である。だから同じ夢なら，素晴しい夢を持とうではないか。そしていつか帰らねばならない永遠の世界へ行くまで，めぐり合った人々とはなつかしさをこめて，生きている喜びをわかち合わねばなるまい（三浦 1970：93-94）。

　「エベレスト大滑降」が三浦にとって，まさしく生死をかけた極限の大冒険だったことは，間違いない事実である。その成功につい

て，三浦が饒舌に語ったとしても，なんら批判に値することではない。むしろ，三浦はこの冒険によって「英雄」と呼ばれる存在になったといっても過言ではない。しかしながら，登山やスキー・冒険，あるいは人間の生死に関する考えを，日本人とシェルパで比較してみれば，どのようなことがいえるだろうか。結果的にではあるが，三浦のそれがいかに恵まれたものであり，かつ先進国の立場からの意識に他ならないという事実が浮き彫りになる。

　もちろん，三浦個人やスキー探検隊に参加していた日本人メンバーたちが，シェルパに対して直接的な暴力をふるったわけではないし，差別的な感情を抱いていたわけでもない。むしろ，雪崩に巻き込まれる可能性は，日本人のエベレスト探検隊メンバーにも多分にあった。今回は，雪崩が偶然にして6人のネパール人シェルパを襲ったのである。三浦を含めた日本人のスキー探検隊メンバーは，6人の遺体を見つけ出し，丁寧に埋葬している。しかしながら，「生死を賭ける」というスポーツ的・冒険的行為を「選ぶことのできる人間」（日本人）と，「職業として選ばざるを得ない人間」（ネパール人）という経済的ヒエラルキーのなかで，三浦の冒険はおこなわれ，三浦は（そして日本は）それを成功させたのである。この構造は，大阪万国博覧会の開催，そしてその成功とも共通した状況である。いわば，先進国であり「アジアの盟主」としての自国を提示する立場と，「ネパールでシェルパとして山を登りながら生きるしかない」立場が，見事に対比されているのである。

　三浦のスキー滑降は，当時の日本のジャーナリズム全体も含め，「人類の進歩と調和」という大阪万国博覧会の標語で国家間のヒエラルキーを隠蔽しつつ，「冒険成功」の背後にあった経済格差をかき消し，「シェルパの死」というスポーツにかかわる悲劇をなきもののようにしてしまったのである。ここでわれわれが考えなければならないのは，個々人や集団の間で発生する暴力（運動部での体罰

や，フーリガンの暴動など）だけではなく，そこに還元できない「格差に基づく構造的暴力」なのかもしれない。そのような「暴力」に対して常に自覚的であることが，スポーツを考える際にも，社会の問題を問う際にも，われわれに求められているのだ。

　最後に，シェルパについて研究した生和寛の言葉を引用して，本章を締めくくりたい。

　　　　数人の日本人に会ってシェルパの話をした。これから登るんだという人が最近のシェルパについていった。
　　「どうも，このごろのシェルパは生意気になった。こっちが英語を間違えてしゃべると，ニヤリとしやがる。マナーが悪くなったな。そこで私は考えているんだが，シェルパの学校をつくる。マナーをびっちりしこむ。言葉も教える。日本人の隊が多いんだし，日本語がいいんじゃないかな」。
　　　　これを読んでなんとも感じない人は，すでに侵略者の兆候ありと思ってよろしい。…（中略）…マナーが悪いとメクジラをたて，日本語を教えるという論理は，侵略者のものなのである（生 1971：148）。

【注】
1）被害者の関西学院大学の選手側は，大阪府警察に被害届を出し，フェニックスの前監督と前コーチを傷害の疑いで警視庁に告訴した（前監督およびコーチは解任されたが，具体的な指示については検察で「嫌疑不十分」となり，不起訴処分とされた）。また，ついにこの件に関して，日本大学理事長の会見は一度もおこなわれず（数年後，理事長は脱税容疑で逮捕される），それも世論の反発を招いた。
2）日本における体罰の歴史や教育観との関わりについての詳細は，アーロン・L・ミラー，石井昌幸ほか訳，2021，『日本の体罰　学校とスポーツの人類学』共和国。を参照。
3）戸塚氏は，『私が直す！』など多くの著書を出版し，体罰やスパルタ教

育について持論を展開した。

4）この作品は，1983 年 9 月に東宝配給で公開される予定だったが，映画
　の完成後，戸塚宏が逮捕されたことを受けて公開中止となった。その後，
　30 年近くの年月を経て，2011 年に全国劇場公開された。

5）『朝日新聞』1970 年 4 月 10 日 朝刊 13 頁を参照。

【参考文献】

Elias, Norbert, 1976, Uber den Prozes der Zivilisation 1, 2, Frankfurt am Main :
　　Suhrkamp.（赤井ほか訳，1977‑1978，『文明化の過程（上）（下）』法政
　　大学出版局。）

三浦雄一郎，1970，「生と死の 2 分 20 秒」小谷明・安久一成『エベレスト :
　　日本エベレスト・スキー探検隊の記録』文芸春秋社，pp. 93‑96。

生和寛，1971，「素顔のシェルパ，その生涯と意見」山と溪谷社編『現代の
　　探検』No. 6，山と溪谷社，pp. 135‑148。

戸塚宏，1983，『私が直す！』飛鳥新社。

第15章　スポーツと格言

スローガンとしての〈健全なる身体に健全なる精神が宿る〉

今泉隆裕

1　はじめに

〈健全なる身体に健全なる精神が宿る〉。小学生の頃，運動会のとき M 校長のあいさつで聞いた覚えがある。

当時の担任 A 先生とは，最近，亡くなるまで交流があった。先生が同窓会や飲み会の席で M 校長の話を始めると，決まって「M 校長はもと特攻あがり……」という話がループした。当の先生は，家業を継ぐため医学部を志し，三浪，受からないので小学校教員になった元毛沢東主義者で，最終的には市だか？　県だか？　教育長まで務めた。立派な人だった。

話を戻そう。明治から昭和まで〈健全なる……〉は，広く流布した。戦前生まれの M 校長にとっては身近だったことはいうまでもない。とはいえ，いまではほとんど用いられない格言である。ネットで検索すると「放送禁止」とあるが，真偽は知らない。

2008 年からスポーツ系大学に職を得て，やはり戦前生まれの同僚教員に話を聞かせてもらうまで，この〈健全なる……〉がそもそも誤訳であることも知らなかった。1975 年生まれの筆者の世代でも知らない人はいないであろう，この格言はじつは存在しない。にもかかわらず，言葉はひとり歩きして戦前政治的に利用された。このことは意外に知られていない。

そこで本章では，"A sound mind in a sound body（健全なる精神は

健全なる身体に宿る)"なる格言の真意や伝播について触れながら，それが政治利用され，いかにスポーツとかかわったのか，その一端を垣間見てみることにしたい。

しかも，この〈健全なる……〉は日本に限らず，欧米においても，とくにドイツでヒトラーが『わが闘争』や演説で繰り返し引用して利用したことでも知られる。日本でもこの格言はスローガン（標語）と化して浸透し，言外のニュアンスも含めて，人びとの思考を呪縛したのであった。

2　存在しない格言
—— 誤訳としての「……宿る」

そもそも，この格言の典拠はなんなのか。それは，古代ローマの諷刺詩人デキムス・ユニウス・ユウェナリス（Decimus Junius Juvenalis, 67頃？-138頃？）の『諷刺詩』の一節であるとされる。〈健全なる……〉は，その第十歌で，詩人が人間の奢侈（おごりたかぶること）を戒めるくだりに見られる。富，地位，才能，栄光，長寿，美貌などを願ったところでろくなことはない。奢った人間は，なにを願うべきか。願うべきは「健全な身体と健全な精神」であると詩人は説くのである。

> 我々にとって何を祈るのがふさわしいのか，我々の今の境遇にどんな願いごとが役に立つのか，その判断は神々の意志にお任せするがいいと。…（中略）…それでもあなたが，神々に何かをお願いしたいのならば，…（中略）…どうか，<u>健全な身体に健全な精神を与え給えと祈るがいい</u>[1]。恐怖を断つ強敵な精神を祈願し給え。生涯の最期を自然の恩恵とみなすような精神を。いかなる苦しみにも耐えられる精神を。怒りを知らぬ，無欲恬淡な精神を（傍線筆者，ユウェ

　ナリス 2012）。

　引用からは『諷刺詩』において〈健全なる……〉が「宿る」とは
断言されてないことがわかるだろう。じつは引用の後には「……情
痴淫蕩，酒池肉林，奢侈栄華よりも，ヘーラクレースの艱難辛苦や
奮励努力こそ，いっそう望ましいものと信じるような精神を祈願し
給え」と続き，奔放なローマ社会を戒める風刺詩になっている[2]。
が，それはそれとして，ここに「……宿る」とあったなら，あたか
も肉体の〈健康／不健康〉がそのまま精神の〈善／悪〉につながる
ように受け止められるであろう。しかし，ユウェナリスは「……宿
る」とは述べていないのである。そのようなくだりは存在しない。
むしろ健全な身体には健全な精神が宿らないことが多く，そのこと
を戒めているのであった。
　じつは〈健全なる……〉が「宿る」と断定されていないことは，
戦前日本でも田中祐吉（田中香涯とも）の『間違だらけの衛生』
（1920）によって指摘されていた。
　田中は，大阪大学医学部の前身の大阪医学校本科を 1894 年に卒
業し，ドイツに留学経験もある医師で，日露戦争では軍医中尉，台
湾総督府医学校，京都大学第二医学部にも出向，1914 年まで大阪
府立高等医学校で病理学教授を務めた人物で，のちに在野に下って
雑誌『変態性欲』発刊，性研究者として南方熊楠と交流したことで
も知られる。
　この『間違だらけの衛生』は，雑誌『日本及び日本人』の連載が
もとで，民間療法等に見られる健康法（「強健法」）の誤りを指摘し，
医者としての最新の知見を紹介する内容だった。
　同書「誤れる體育」のなかで，田中はこの〈健全なる……〉を取
り上げる。

『健康なる精神は健康なる身體に宿る』といへる語は體育家衛生家に眞理金則の如くに信ぜられ，身體を強健にせば，從つて精神も亦立派になるかのやうに思はれてゐる。併し元來此の語は羅馬古代の詩人ヂユヴエナリスの『健康なる身體に健康なる精神のあらんことを祈れ』Orandum est, ut sit mens sana in corpora sano といつた詩句から出たもので，其本來の意味は決して健康なる身體に健康なる精神の宿ると斷言せしが如き格言では無いのである，…（中略）…然るにいつの間にやら Orandum est, ut sit の上句が取り除かれて唯下句だけが殘り，果ては健康なる精神は健康なる身體に宿ると誤解誤訳せらるるが如きこととなつた（田中 1920）。

　戦前において〈健全なる……〉に「……宿る」と断定するくだりは存在しないことは，すでに指摘されていた。しかし後述するようにこの格言は「眞理」「金則」として政治利用されることになる。
　ちなみに，戦後になると遠藤繁清が「『健全なる精神は健全なる身體に宿る』に就て」（『日本醫事新報』1955 年 4 月）で「『健全なる精神は健全なる身體に宿る』という言葉は，明治から聞き慣れ，屢々偉い人からも云われるので，なんとなく動かし難い定理のように響き，従って健全なる精神は病弱者に無いもの，病身の人の精神は不健全だと烙印を捺されたようで，弱い人に氣の毒な感じがする」として田中同様ユウェナリスの原文を引用して，その誤りを指摘している。興味深いのは，遠藤がその小稿の最後に「東大の緒方富雄教授の御話によれば，此の問題は嘗て十数年前に一度論議された事があったとの事，そしてかのラテン語の起源が不明であるから，従って此語の最初の眞意が那邊にあつたか判然しないけれど，普通用いられて居る日本語譯は確かにおかしい……」と加えていることだ。十数年前に議論されたのなら，戦前，田中以外にも一部の識者の間では，この格言が誤訳であることが共通に認識されていたこと

を窺わせる[3]。

　では，そもそも存在しない格言は，どのように日本で定着したのだろうか。

3　日本に移入された格言

　日本において，この文句は，初めから「……宿る」で一般化した。この格言を日本に移入したのは，日本体育の父・リーランドと考えられる。

　ジョージ・アダムズ・リーランド（1850-1924）は，1878（明治11）年に来日し，1881（明治14）年まで東京女子師範学校，および東京師範学校で教鞭を執った。リーランドの体育思想は，キリスト教的な世界観および心身観に基づいている。彼によれば，世界は神の創造したもので，神は人を創造した際に道徳性・智性・体性の三つを与え，その三者は互いに連関して，そこに軽重はなく，その調和的な発達こそ重要であると述べる。いわゆる三育主義である[4]。その講義録『（李蘭土氏講義）體育論』に，この格言が見られる。

　　身体の完全発達せざる人は，道徳も又衰る事は医学上より論断して明なり。又善く人の知る如く，是迄身体強健，心の活溌なる人も病を為せし後は，其人の心大に衰へ（ふ）る事あり。殊に Dyspepsia（不消化病）心（神）経病等を煩（い）へし後は，癇癪を起し人を嫌悪し勉強力を失う等は往々見る所なり。……今を去る二千五百年前の古昔に当て羅馬人は "mens sana in corpore sano"（Sound mind dwells in sound body）強健の精神は強健の体に存するという事を題目となし，大に此語を尊崇し，今に至る迄世人此語を排撃する与はざる金言を今の世に示せり（今村 1968）。

　リーランドが，このように「……宿る」と断定的に用いているのは，当然，『諷刺詩』の〈健全なる……〉が欧米で「……宿る」で周知されていたことと関係している。ちなみに体育思想史の水野忠文（注3，前掲：1967）は，ジョン・ロック（1632–1704）が『教育論』（1693）の冒頭で"A sound mind in sound body"を引用したことから「……宿る」というユウェナリスの意図とは異なる理解が生じたのではないか，と推測をしているが真偽はわからない[5]。東京女子師範学校，東京師範学校でリーランドに学んだ学生たちは，全国でその言葉を教授することになる。かくして〈健全なる……〉は「宿る」として周知され，日本で定着したのであった。

　こうして日本に伝わったユウェナリスの言葉は，戦前政府による思想善導政策のなかでスローガンと化していくことになる。

4　スポーツの政治利用
──思想善導とスポーツ

4.1.　思想善導なる「赤化防止」

　思想善導は1920年から30年代にかけておこなわれた思想統制で，天皇制国家の支配原理と相容れない，デモクラシーや社会主義・共産主義などの外来思想を「国民思想の悪化」を招くものとして把握し，排除し，国民の「人心を作興」せんと，恣意的な「善導」を意図するものであった。

　ちなみに戦前の大日本帝国憲法では主権は天皇にあり，基本的人権も保障されていなかった。「日本臣民ハ法律ノ範囲内ニ於テ言論著作印行集会及結社ノ自由ヲ有ス」（明治憲法第29条）とあり，臣民は法律の許すかぎりの権利だけが保障され，デモクラシーや社会主義・共産主義は非合法活動とされた。帝国議会も貴族院と衆議院からなる以上，前近代固有の身分制を前提とした社会であったとわ

かるだろう。したがって，「善導」や「健全なる精神（思想）」は体制を脅かさないものに限られることになる。

　この思想善導は，1923（大正 12）年 9 月の関東大震災後「国民精神作興に関する詔書」が発布され，翌年 1 月 14 日に貴族院でその基本方針が説明されたのをもって嚆矢とされる。

　そのなかには，次のようなくだりがある。

　　今日の急務は人心の作興と経済の発達とである。人心の作興に就いては，主として教育の改善に努めねばならぬ。思想の善導も亦必要と思ふ（傍線筆者，『時事新報』1 月 15 日付）。

　この「思想の善導」は，演劇等さまざまな分野に広がり，弾圧が加えられ，言論統制がなされた。また，それまで西欧化を急いできた日本が，日露戦争に勝利したこともあり，西洋文化をやみくもに受け入れるのではなく，選別する必要性が強調され，そこから「日本主義」とも思想善導は結びついていく。ゆえに，「善導」は，外来思想の排除を伴いつつ，「善導」の名のもとに恣意的な判断がなされた。しかも 1925（大正 14）年からは治安維持法とともに思想善導が展開されていくことになる。

　1927（昭和 2）年陸軍大将・田中義一が政権を執ると，翌年 2 月第 1 回普通選挙が実施された。その際，共産党系無産政党の活動・躍進に危機感を抱いた政府は，「思想の善導」を大義として，3 月15 日に治安維持法違反容疑で全国の共産党員を一斉検挙している。いわゆる「三・一五事件」である。この事件を契機として，思想善導はそのまま「赤化防止」「左傾化防止」を目的とするようになる。

　三・一五事件では，1,000 名を超える共産党関係者が検挙された。そのうち 147 名が学生で，うち現役学生 30 名，卒業生 48 名，中退者 69 名。関係する学校は 32 校におよび，全起訴者中，学生は 4 割

に上った。「検挙学生の多数は帝大系学生／当局を一驚せしめた全国的な学生加盟」(『東京朝日新聞』1928 年 4 月 11 日)。この状況から，文部省はその対策を迫られることになる。

　文部省は当初，思想善導費 30 万円を予算要求し，各学校の学生主事・生徒主事にそれを分配した。実施されたのは，茶菓子を購入しての茶話会，あるいは遠足・運動会などで，そこで教員と学生の親睦が図られた。学生の実態把握を試みたのである。さまざま思想善導策が試みられるなか，やがてスポーツが利用されることになる(野上荘吉『日本教育界暴露記』自由社，1930 年，荻野富士夫「文部省思想統制体制の確立 - 学生運動取締と思想善導」『歴史評論』校倉書房，1983 年に詳しい)。

4. 2.　スポーツによる思想善導─〈健全なる……〉のスローガン化

　スポーツに熱中(熱狂)させることで，政治への関心をそらす。その出発点は，三・一五事件後の 5 月 17 日から開催された五帝国大学生監会議などでの提案だった。そこで学生の思想取り締まり策が協議され，三・一五事件で学生が多数検挙された原因を「知育に偏し徳育に欠陥」があったとし，その対応策として「学生熱を運動の方面に向けて悪思想の注入を防ぐこと」が掲げられた。結果，「体育競技，運動の仕合等が，民衆の興味をそそり，選手は映画俳優の如くファンが出来るといふ現象を呈してきた」というから，観客の政治的関心もそがれることになる[6]。

　哲学者の戸坂潤(1900-1945)は「学生スポーツ論」(1935)のなかで，哲学でも文学でもスポーツでも，それらには「阿片的効果」があり，耽溺という形で「社会的関心とか実際生活の計画性とかから隔絶」させる効果があると指摘していた。

　一頃スポーツは学校教育ではあまり優遇されなかったものである。

ところが幸か不幸か，第一次大戦以来，「日本人」の思想も，世界
の人間並みに悪化してきたので，即ちマルクス主義が学生の「アヘ
ン」（？）となり始めたので，社会における教育当事者は，これに対
抗すべくスポーツを別のアヘンとして大安売りし始めたのである
（戸坂 1935）。

　戸坂は，スポーツそのものに内在する興奮が，政治への無関心を
促すことを危惧していた。が，政治から学生や大衆の目をそらすこ
とを目的としたスポーツ奨励は政府によってその後も先鋭化し，ス
ポーツをしない人間は「悪思想[7]」をもつに至るというロジック
を持ち出すまでになる。そこで利用されたのが〈健全なる……〉で
ある。

　これは，北豊吉「體育運動と思想問題」（1928）に端を発するも
ので，その一節にユウェナリスの〈健全なる……〉が引用され，利
用されることになる。文部省学校衛生課長兼体育研究所所長の北豊
吉は，その論稿冒頭で，他の思想善導政策と同様，外来思想，特に
共産主義を念頭に筆を起こす。

　　……過激派が其の皇室を亡ぼし，富豪を抑へて天下に號令し，茲に
　　ソビエト政府を樹立せらるゝや，其の共産主義をもって全世界を席
　　捲せんとするに會ひ，我が國の思想界がこれより受けたる實際的影
　　響も亦少なくなかった……（北 1928）。

　そして日本でも思想および行為が往々にして「奇矯過激」になり，
「国体」を脅かしていると述べる。とくに三・一五事件（本文では
「共産黨事件」）は，「實に國家の一大事であると云わねばならぬ」。
そこで体育界に身を置く北自身も「國民思想の安定のために一臂の
力を致さん」として，「體育運動による思想善導に関し，茲に所信

を披歴し，以て大方識者の注意を喚起したい」と続け，体育運動が
思想善導に結びつく根拠としてユウェナリスの「……宿る」を引用
する。

> 扨て體育が吾人の身體に及ぼす効果は最も顕著，明瞭なるものであ
> って，肉體の完全なるを期し，其健康を保持せんとするに體育運動
> が必要にして，且つ缺くべからざるものなるは明かなる事實である。
> ①「健全なる精神は健全なる身體に宿る」といふ金言は，實に千古
> の眞理にして，此の②肉體の健否が吾人の精神思想に及ぼす影響の
> 至大なるは，吾人の常に経験するところである。今日まで，③極端
> なる思想を所有し，其の實行に趨つた人々の多くが身體に何等かの
> 缺陷を有する者であつたといふ事實に徴しても，これを察知するに
> 難くない。かゝる理由の下に，吾人は合理的なる體育運動を國民の
> 間に徹底せしめ，以て不健康なる身體の所有者を可及的に減少せし
> むることは，同時に不健全なる思想の所有者を益々減少せしむる一
> 方策ともなり得ると信ずる者である（①②③の記号および傍線筆者，
> 北 1928）。

　まず，ここで注目したいのは①の箇所であろう。前述したように，
そもそも〈健全なる精神に健全なる身体に宿る〉という文言自体は，
古代ローマに遡っても存在しない。しかも 1920 年には，日本でも
田中祐吉によってそのことは指摘されていた。にもかかわらず，こ
こで「千古の眞理」として正当化されている[8]。
　さらに，この格言を前提にして，②③で見られるように肉体の
健否（健康／不健康）が，ただちに思想に影響するかのごとく述べ
る。③には，不健康な身体がそのまま「極端なる思想」（共産主義）
を宿すという類比（アナロジー）が見てとれるだろう。肉体の健否
が，そのまま思想の善悪へとつながるという論理展開がなされてい
るのである。

　こうした理解は，のちに「所謂過激思想の如き不正常なる思想は，多く體力の薄弱者，従って精神異常者の間に醸成せらるゝことが多い。殊に結核患者の自棄的気分と抱合し易い可能性を多分に持つてゐる。故に我等は思想國難救済法の一つとして，強健なる體力の建設を一大國策とすべきことを提唱する。……健全なる肉體の所有者は，その進むべき道を誤るものではないと確信する」（山田敏正「思想国難に面して」『體育と競技』1928 年）という極端な言動まで促すことになる。こうした言説は，この同時期，これに限らず無数に積み上げられていった[9]。いや，さらには不健康な人間，あるいは特異な容貌の持ち主が共産主義者であるかのような言説まで登場してくるが[10]，その前提に〈健全なる……〉が影響しているといっていいだろう。それらは，あたかも「脆弱な肉体＝インテリ＝マルクス主義」「強壮な肉体＝『スポーツマン[11]』＝日本主義」といった図式を前提にしてステレオタイプ化されていくこととなった。

　さらに，北はその論稿のなかで，体育運動が「其の愉快の中に，總ての鬱憤を晴らし，其の興味の中に，總ての偏倚にして破壊的なる気分を忘却せしむる」とも述べており，戸坂潤の引用と表裏の関係にあることが見てとれるだろう。スポーツを「別のアヘン」として利用しようとする姿勢が，戦前の政府関係者には色濃くあったのである。

　とはいえ，ありもしない格言が，考証されないまま受容され，正当化され，さらにはスローガンと化して利用されたのである。

4.3.　性病防止のためのスポーツ利用

　また同時期，スポーツは政治から目をそらすためのみならず，性欲の減退をも意図して実施されている。思想善導のためにスポーツが利用された言説でよく知られる鳩山一郎『スポーツを語る』（1933）のなかには，次のような記述がある。

青年はその旺盛なる體力，知識慾をどこかに發散させようとして，無意識のうちにそのハケ口を求め合つて居る。國事多端の非常時に際して，ややもすると，有能なる學生にして左翼的思想に浸み，轉向してゆく者が少くない。僕は，スポーツの普及，スポーツマン・スピリットの浸潤が，左傾しやすい青年を，その本來の正しく健全なる思想に引き戻す為にも，極めて有力かつ重要なる機關であると信ずる（鳩山 1933）。

じつはこの言説に先行して「まづ青年諸君をして，最も危険な誘惑の手引きとなり易い，飲酒の惡癖を未然に防止する事に役立つ。喫煙のこと固より然りと云つていい。煙草を飲み，酒をたしなんでいる様では，到底，競技に優秀なレコードを擧げることがむづかしい。青年をして邪道に踏み入れしむる『誘惑』の手から引離す意味合からも，スポーツはそこに非常な道德性を持つ」と述べられている。

じつは鳩山は明言をしていないが，スポーツは性病対策の目的にも用いられ，奨励されるようになっていた。スポーツによって体力を消耗させ，性欲を減退させる。結果的にそのことが性病の蔓延を防ぐと考えられたのである。たとえば下田次郎『運動競技と國民性』（1928）には以下のようにある。

運動競技は性慾からの危険を防ぐ。運動しない青年は性慾に煩わされ易い。運動すると，身體の精力の餘剰が，運動の方に最も自然に放出されて，忘想を起さず，疲勞してぐつすり一息に眠つてしまふ。即ち運動家は大體性の早熟や，性慾の異常や，亂用に陥らない。性的發育の順調は，今日生理學でやかましい生殖腺の外分泌の作用を順調にし，男女の身體（精神までも）を，最も男らしく，又は，女らしきものとする（下田 1928）。

　同書にも，冒頭「健心は健身に宿る／Mens sana in corpore sano」
（ 8 頁）が引用される。が，それはそれとして抗生剤の普及以前，
性病は脅威とされ，なかでも淋病と梅毒は世界中で恐れられた。19
世紀末は細菌学の黎明期で，1879 年にネセルが淋菌を，1905 年に
ホフマンが梅毒スピロヘータを発見している。1900 年頃には，梅
毒はそれまで考えられていたよりも重く，伝染性が強く，長引く病
気であると考えられるようになる。そのため人類の脅威と見なされ
て恐れられた。アラン・コルバンによれば，ヨーロッパでは 1900
年頃から，スポーツのもたらす気晴らしと疲労が性欲を遠ざけると
されたらしい。「古代ギリシア・ローマにおいても，今日でも，つ
ねに運動選手は非常に劣った雄鶏と考えられてきた」，そして「運
動競技は性的能力を減退させる一因である」とする，ル・ピール博
士の言説などをコルバンは紹介している。「運動家は大體性の早熟
や，性慾の異常や，亂用に陥らない」とする下村の発想もこれに同
じだろう。

　性病が，性行為によってもたらされる脅威である以上，この時期
から若者を管理下に置く性教育の必要性が強調された。禁欲は必要
以上に宣揚され，性欲を減じるためにスポーツが奨励されたのであ
る。やや大げさに聞こえるかもしれないが，性病予防のためのスポ
ーツ利用は，のちの優生学同様，性の国家管理とも結びついていく
ことになる。そう考えれば，軽視できない問題を孕んでもいるだろ
う。これは公衆衛生の広がりとともにこの時期，世界中に見られる
傾向で，日本も例外ではなかったことがわかる（アラン・コルバン
「性病の脅威─公衆衛生による予防と道徳による予防」『現代思想（特
集：〈流行病〉のエピステーメー）』20-6，1992 年）。

　とはいえ，実際にスポーツと性欲に相関があるのかは疑問だ
が[12]，その相関の有無については本書 347-352 頁コラム「スポー
ツと性欲」を参照してほしい。

⋯ 5　お わ り に

　繰り返しになるが，不幸なことに，前提となる「千古の眞理」と
された〈健全なる身体に健全なる精神が宿る〉という文言自体そも
そも存在しなかった。

　ここで最後に，ヴィクトール・クレンペラー『第三帝国の言語
〈LTI〉』（法政大学出版局，1974 年）について言及しておこう。

　ナチス時代には，文字の書体も「ジュタリーン」と呼ばれる独特
の書体が標準化された。同様に話す言葉も，ナチ党独特のものへと
変質していったという。もともとフランス語・フランス文学研究者
であったユダヤ人クレンペラーは，口語と文語の区別がなくなり，
ナチ党という小さな集団の言葉がドイツ国民の言葉になっていく過
程を克明に記録している。〈LTI〉はナチ独特の言葉を意味するクレ
ンペラーの造語である。

　ヒトラーは『わが闘争』を 1925 年に出版して，「ナチの言語の基
本的特色は，この本によって文字通り確固不動のものとなったので
ある」「ナチの言語は一九三三年に小さな集団の言語から国民の言
語となった。すなわち，それは政治，裁判，経済，芸術，科学，学
校，スポーツ，家庭，幼稚園から保育所に至るまで，社会生活と個
人生活のあらゆる領域を征服した」とクレンペラーは述べている。

　注にも前記したように『わが闘争』やローゼンベルクの『二十世
紀の神話』が聖典と化したため，その内容に従って現実はゆがめら
れた。ナチの言語で現実が切り取られたのである。ナチの言語は百
万回も繰り返されて，大衆に刷り込まれ，機械的に無意識に受け取
られた。偏向的に選別された言葉，一本調子のスローガンが，吟味
されることもないまま垂れ流されて教条として扱われた。個人の生
活は社会の規範に合わせられ，言葉は多様な意味を失ってやせてい
ったとクレンペラーは指摘している。「"ごく僅かの砒素の一服"の

303

写真 15 - 1　ボディビルに励む三島由紀夫
毎日新聞社提供

ように "無意識に呑み込まれ何の効き目もないようにみえはするが, しばらくするとやはりその毒性は現れる" のである」。それが, 人びとの思考と習慣に影響を及ぼした。

この〈健全なる……〉は, ヒトラーも繰り返し『わが闘争』で使用した格言で, それはドイツでもスローガンと化して利用された。日本でもスポーツに人心を振り向けようとしたとき, この格言がスローガンと化して利用されたのである。〈健全なる……〉は〈不健全なる身体に不健全なる精神が宿る〉ことを言外に含みつつ, 広く普及したのであった。

たとえば, 三島由紀夫は〈健全なる……〉のなかで青年期を過ごした。"脆弱すぎる身体で" である。その彼が戦後, 30 歳を過ぎてボディビルを始めた。アメリカで知ったボディビルによって, 強靭な肉体を手に入れることができる。脆弱な身体の三島にとって光明であっただろう。そこで帰国後, 三島は日本におけるボディビルの草分け玉利 斎 を訪ねる。

玉利はその回想で, 三島が次のように語ったことを記憶している。

日本には太宰治のような女々しい私小説を書く作家しか現れない。

玉利さん，それはなぜだかわかるかい？　不健康，不摂生を重ねて貧弱な身体しか持っていないからだよ。ヘミングウェイを見たまえ。彼はプロのボクサーと打ち合うほど強靭な身体を持っている。彼には身体を鍛える美学があって，それが文学に反映している。だからこそ，あの屈強な文体と作品のバイタリティが生まれたんだ。どうだ，君もそう思わないか？…（中略）…日本の物書きはたいていが太宰のカリカチュアさ。書けない書けないと机の前で髪をむしるのだけが得意でね。ヒロポンを打つか睡眠薬を飲む，カフェで女給を口説くという自堕落から一歩も進歩していない。玉利さん，僕は断然ボディビルで身体を鍛えるよ。そして私生活でなく社会や世界を舞台としたスケールの大きな小説を書く。どうだ，おもしろい企てだろう。ハッハッハ（増田 2012）。

　戦後になっても，刷り込まれた言語と，それがもたらした身体観からは逃れられない。そうやすやすと毒気は抜けなかったのではないか。ちなみに三島は，貧弱な身体のとき（ボディビル以前）に最もうれしかった記憶を次のように記している。「私は今でも，戦後間もなく，共産党へはいらないかと言った小田切秀雄氏の言葉と，前座に出ないかと言った平沢氏の言葉と二つを，私の人生における二つのもっとも稀有なうれしい誘いの言葉として，心にとどめているのである」。後半，平沢氏の言葉は，ボディビルをして手に入れた肉体でボクシングの前座に誘われたときの思い出を指している。このエピソードは，妙に〈健全なる……〉と符合しているように思えないだろうか。ちなみに三島は小説『音楽』や評論『実感的スポーツ論』のなかで，〈健全なる……〉が実際には存在しないユウェナリスの誤訳にすぎないことにも言及している。しかし，同じ『実感的スポーツ論』の他所で次のように述べるのを見ると，やはり毒は抜けていない。

「三島さん，よく見ておきなさい。健全なる肉体には健全なる精神が宿る。この人の体の完璧な柔軟性，運動の巧緻性，……これでこそ人間なので，ここまで行ってはじめて人間の人格も高まるんだ。あんたの体じゃ，まだ人格なんぞ生まれませんよ」などと言っていたが，それから数日後，この助手が事務の金を持ち逃げしてしまったので「なるほど鈴木さん，健全なる肉体には健全なる精神が宿るね」と私が氏をからかったときの，氏の渋面を思い出すと，今でもおかしくなる。／しかし私も，肉体と精神の相関関係については久しく考え，久しく悩んできたのである。芸術家としてはむしろ，芸術の制作に必須な不健全な精神を強く深く保持するために，健全な肉体がいるのではないだろうか？　人間性の見るも忌まわしい深部へ，深く，より深く井戸を掘り下げるために，鞏固な大理石の井戸側がいるのではなかろうか（三島 1984）？

　戦前の〈健全なる……〉が三島の青年時代に浸透していたことを考えれば，このスローガンがいかに人びとへ影響を与えたかを思わされる。三島由紀夫という作家は，そのことを考えるヒントになるのではなかろうか。

【注】

1）ちなみにこの英訳は“Mens sana in corpore sano”または“A Sound mind in a sound body”，ドイツ語訳は“Orandum est ut sit, Mens sana in corpore sano”となる。

2）ユウェナリスが『諷刺詩』でなにを意図したのかについては，拙論「〈健全なる身体に健全なる精神が宿る〉再考―格言の起源と日本における利用，その周辺に関する覚書―」（『桐蔭論叢』第 32 号，2015 年 10 月）および「日本におけるスポーツの政治利用に関する一考察―スローガンとしての〈健全なる身体に健全なる精神が宿る〉―」（『桐蔭スポーツ科学』第 6 巻，2023 年 3 月）を参照のこと。

3）他に『日本醫事新報』には，同年 6 月にも，遠藤に呼応して間中喜雄

「健全なる精神は健全なる身體に宿る」が掲載されている。体育・スポーツ関係では，水野忠文が『体育史概説―西洋・日本』（杏林書院，1961年），『体育思想史序説』（世界書院，1967年）で，このことに言及したのが嚆矢で，おそらく唯一である。

4）日本では明治以来スペンサーの三育主義が，主知主義（知育偏重）に対して教育現場で主張された。そのとき〈健全なる……〉が，全人教育を称えるスローガンとして利用された。

5）ただし，ヴァンダーレンほか『体育の世界史』（加藤橘夫訳，ベースボール・マガジン社，1958年）には，イタリア・ルネサンス万能の天才レオン・バッティスタ・アルベルティ（1404-1472）ら人文主義者たちが，この「……宿る」を体育の最高徳目として信奉していたというくだりがあるから，この言葉はロック以前にすでに断定的に用いられていた可能性もある。原著に当たることができないため深追いしないが，ここでは『体育の世界史』の記述を指摘するにとどめておこう。

6）このあたりの事情については，坂上康博『権力装置としてのスポーツ―帝国日本の国家戦略』（講談社，1998年）に詳しい。後掲の北豊吉や山田敏正についても，坂上がすでに言及している。

7）たとえば「悪思想」の説明として，山田敏正「思想善導と體育」『體育と競技』（1928年8月号）において次のようにあるのが参考になる。「我が國の治安維持法は『國體を變革し又は私有財産を否認する目的を以て，其の實行及び協議に参加し又は煽動したる者に對する罰則』を主としたものである。即ち所謂危險思想とは國體を變革し又は私有財産を否認するが如き思想を總称してゐる。其の他憲法を見れば，如何なるものが危險思想であるかは大體解る。／ 今一つは教育の基本たる國民道徳に準據して略ぼ判斷することが出来る。國家の理想に叛き，安寧を害し秩序を亂す恐れのある行為を誘發する如き一切の思想を悪思想と見て差し支えない」としているから，「不健全なる精神」や「悪思想」が共産主義を指していることがわかる。共産主義と病弱の間に相関があるという理解は，〈……宿る〉をスローガンとして用い，定理として喧伝していることが前提になる。他所で山田は「肉體的病弱者を以て悉く悪思想の所有者と斷ずるが如きことがあらば，是は由々しい間違いである」として完全なものではないと断りつつも，肉体の健否と精神について「只それ等の結合に於て，ある相關的傾向が見らるるというまでのことである」とも述べている。

8）じつは内務省編纂『運動競技全書』（朝日新聞社，1925 年〔大正 14〕）の序文には，すでに「『健全なる身體に健全なる精神が宿る』とは古い諺ながら千古不磨の眞理である。静かに社會の現状を眺め國家の前途を想ふ時に，今や正に健康なる身體と健全なる精神とを保有せる國民を要望すること最も大なるものある」とある。この序文は内務省衛生局長・山田準次郎の執筆だが，北の用いたフレーズと酷似しているから，以前から用いられていたフレーズであることが窺える。

9）『新講話資料・青年處女思想善導編』（第一出版協會，1932 年〔昭和 7〕，「第十三講　體育と精神活動」126 頁）などには，三・一五事件で検挙された幸徳秋水らのほとんどが肺を病んでいたとする記述などが見られる。以下抜粋「昭和四年度に於ては二十萬圓を計上して専門學校や高等學校大學等の體育奨勵，體育運動の普及改善をはかるといふ。」「而も，運動を適當になすことによつて，常に身體は健全である。身體が健全であれば病むことがない。從つて精神は常に爽であり，剛健である。古い言葉ではあるが，『健全なる身體には健全なる精神に宿る』である。從つて此度文部省が大いに體育を奨勵するといふのは，體育それ自身のためは無論であるが一つには體育の奨勵によつて國民に健全なる身體をもたらすことによつて，健全なる精神をもたせようと云ふのである。」「ところで，さきほどから，健全なる思想の持主たらしめんがために，一般國民，ことに青年體育を奨勵するに至つたことを度々述べたが，その動機は何處にあつたかと云へば，昭和三年三月檢舉された共産黨員の多くが不健全なる身體の持主であつたことに端を發してゐるのである。もつともこれは今にはじまつたことではなく，かの幸徳秋水一派の不敬事件の時も，幸徳夫妻はもとより，他も不健康者が大部であつた。又，此度も非常に病弱者が多かつた。而も，その病弱と云ふのは現在ではほとんど不治とされてゐる肺病患者だつたのである。而もこの肺患にかゝるといふことは平素の衛生體育が十分ではなかつたからである」。

10）藤村一雄『學生思想問題雑話　彼らはどうして左傾化したか』（日本評論社，1930 年）「一　どうして彼等は左傾したか」の項目には，不健康が共産主義者という類比のみならず，容貌についても言及がなされている。以下抜粋する。「第二に擧ぐべきものは不健康であります。但し不健康に關しては，二つの見方があるやうです。即ち不健康が左傾する原因の一と見る見方と，反對に，左傾した結果が不健康をもたらすといふ此の二つで

あります。即ち一は原因と見るに反して他は結果と見るのであります。後の場合は勿論さうした事情は十分肯定されます」とか「左傾した學生を取扱つた人には直ぐ目につくことではありますが，彼等の多くは一種特別な風手を具へてゐます。外國でコンミュニストのことを long haired man（長髪の人）といふ言葉があるそうですが，我國の其の類の學生は，長髪とは限りません。然し彼等には，明らかに此處がと指定していふことは出来ませぬが，兎に角普通ではあり得ない容貌を持つてゐます」。

　　また，左翼学生の多くが結核だとする言説も見られる。「彼等左傾学生の幾割かは，確に不健康體であります。而して其の多くは呼吸器疾患であります。日本人の呼吸器疾患の多いことは統計に出てゐる通りでありますが，我が學生に多いことは實に驚くべき數であります。…（中略）…高等専門學校以上の學校では，入學の際随分厳重に體格検査を施行して，結核患者は拒否してゐるにも拘らず，尚年々學生の中から多數の結核患者を出してゐます」と記述されている。

11）この語は戦前多用され，後掲鳩山の引用にも見られる。現代からすれば「アスリート」と表記すべきところだが，時代背景を考慮し，この語をカッコつきで用いた。

12）ちなみにナチス・ドイツ（国家社会主義ドイツ労働者党）でも，軍国主義を推進するのにこの格言が利用された。青少年の身体鍛錬が必要であるため，健全な身体と健全な精神が不即不離であることを強調したのである。ヒトラーはワイマール共和国における教育が知育に偏しているとして，体育の重視を『わが闘争』で強弁している。そのとき〈健全なる……〉が真理として語られる。

　　　…なによりもまず，今までの教育に精神的教授と身体的教授の間の均衡をとり入れてゆかねばならない。今日，ギムナジウムと呼ばれるものはギリシアの模範を侮辱するものである。わが国の教育では，結局のところ，健全なる精神は健全なる身体にのみ宿りうるものであるということが，完全に忘れられている。個々の例外を除いて，国民大衆に注目するとき，特にこの命題は無条件の妥当性を保っているのだ。／戦前のドイツにおいては，一般的にいってこのような真理がもはや考慮されなくなった時期が存在した（『わが闘争』角川書店，1973 年）。

　われわれの想像以上に『わが闘争』の影響力は大きかった。ヒトラーが政権を執ってからは，『わが闘争』とアルフレート・ローゼンベルク『二十世紀の神話』は「ナチスの聖書」とされた（補足 1）。また，他に〈健全なる……〉が言外に含む内容も述べている。

　　腐った肉体は輝かしい精神をふきこんでも，まったく美しくならない。そのうえ肉体的に重い障害をもっており，性格において意志薄弱で，ぐらつき，そして卑怯な人間であるならば，最高の精神的教養もまったくりっぱなものにはならないであろう。ギリシアの理想を不滅ならしめたものは，すばらしい肉体の美と輝かしい精神と，最も高邁な心情のおどろくべき結合である。

　実際，ナチスの党・綱領第 21 条には「国家は母子保護と，幼年労働の禁止と，体操スポーツの義務を法律で定めて肉体的訓練を実施することに，青少年の肉体的訓練に従事する諸団体全部に対する最大の援助を通じて，国民保健の向上に意を用いねばならない」（『ナチス・ドキュメント』43 頁）とあることなどから，『わが闘争』の内容が敷衍されていることがわかるだろう。ヒトラーは「余は知的教育を望まない」（ホーファー前掲書，116–117 頁）（補足 2）と知的教育を否定すらしている。ナチスのもとでは学校教育における体育の時間が増大し，初等教育に力を入れる一方，中・高等教育では年限が短縮された。1933 年 4 月には「ドイツにおける学校と大学の人員制限法」を制定して，高等教育機関における学生数を削減すらしている。

　この〈健全なる……〉に基づき，軍国主義を推進するには青少年の身体鍛錬は不可欠として，各種スポーツ団体もナチスの統制下に置かれることになる。この格言は繰り返されることで刷り込まれ，「真実」とされた。しかもその背理として〈不健全な身体に不健全な精神が宿る〉ことを言外に含みつつである。そのため障がい者や共産主義者も，ユダヤ人同様，強制収容所に送られた。また，ユダヤ人が身体的欠陥をもつ存在としてイメージされるようになるのは，この格言のスローガン化と無縁ではないだろう。

　（補足 1）アルフレート・ロゼンベルク（1893–1946）は，ナチスの最初

期の主要メンバーの一人で，「トゥーレ協会」というアーリア人の優越を
説く神秘主義の信奉者の一人でもある。この協会は，イスラム神秘主義と
ルーン文字の起源をアーリア人に求めるルドルフ・フォン・ゼボッテンド
ルフ（1875-1945）が創設した宗教結社であった（森貴史『踊る裸体生活』
勉誠出版，2017年）。この頃「アーリアの叡知」，アリオゾフィーを主張
する思想家のなかには，ユリウス・ラングベーン（1851-1907，『教育者と
してのレンブラント』）などがおり，ラングベーンは著書のなかで自然賛
美とともに身体鍛錬による精神，道徳の健全を説いているから，〈健全な
る……〉の広がる土壌がすでに準備されていたともいえるであろう。ド
イツの遅れた近代化は，工業化，都市化，それらに反発する田園運動などを
発達させた。そのなかに自然への回帰や身体性への回帰が見られ，それが
ワンダーフォーゲル運動などにも通じていくのである。身体鍛錬の重視と
反知性主義的な傾向は，なにもヒトラーのみに見られる発想ではなかった。

　（補足2）これは「ヒトラーの青年教育論」とされる記事で，もとはヘ
ルマン・ラシュニンク「ヒトラーとの対話」からの抜粋。

【参考文献】

ペルシウス，ユウェナーリス，2012，国原吉之助訳，『ローマ諷刺詩集』岩
　　波書店。

田中祐吉，1920，『間違だらけの衛生』大阪屋號書店。

今村嘉雄，1968，「一，李蘭土氏講義 體育論」『学校体育の父 リーランド博
　　士』不昧堂。

戸坂潤，1966，「学生スポーツ論」『戸坂潤全集』第四巻，勁草書房。

北豊吉，1928，「體育運動と思想問題」『體育と競技』4(10)。

鳩山一郎，1933，『スポーツを語る』三省堂。

下田次郎，1928，「第四節 運動競技の實用的方面」『運動競技と國民性』右
　　文館，p. 14。

増田晶文，2012，『果てなき渇望』草思社。

三島由紀夫，1984，『実感的スポーツ論』共同通信社。

第16章 スポーツとエスニシティ

アフリカンダンスに学ぶ，創造と戦略の実践

中川千草

1 はじめに

「Non（違う）！」声の主は，腕を腰に当て仁王立ちしているダンスの師匠だ。「こう！」と見せてくれる手本との違いがわからない。詳細な説明がないまま，何度も真似てみる。「そう，それ！」といわれホッとすることもあるが，たいてい「違う！」と一蹴され，困惑することになる。師匠は突然，踊り始めのステップを左右入れ替えたり，振り付け

写真 16-1　筆者と師匠とのレッスン風景

を一つ飛ばしたりすることがある。信じられないかもしれないが，このとき，彼女はこの変更に気づいていない。そして，教えられた通りに踊る筆者がミスしたかのように，残念そうな表情を見せる。あるいは，鼻で笑う。岩を砕くようなダイナミックさを帯びるダンスが讃えられ，粉砕するというフランス語の動詞 concasser（コンカセール）というニックネームをもつ彼女は，筆者の心もしばしば打ち砕く。クレームが出てもおかしくない，こうした一連の理不尽さと困惑を伴うレッスンは，「アフリカンダンス」に親しむ者には「あるある話」だ。

　2007 年，太鼓の演奏に合わせた躍動感たっぷりのこのダンスを初めて目にし，一気に引き込まれた。その 1 年後には，ギニア共和国（以下，ギニア）へわたり，現地で師匠のレッスンに参加していた。欧米では，西アフリカ出身者によるレッスンが体系化されていたり，エクササイズとしての市民権を得ていたりと，知名度が高い。一方，日本では，ヒップホップやサンバの原点として知る人ぞ知る，といったところだろうか。

　さて，実際にダンスを習い始めると，アフリカンダンスと一口にいっても，さまざまな曲＝リズムパターンがあるということに気づく。その数は数百にものぼる[1]。「これはなんというリズムですか？」と無邪気に問うてしまうと，大変なことになる。

　　　　このリズムは，マリではサンジャ（sandja）と呼ばれるけど，ここ，ギニアだとランバン（lamban）です。マリンケ（Malinké）のジェリ（djéri）ね，そうグリオ（griot）のリズム。だから，ジェリ・ドン（djéri-don）ですね！大事なリズムです。

　この解説に頷けるようになるまでには，少々時間がかかる。しかし，他愛もない質問が，地域の歴史や地理，社会構造を知る扉を開くこともある。スポーツの定義は計り知れないが，第 1 章で大野が，スポーツと芸術との重なりについて触れていることや，スポーツが遊戯・競争・肉体的鍛錬の要素を含む身体運動の総称であるという辞書的な解釈（広辞苑第七版）を踏まえ，ここではアフリカンダンスをスポーツとして位置づけたうえで，その歴史的背景や実践を通し，エスニシティ（民族性）を学ぶというテーマに挑む。

写真 16 - 2　路上イベントで向き合うダンサー
（手前右）と演奏者たち（奥）

2　アフリカンダンスのいろは

2. 1.　双方向的なコミュニケーションとして

　アフリカンダンスは，生演奏で踊ることを基本とし，伝統的な楽
器[2]と不可分の関係にある。複数の打楽器それぞれが異なるリズ
ムを繰り返し刻み，それらが重なることによって，曲の基礎部分が
つくられる。それに合わせて，自由に，あるいはダンスの動きに合
わせ演奏したり，曲の始まりや終わりを合図したりと指揮者のよう
な役割を担うソリストが存在する。この両パートによって構成され
る楽団形式が一般的だ。

　演奏者間，そして演奏者とダンサーとの間では，いくつかの決ま
りごとが共有されている。これが欠けてしまうと，すべてが噛み合
わなくなってしまう。ショーなど，人に見せることを前提とした場
合，これらを踏まえ十分に練習しているが，年中行事などに代表さ
れる即興的な場面においては，演奏者（音）とダンサー（動き）と
の息が合わないという事態が起こりやすい。すると，ダンスに音を
合わせ切れないソリストに対し，ダンサーがジェスチャーで交代を
促したり，演奏を無視するかのように踊るダンサーが強制退場とな
ったりする。独りよがりや一方通行は，歓迎されないということだ。

反対に，巧みな演奏にはダンサーが触発され，そのダンサーの熱がドラマーに還元され，と場全体が高揚していく。

このように，演奏者とダンサーとの間には，音と動きを通したコミュニケーションがある。ダンスと演奏の良し悪しは，この「対話」を引き出せるかどうかにかかっているといっても過言ではない。ギニア出身の演奏者兼ダンサーの EB は，次のように語った。「立つ場所さえあれば，どれだけ狭くてもダンスはできる。しかし，演奏者への敬意を欠いていては，それは単に動いているだけで，ダンスとはいえない。その逆も然り。演奏者はダンスを見て叩かなければならない」。彼の語りはまさに，この双方向的なコミュニケーションについて指摘している。

2.2. 誰が，いつ，なにを踊るのか

アフリカンダンスの定義については諸説あるが，ここでは，「ギニアやマリなどの西アフリカにおいてかつて栄えたマリ帝国（1230年代-1645 年）にルーツをもつといわれるマンデ（Mandé[3]）と呼ばれる人びとが主に継承してきたもの」とする。そのうえで，理解を深めるために，現代のマリにおける音楽とダンスの特徴に基づいた，Julien Comtes による四分類を紹介しておく（Comtes 2021）。

一つ目は，「世俗的なダンス」である。踊り方やステップなどに厳密な決まりはなく，その社会に属するすべての者が参加できる開かれたものだ。命名式や結婚式といった行事や日々の生活（遊び）のなかで，主に女性や子どもによって自由に娯楽的に踊られる。二つ目は，「集団としての連帯を示すダンス」である。鍛冶屋や語り部といった特定の職業，あるいはエスニック集団など，集団固有のリズムがあり，それに合わせて踊られる。三つ目は，農作業や割礼など，決められた時期や状況において踊られる「儀礼的なダンス」である。世俗的なダンスと同様，誰でも参加できる。最後は，「神

写真 16 - 3　バレエ団の練習風景

聖なダンス」である。これは，信仰や呪術などとの関係性が深く，世俗的なダンスの対極に位置し，参加者も限られる。

　時間の経過とともに変化する部分もあるが，ギニアにおけるダンスもこの四分類で理解することができる。このうち，二つ目と三つ目に区分されるダンスが主に，アフリカンダンスのレッスンで教授されている。すべてに共通する点は，その社会特有の価値観や欲求に応じているということだ。ダンスと音楽は，娯楽から儀礼に至るまで，誰が，いつ，なにをどのようにして踊るのかが人びとの間で共有され，欠かせないものとして存在する。現地の生活に触れてみると，ダンスが身体運動にとどまらず，重厚な歴史的背景をもち，社会の細かな決まりごとや複雑な人間関係と結びついていることを知り，圧倒されるに違いない。

3　「国民」文化としての音楽とダンス

3.1.　エスニシティという枠組み

　数百を超えるリズムはすべて，それぞれのプロフィールをもつ。その土台となるものが，先に記したエスニック集団にある。たとえば，ソコ（soko）という名のリズムはマリンケというエスニック集団に由来し，ギネファレ（guine-faré）と呼ばれるリズムはススのものとして知られる。

　エスニックとはなにか。日本語では，民族と訳されることが多い。とくに，エスニック・レストラン，エスニック・ファッションなど，エスニックという言葉で知られるように，その大半は異国情緒と結

びつく。また，人類学や社会学，さらには政治学，歴史学などさまざまなアカデミック分野では，エスニック（ethnic）から派生したエスニシティ（ethnicity）という概念の定義だけでも非常に重厚な研究群が広がっている（土田 2007）。

　エスニック／エスニシティ研究の始まりは，1960 年代のアメリカ社会における急速な近代化と多民族化にある。これは均一ではない社会（を自覚すること）の始まりであり，次第に社会のあり方が大きく揺るがされることになるが同時に，同質であることを重視した文化主義やナショナリズムが台頭し，多様な人びとの「統合」が進み出す。また，「人種のるつぼ」という言葉として知られるように，さまざまな文化が混じり合うことにより，それらは融合し一つの文化が形成されていくという考え方も広がっていった。そこで，異なる文化やルーツをもつ各集団に着目した研究が，盛んにおこなわれるようになる。

　そのなかで，ネイサン・グレイザーとダニエル・モイニハンは，文化は互いに接点をもつが，同化されていくのではなくむしろ，それぞれの集団の境界がより強化されることを指摘した（N. グレイザー・D. モイニハン 1963）。そのうえで，文化的な特徴を共有する集団を分析する概念として，新たに「エスニシティ」を提案し，その解明に取り組んだ（金 2000）。その後，学問分野の垣根を越え，エスニシティに関する具体的な事例分析が重ねられ，原初主義（primordialism）／用具主義（instrumentalism），本質主義（essentialism）／構築主義（constructionism）などの異なる理論のぶつかり合いが始まる。

　たとえば，文化人類学者クリフォード・ギアツは，社会，時代さらにそこに存在する人びとごとに，集団におけるつながりの強さは異なるということを認めつつも，原初主義の立場から，エスニシティを，自然発生的な愛着，あらかじめ与えられたもの（与件），根

源的なものとして捉えた（ギアツ 1987）。つまり，エスニシティとは，つくられるものでもなければ，勝手に変えられるものでもないという考え方だ。ただし，原初主義は，エスニシティを非近代的，非合理的と見なし批判したわけではなく，社会や集団にとって必要なものとして肯定的に位置づけた。しかし，エスニシティの本源的な意義を強調するということは，集団に対して不変性を求め，曖昧さを許さないことに変わりない。ひいては，なんらかの差別や偏見の黙認，助長につながりかねないというリスクすらある。

　この点を指摘し反論をぶつけた立場が，用具主義や構築主義である。これらは，エスニシティは変化するということを前提とし，かつ国家のエリートや支配層の道具・手段としてつくられさえするという共通の認識をもつ。政治学者ベネディクト・アンダーソンは著書『想像の共同体』のなかで，国民とは心に描かれた想像の共同体に過ぎないとし，エスニシティについても，もっともらしくつくられた虚構だとした（アンダーソン 1983）。

　この用具主義，構築主義的観点は，植民地支配を経験したアフリカ社会におけるエスニシティを捉える視点として有効である。文化人類学者の竹沢尚一郎は，ニジェール川流域における複数の漁民グループが新たなエスニック集団として，植民地行政府によって強制的に統合されてしまったことを明らかにした（竹沢 1999）。また，東アフリカの植民地支配とエスニシティとの関係性について詳述した松田素二によると，同地では，宗主国だったイギリスが地理的な「境界」をエゴイスティックに引き，植民地経営という都合に合わせ，既存の集団の再編や新規集団の創造を横行させていたという（松田 2000）。その際，支配側に協力しそうな人物を上に立たせたり，特定の集団を中間的な支配役とし，「植民地搾取システム」の末端を担わせたりすることが一般的だった。これにより，集団間の緊張と，エスニシティの固定化や強化が一層引き起こされるということ

は珍しくなかった。独立後のアフリカ各地における紛争は，こうした歴史的背景と無関係ではない。本源的かつ自然発生的に見えるエスニシティやエスニック集団は，アフリカ社会ではとくに，植民地支配のプロセスにおいて発明された近代的集団の典型ということだ（松田 1992）。

　ただし，構築主義的なエスニシティの解釈では，説明し切れない現象もある。その一つは，先住民などのマイノリティによる主権運動に見られる正当性の主張において顕著だ。なぜなら，マイノリティは自らの正当性を主張するために，本質主義的な表現や主張を引き受けざるを得ないからだ。ないがしろにされてしまう権利や立場を取り戻すためには，第一に自己の「正しさ」を説得的に説明したり，自己と他者との境界をあえて可視化するような語りをしたりすることになる。ただし，それは一つの戦略あるいは政治的行為である。近年のアフリカ系アメリカ人コミュニティから始まった「Black lives matter」は，その代表例だろう。

　このように，複数の主義が互いを批判的に検討しながら，エスニシティ研究を発展させてきた。ここで注意しておきたいことは，どれが正しいかという単純な話ではないということだ。社会学者マルコ・マルティニエッロは，エスニシティを「常時最低限の相互行為がおこなわれている他の諸集団の成員と文化的に異なっているとみずから見なし，他者からもそのように見なされている，社会的諸行為のあいだの社会関係の一側面」（マルティニエッロ 2002：27）とし，他者や他集団との関係性から，エスニシティの実体を捉えようとしている。この見地は，以下に示していくギニア的エスニシティの理解を助けてくれる。

　現在ギニアは，（人口の多さという点で）三つの主要なエスニック集団と 20 前後の少数集団を抱えている。首都コナクリが 1890 年にフランス領とされて以降，1958 年まで植民地支配下にあり，1920

年代に国内を四つの地域に分割する動きがあった。この地域分割は
地理的特徴とエスニック集団の集住地域に基づいたもので，植民地
主義によるエスニック集団の近代的な再構築（顕在化と意識化）の
象徴である。現在もこの地域区分は揺るがず，高ギニア地方にはマ
リンケ，中ギニア地方にはプル（Peul），低ギニア／海岸地方にはス
ス（soussou）およびバガ（baga），そして森林地方のキシ（kisi），と
地域区分とエスニック集団の拠点を重ねて紹介，理解されている。
現行の紙幣にも，各エスニック集団に属する女性たちの髪型などの
特徴をデフォルメしたイラストが採用されている[4]。これもまた，
エスニシティを再確認，再補強する「装置」として働く。

3.2.　つくられた「国民」文化

　植民地時代には，支配者層の都合に合わせ強調されたエスニシテ
ィが，独立後の国家建設では，障壁と見なされた。共通の言語も習
慣ももたない人びとを，一つの国家の「国民」として自覚させなけ
ればならなかったからだ。この難題に対し，ギニアの初代大統領セ
ク・トゥーレは，「国民」文化の構築を掲げた。つまり，すべての
人びとの共通点となり得る文化を新しくつくってしまおうというこ
とだ。

　セク・トゥーレは独立前から，独自の少々過激な政治活動を展開
し，植民地への抵抗や党の宣伝において，とくに識字率が低い社会
において，音楽が有効であるということに早くから気づいていた。
また，独立前にすでに結成されていた舞踊団 Les Ballets Africains
の活動収益を，自身の政治活動の資金とするシステムを構築してい
た（Mazzoleni 2008）。セク・トゥーレは，独立後の文化政策で，こ
うした経験を生かすべく，音楽（とダンス）を基盤とする国民文化
の構築に乗り出す。

　まず，柱となる音楽ジャンルを設定し，それに基づき，国立のポ

ピュラー音楽バンド，伝統音楽合奏団，舞踊団を形成した。各グループに所属する当時のアーティストたちは，オーディションやスカウトを経て，全国から集められた先鋭たちだった。また，「国民芸術文化祭」という名のコンクールを隔年で開催し，地方予選を勝ち抜いた地域の代表と国立グループが決勝で競い合ったり，ラジオでは連日，優勝グループの演奏が流れ，その一部はレコード化され，近隣諸国やヨーロッパにも配給されたり（鈴木 2015a）と，国全体を盛り上げた。あわせて，外国音楽が禁止され，国家を自覚できるような政治的メッセージを歌詞に盛り込むように指示されるなど，国内の音楽活動すべてが国家建設，国民文化の構築に収斂されていった。

国立舞踊団 Les Ballets Africains では，演奏するリズムや演目の下敷きとなるストーリー（民話など），さらに楽器がギニア全土から収集された。いずれも，各エスニシティを彷彿，強調するようなものばかりだが，首都で活動する国立グループがそれらを奏で踊ることにより，エスニシティの渾然一体感を演出した。たとえば，マリンケ由来のリズムをススの言語で歌ったり，キシ由来の楽器をキシではない人びとが演奏したりする。こうして，「国民」文化が生み出されていった（Goerg 2011）。

エスニシティの混在を演出するナショナリズムは，その後も引き継がれた。1980 年代に国立グループの仲間とギニア各地を演奏旅行したドラマーの MB は，それが情報収集の機会になったと振り返る。各地には大小さまざまなローカルグループが存在し，そこで初めて聴くリズムがいくつもあった。ある日，マリとの国境近く，ギニア北部のサンカラン（Sankaran）という街で，その地名と同じ名をもつエスニック集団がオリジナルのリズムを奏でるのを目の当たりにし，首都に帰ると自らのグループの演目として，「Sankaran-Foli（サンカランのリズム／音）」を仕立てた。MB は後に作成したア

ルバムにこの曲を収録した。

　一般的に，エスニシティについて理解し説明する際，文化はその中心となる（Diakhaby 2022）。しかし，ギニアの文化政策はまず，文化（音楽・ダンス）を脱エスニシティ化させ，国民という新しい概念の要素として再定位した。ギニアの国歌は，かつてのプルの指導者であるアルファ・ヤヤを賛美する歌を，マリンケの作曲家がアレンジするという「妙技」によってつくられたという。それは，エスニシティを超えようとする（政府側の）願望の現れといえる（Goerg 2011）。

4　戦略としてのエスニシティ

4. 1.　グリオとマンデ社会

　国民国家建設に向けて，音楽とダンスを通した脱エスニシティ化が積極的におこなわれ，アフリカを代表する新たな文化が生み出された。そのなかで，アーティストたちの間では，先に記したような少数派による権利主張を目的とする動きが見られる。アーティストとしての「正当性」とは，実力，腕前であるところが大きいが，こうした実力主義とは異なるものがある。それは，出自によって示されるものだ。たとえば，父親が木琴奏者で母親はダンサー，親兄弟すべてが太鼓奏者など，幼少期から音楽とダンスを学び身につける環境にあったということ，なかでも，著名なアーティストの親族であるということは，箔がつくことになる。こうした家系に生まれれば，他者からの信頼を勝ち取ることができ，行事やステージへの出演，教授の機会に恵まれる。腕が良く，出自も確かだとなれば，アーティストとしての「正当性」はより強固なものと見なされる。

　さらに，この出自に関連した「正当性」を補強するものがある。それは，グリオであるということだ。グリオ（フランス語 griot／マ

リンケ語 djéri／スス語 yéri）は古くから，文字ではなく口伝え（言葉）でのコミュニケーションをメインとする社会において，情報伝達を担うコミュニケーターとして位置づけられてきた（Opou 2022）。とくに，マンデ社会では，彼らが担う役割は多岐にわたり，その役割や定義を一言で説明することは難しい。職業の一つでもあり，社会的身分として解釈することもできる。

写真 16 - 4　結婚式で歌い上げるグリオ

　「人はグリオになるのではなく，グリオとして生まれる」という言葉の通り，グリオの定義においては第一に出自（血縁）が重視される。ただし，グリオの家系に生まれたからといって，全員がグリオとして生きるわけではない。10 歳に満たない段階で，グリオとして生きるか否かを決めることになる。グリオとして生きることを選んだ者はそこから，年長者によって知識や技術，振る舞いなどを仕込まれていく。グリオはかつて，王室と密接な関係にあり，政治的な決定においてアドバイザーや仲介者として期待され，それに応えてきた。いまもコミュニティでは一目置かれる存在であり，家族や親族，友人間の揉めごとの解決を買って出ることがある。

　グリオの最も重要な役割の一つに，マンデ社会のバイブル「スンジャタ叙事詩」を木琴やハープを演奏し歌いながら語り継ぐというものがある。この詩は，スンジャタ・ケイタという英雄の数奇な運命とマリ帝国建設までの活躍がまとめられたものだ。これが語り継がれることによって，社会がマンデというエスニシティによって結びついていることを確認する機会が提供される。マンデ社会の音楽に詳しい文化人類学者の鈴木裕之によれば，マンデ社会における家系のほぼすべては，「スンジャタ叙事詩」の登場人物と，姓を通じ

てつながっているという認識が共有されているという（鈴木 2015b）。グリオはこれを利用し，結婚式や葬式などの人生儀礼などにおいて主役や出席者を讃える際，まるで叙事詩に登場する英雄であるかのように扱う。このとき，人びとは自らがマンデ社会の一員であること，つまりエスニシティによる結びつきを再確認する。

4.2.　アーティストとしてのグリオ

　グリオという職業／社会的ポジションの継承は，性別を問わない。ただし，男性は楽器（木琴やハープ）を演奏し，女性は歌い手となる傾向が強い（Opou 2022）。伝統楽器の製作，メンテナンス，そして演奏のノウハウ，歌そのものは，世代を超えて受け継がれつつも，即興性や創造性などアーティストとしての才能も磨かなければならない。

　ギニアでは現在，複数のマンデ系エスニック集団を確認することができるが，そのなかでもマリ帝国直系として知られるのは，マリンケである。そのうち，Kouyaté（クヤテ）や Diabaté（ジャバテ）は，グリオの代表的な姓の例である。あるアーティストが，「私の名前は，ジャバテだ」と自己紹介した。筆者も名乗り返そうとしたが，彼はそれを遮り，少し語気を強め「ジャバテだ！」と繰り返した。彼はどうやら，筆者から「ジャバテということは，あなたはグリオですね！」という反応を引き出したかったようだ。このように，出自を強調し，自分は単なるアーティストではない，グリオという真のアーティストだと主張したがる若いアーティストに出会ったことは，何度もある。この「正当性」を理由に，相場より高額のレッスン料を要求されることもある。実際には，すべてのグリオが技術面で秀でているわけではない。ゆえに，「あいつはグリオだと自慢ばかりするが，演奏は下手だ」とか，「グリオとしての知識や技術を引き継いでいないミュージシャンはニセモノだ」などと，グリオ／

非グリオ間の相互批判をしばしば耳にする。

　グリオ家系に生まれ，ダンサーであり歌手でもある AK は次のように語った。

　　　祖父は木琴奏者，祖母と二人の叔母は歌手という典型的なグリオの家系。13 歳の頃，スカウトされ首都のグループに入った。17 歳でギニアを離れ，パリに拠点を移した。フランスでの生活の方が長くなったが，グリオとしての教えや誇りを忘れたことはない。私はグリオだといえる。どんなリズムも教えることができる。ススやバガのリズムも十分に知っている。ただ，自分からレッスンで提案するリズムはマリンケのものだけ。なぜなら，私はマリンケのグリオだから。でも，それをあえて説明したり主張したりはしない。本物のグリオは，わざわざいわない。歌えば，わかる。演奏すれば，わかる。踊れば，わかる。グリオだと主張する者ほど，自信も技術もない。マリンケのグリオだということが，故郷を離れた私の心の支えとなっている。とても大事なこと。

　彼女は，著名なギニア人歌手でありグリオである故モリ・カンテ（Mory Kanté）に才能を見出され，ヨーロッパツアーに同行したことがきっかけとなり，フランスに移住した。これはアーティストとしての成功例だ。

　ギニアは国民文化の形成にこそ成功したかもしれないが，政治不安や経済的困窮から抜け出せないまま現在に至る。そこにいるかぎり，安定した収入を見込めず，より良い暮らしを求め海外への移住を望むアーティストは少なくない。しかし，欧米でアーティストとして成功できる者はほんの一握りである。低賃金かつ重労働に就き日銭を稼いだり，バーや路上で時折アーティスト活動をし，投げ銭に頼ったりする。あるいは，その厳しく辛い現実から逃避すべく酒やドラッグに溺れてしまうこともある。アーティストとして成功す

るためには，腕の良いプロモーターや経済的なサポートも担ってくれるような友人知人が必要だ。こうしたサポーターを引き寄せる際，グリオというプロフィールが効力を発揮する。とくに，スンジャタ・ケイタの系譜を継ぐマリンケのグリオならば，そのエスニシティに担保される正当性は格好の宣伝材料となり得る。

　やはり，エスニシティを無色透明にすることはできない。それぞれの言語や習慣は当然残っているし，このように生きる糧として改めて意識化され続ける機会があるからだ。

5　おわりに

　ダンスはじつに楽しい。音楽を感じ身体を動かすことにより，スポーツ全般に通じるリフレッシュや癒やし，健康維持を叶えてくれる。また，ダンスは次の学びの扉を開いてくれるツールにもなる。たとえば，親しむダンスにはどのような背景があるだろうかと考えてみよう。スペインのアンダルシア地方に伝わるフラメンコ，古代エジプトに発祥したベリーダンスなど，その文化的背景がある程度共有されているものもある。また，ストリートダンスは年々，ロック，ポップ，アニメーションなどと，細分化と多様化が進んでいる。その分岐の所以はなにか，どこで／誰が／どのように広めたのか。その詳細を知り学ぶことは，技術を高めることにもなるだろう。

　西アフリカには，ここで紹介したもの以外にも，伝統楽器を用いたセネガルのサバールダンスやガンビアのソウルウバなどがある。また，ガーナのアゾント，南アフリカのパンツーラのように，楽器の生演奏ではなく，各地のポピュラーダンスミュージックに乗せて踊るものもある。コートジボワールのクープデカレ（coupé-décalé）もその一つだが，同国からの移民である若手 DJ グループがパリで制作した音楽が始まりだという（Siddhartha 2012[5]）。名の由来は，

移住先のフランスでの反骨精神をコートジボワールのスラング couper（だます），décaler（逃げる）という二語で挑発的に表現したことにある。その後，本国に逆輸入され人気を博し，それがアフリカ全土に広がり，ヨーロッパに再輸入されていった。時事問題に触れた歌詞や，強制収容を意味する鎖で吊るし上げられた手を模倣する振り付けなど，政治的な側面をもつのも特徴だ。

　このように，私たちがその気になれば，想像もしなかったような世界を知ることができる。ダンスを単なる身体運動にとどめてしまうことはもったいない。さて，冒頭のリズムの解説を改めて見てほしい。「だから，ジェリ・ドンですね！大事なリズムです」に頷けるようになっているのではないだろうか。

【注】

1）たとえば，マリ共和国（以下，マリ）の首都バマコ（Bamako）では，100 以上の異なるリズムを確認したことが報告されている（Comtet 2021）。アフリカンダンスを趣味として習ってきた筆者が，識別できるリズムだけでも 30 以上はある。

2）代表的なものとしては，木（丸太）をくり抜き整えたのちに，ヤギ皮を片面のみに張り，素手で演奏するジェンベ（djembé）と，ウシ皮を両面に張り，バチを使って演奏するドゥンドゥン（doundoun/doundounba）などがある。ドゥンドゥンはバチを使用して演奏する太鼓のうち最も大きく低い音が出る。同様の形状で最も小さく高い音が出るものはケンケニ（kenkeni），ドゥンドゥンとケンケニの間に位置するものはサンバン（sangban）と呼ばれる。

3）西アフリカにおいて，マンデ系言語によって結びつく集団。ギニアでは，マリンケやススなどのエスニック集団がここに属する。

4）5,000NFG 紙幣には有名な彫刻ニンバ像とプルの女性，1,000NFG 紙幣にはススの女性，500NFG 紙幣にはバガの太鼓とマリンケの女性，100NFG にはバガ像とキシの女性のイラストが描かれている。

5）パリ第一大学の研究者でありこのジャンルに詳しい Dominik Kohlhagen

の解説をもとに，アフリカとアフリカンディアスポラの音楽に特化したメディア Afropop Worldwide の共同プロデューサー（Siddhartha M.）のまとめによる。

【参考文献】

Anderson, B., 1983, *Imagined Communities: Reflections on the Origin and Spread of Nationalism,* New York: Verso Books（白井隆・白井さや訳，1987，『想像の共同体──ナショナリズムの起源と流行──』リブロポート）.

Comtet, J., 2021, *Mémoires de Djembéfola: Essai sur le tambour djembé au Mali Méthode d'apprentissage du djémbé,* Paris: L'Harmattan.

Diakhaby, O., 2022, *L'ethnicité en Guinée-Conakry: au prisme de l'organisation sociopolitique,* Paris: L'Harmattan Guinée.

Gates, H. L. and Appiah, A. eds, 2004, *Africana: The Encyclopedia of the African and African American Experience,* Oxford: Oxford University Press.

Glazer, N and Moynihan, D., 1963, Beyond The Melting Pot: The Negroes, Puerto Ricans, Jews, Italians, and Irish of New York City, Cambridge: M. I. T. Press and Harvard University Press（阿部齊・飯野正子訳，1986，『人種のるつぼを越えて──多民族社会アメリカ──』南雲堂）.

Glazer, N and Moynihan, D., 1975, Ethnicity: theory and experience, Cambridge: Harvard University Press.

Marco, M., 1995, *L'ethnicité dans les sciences sociales contemporaines,* Paris: Presses universitaires de France（宮島喬訳，2002，『エスニシティの社会学』白水社）.

Mazzoleni, F., 2013, L'épopée de la musique Africaine, Paris: Hors Collection.

Goerg, O., 2011, Couper la Guinée en quatre ou comment la colonisation a imaginé l'Afrique, *Vingtième Siècle. Revue d'histoire,* Presses de Sciences Po, pp73–88.（Retrieved September 3, 2022, https://www.cairn.info/revue-vingtieme-siecle-revue-d-histoire-2011-3-page-73.htm#re38no38）.

Kamara, L., 2022, *Ethnies, paris politiques et cohésion nationale,* Paris: L'Harmattan Guinée.

Opou, E. M., 2022, *Le griot: pensée et mémoire de la tradition orale,* Paris: L'Harmattan Congo-brazzaville.

Siddhartha, M., 2012, *The Hip Hop Generation: Ghana's Hip Life and Ivory*

Coast's Coupé-Decalé.（September 27, 2022, https://afropop. org/articles/the-hip-hop-generation-ghanas-hip-life-and-ivory-coasts-coupe-decale）.

C. ギアツ，吉田禎吾・柳川啓一・中牧弘允・板橋作美訳，1987，『文化の解釈学 II』岩波書店。

金明美，2000，「日本におけるエスニシティ論の再検討：バンダリー論を中心として」『民族研究』65（1）：78-93。

新村出，2018，『広辞苑』（第七版），岩波書店。

鈴木裕之，2015a，『恋する文化人類学者―結婚を通して異文化を理解する―』，世界思想社。

鈴木裕之，2015b，「伝統とモダンの間―あるグリオ一族の歴史―」『アフリカン・ポップス！文化人類学から見る魅惑の音楽世界』，明石書店，82-111。

竹沢尚一郎，1999，「ポゾとは誰のことか」『民族学研究』64（2）：223-236。

土田映子，2007，「『エスニシティ』概観：コンセプトの形成と理論的枠組」『グローバリゼーションと多文化共生（国際広報メディア研究科・言語文化部研究報告叢書）』68，北海道大学，219-239。

中川千草，2019，「夢見るギニアのアーティストたち（ギニア）」アフリック・アフリカ『アフリカ便り』（https://afric-africa.org/essay/country/guinea-essay/generation17-htm/）（2022 年 8 月 10 日閲覧）

松田素二，2000，「日常的民族紛争と超民族化現象―ケニアにおける 1997〜98 年の民族間抗争事件から―」，武内進一編『現代アフリカの紛争―歴史と主体―』，日本貿易振興会アジア経済研究所，55-100。

第17章 スポーツと芸道

能楽と武道はなぜ「近い」のか

伊海孝充

1 「わざ言語」の不思議

大学生時代まで，サッカーに熱中していた。筆者のアイドルは，ユヴェントスなどで活躍した元フランス代表のミシェル・プラティニで，彼の出場した試合を目に焼きつけ，お気に入りのプレーをよく真似していた。とくに，懸命に練習したのはフリーキックである。敵がつくる壁を越え，曲がって落ちるボールはどのように蹴ればよいのか。いまのようにインターネットにつなげば好きなだけ動画が見られる時代ではなかったので，一度見た映像に想像をめぐらして，何度も練習した。その甲斐もあって，高校生のときには試合で得点できる程度の腕前（脚前？）になった。

そうすると，今度は「教えてほしい」と言われるようになったが，いざ教えようとするとなかなか難しい。軸足の置き方，蹴り方などは簡単に口で伝えることができる。ただ，それだけで思い通りにボールを蹴られるわけではない。他にも体の感覚にかかわる微妙な調整が必要であり，これを口で説明するのは不可能に近い。実際，蹴ってもらった後で「ボールを足にのせて擦り上げるように」「腰から下を持ち上げるように」と伝えたり，それでもうまくいかないと「ボールからゴールまで線でつなぐイメージをもつ」などよくわからない"比喩"を用いて，こちらの思いの丈を伝えた。スポーツや身体表現にかかわった者なら，教える側としてあるいは教わる側と

して，一度はこうした困難さを経験したことがあるだろう。

　ある動作を別な出来事・事象や抽象的な表現にたとえ，言葉で伝えようとする言語活動は「わざ言語[1]」と呼ばれている。この言葉は，ハーバード大学の教育哲学者であったヴァーノン・ハワードの著書 *"Artisty"* のなかで声楽の教授プロセスで用いられる独自の表現「craft of language」を，生田久美子が拡大解釈して定義づけたものである。この「わざ言語」は，Task（課題活動）と Achievement（達成状態）の間に介在するものとして，①具体的な動きや形を指示する役割，② Task の段階と Achievement の段階の間の橋渡しをする役割，③意図的な指示の不可能性を認識したうえで伝達を諦めずに発するもの，という三段階から成る。さらにこの言語は，「積極的かつ具体的意図」があるわけではない。むしろ，教え手の「芸境」を感覚的に伝えるものであり，具体的に伝えることの不可能性を認めながら，それでも教えたいことを学習者に突きつけるパラドックスを内包している，と生田は言う。

　このわざ言語の可能性と不可能性は伝統芸能・技能の伝承のなかにもよく見られるが，本章では能楽と武道について着目する。両芸能におけるわざ言語の機能を分析するのではなく，互いが互いのわざ言語となる関係性から，両芸能を貫く精神性について考えてみたい。

　ここで能という芸能について，簡単に説明しておいたほうがよいだろう。能は室町時代に誕生した芸能で，狂言とともに「能楽」と呼ばれることもある。能と狂言は物真似や秀句（ダジャレのような言葉芸）を主体とする「猿楽」から生まれたが，能は室町時代中期に歌（謡）と舞を中心とした歌舞劇へと転換する。この時代に重要な役割を果たしたのが世阿弥（1363?–1443?）である。世阿弥は自身の芸を理論化した伝書を編み，現在も演じ続けられている多くの作品を残した。とりあえず，これくらいの予備知識で話を進めたい。

写真 17 - 1　カマエの姿勢
（シテ方金春流　井上貴覚氏）

　能役者（能楽師）というと，舞台で芸を披露することで生計を立てていると思う人が多いかもしれない。たしかに世阿弥時代の役者は自身の芸を披露することが主収入源であったが，室町時代後期（15 世紀後半）には役者が素人に「稽古」をつけることも多くなる。現在では稽古を主収入源としている能役者が多いが，これは能楽に限らず，ほとんどの芸能・芸術も同じである。芸術を生業にするということは，お稽古・習い事文化と深い関係をもつということなのである。

　稽古は，わざ言語があふれる場である。たとえば能の基本姿勢である「カマエ」を例に見てみよう。これは背筋を伸ばしたまま少し前傾となり，身体を安定させるために腰に重心を置き，後ろに引きつける力を加え，両腕は円形をつくるように肘を張る姿勢である（写真 17 - 1）。これといわゆる摺足で歩行する「ハコビ」が能の基本所作となっている。この二要素から成る能の演技は，よく「動かない」「遅い」と揶揄されることもあるが，ただゆっくり歩いているのではない。この緊張感のある姿勢を継続させるわけなので，そこには厖大なエネルギーが込められているのである。

　この姿勢の説明の仕方に，能役者たちはさまざまなわざ言語を用いてきた。稽古の場では当意即妙に出てきたものもあれば，自分の師匠の言葉として受け継がれてきたものもある。よく知られているものとしては，「アクセルを踏みながらブレーキを踏むように」「前後左右から糸で引っ張られているように」などがある。またエネルギーを込めるからといっても力んではいけないので，「恐竜の卵を抱えるように」などの表現もある。このわざ言語から，能役者がいかにこの姿勢を重視しているのかという思いとカマエをするときの心構えは理解できても，これを聞いてただちに正しい体勢が取れるかは別問題であろう。

　こうした能のわざ言語を歴史的に遡ったとき，武道（江戸時代までは「兵法」と呼ぶことが多い）との関係に行き当たる。後述するように，能と武道との関係はすでに室町時代の伝書に説かれており，武道が能のカマエの成立に深くかかわっていると考えられることも多い。現在の能や武道の実演者のなかには，自らの修練の経験を通し，この二つの芸道から類似点を感取し，両者に共通した精神性や日本人の固有性を導こうとする人もいる。まさに，能において武道が，武道において能が一種のわざ言語のように機能している。生田が述べているように，わざ言語は伝えることの不可能性も帯びているので，能を武道にたとえること（もしくはその逆）で，その内容が名状し難い秘伝であるかのように思われる向きもある。ただし，両芸能はこうした神秘性でつながっているわけではなく，類似性が指摘されるだけの「近さ」がある。本章ではいくつかの文献を通して，歴史的に能と武道の関係を見つめ直してみたい。

2　「兵法と鞠が能に近く候」

　能と武道との近似性が指摘されてきたのは，武道を学ぶ能役者[2]）

がいたことも影響している。とりわけ能楽最古の流派であるシテ方
金春流（シテ方は主役などを務める）は武道と関係が深く，そのな
かでも江戸初期の金春大夫であった七郎氏勝（1576-1610）は柳生石
舟斎宗厳の弟子で柳生新陰流の奥義を極めただけでなく，宝蔵院
流の槍，新当流の長刀，大坪流の馬術の伝書を相伝されるほど
であった（奈良生駒宝山寺が所蔵）。それが影響してか，氏勝は金春
流のレパートリーにはなかった《熊坂》《橋弁慶》（いずれも長刀芸
を見所とする）をよく演じたという。

　さらに狂言役者でも武道を学んだ者がいた。大蔵弥右衛門虎明
（1597-1662）は，長刀・剣術・馬術だけでなく，小具足・取手，種
子島小筒，鳴弦，軍法までも習得したと述べている。虎明の芸談
『わらんべ草 3)』には「心は腰にある。（中略）腰が座らなければ弱
く見える」というように，腰・胴への意識が強調されているが，そ
れは虎明が武道を学んだからかもしれない。

　この能と武道の関係を最初に詳しく論じたのは，室町時代後期
（15 世紀中頃）の金春大夫で，能の制作にも功績を残した金春禅鳳
（1454-1532）である。前述の通り，室町時代後期に能の稽古文化が
始まるが，禅鳳も素人へ稽古をつけることを生業の一つとしていた。
その様子は『禅鳳雑談 4)』という彼の芸談に記されているが，こ
のなかにわざ言語のような比喩表現が散見される。たとえば，能と
茶道を関係づけて，「金の茶道具より割れた備前焼の方が価値があ
る」という意見を踏まえ，能は「『しみ凍る』ような風情が面白い」
と述べている。能は，金の茶釜ではなく備前焼のように滋味を含む
ものに価値があるということだろう。

　この芸談で「兵法と鞠が能に近く候」と，能と武道の関係を次の
ように述べている。

　　　　兵法と蹴鞠が能に似ている。蹴鞠は一つ欠点がある。兵法はいず

れも能に似ている。また生け花は能に似ている。生ける花にむしり枯らすような余計な技法をほどこすのではなく，そのまま挿すのが良い。花を挿すその場で，集めておいた花をはらっと解く様子が，能の幕が開いて「埒を破る心」に似ている[5]。

　ここで禅鳳は，能と武道と蹴鞠が似ており，とりわけ能と武道は近似していると述べているが，どこが似ているかについては説いていない。そのため，二つの芸道の接点はさまざまに想像できるのだが，この発言と能のカマエの成立とを関係づける研究[6]がある。剣術は，甲冑をつけない素肌剣法へと移行するなかでより安定した動かない身体を理想としたが，この身体のあり方において武道と能は「近い」とする主張である。禅鳳は，「下腹を引っこませ，腰・腹に力を入れ，手足がすくまないようにする」とカマエに近い姿勢を説きながら，腰への意識を強調している。この意識と先の剣術の身構えに類似性を看取し，能のカマエの萌芽が見られると推測しているのである。

　たしかに，禅鳳が言う能と武道の近さは身体の用い方にあったかもしれない。ただし，筆者は，前掲の記事に続けて生け花と能の類似性[7]を挙げて，本番で自由になる様子を「埒を破る心」とたとえている点に注目したい。これと同じ表現は，『禅鳳雑談』の他の箇所にも見られる。能の稽古をしっかりすることを乗馬の稽古を囲いのなかでおこなうこと（埒（柵）を結う）にたとえ，本番で楽屋から出ることを「埒を破る」と表現している。すなわち，これは稽古で学んだことから〈自在〉になることのわざ言語なのである。ただし，禅鳳の主張の力点はあくまでも稽古にあることに注意したい。自由だからといって，稽古で学んだことを捨ててよいのではない。あくまでも稽古を土台とした〈自在〉なのである。

　それを説明するなかで，禅鳳は剣術の稽古に触れ，わざと身体を

不自由にするために長袴を穿いて稽古をし，当座ではその応用で斬られることはないというたとえ話もしている。

　　　能も謡も「埒を結ぶ」ことが必要である。まずよく習ってからの工夫である。習いもしないでどうして工夫することができるだろうか。よく工夫と稽古を重ねて，その上で楽屋を出て「埒を破る」のである。（中略）兵法の稽古で，動きにくい長袴を腰に据え，笠を背負い，刺し合いを学ぶ。これが稽古である。実際の立合いでは，その応用で斬られないのである。生け花で花を立てる場合も，事前に花などを切り揃えておくことはできない。これから挿す花が束ねてあるものを，はらりと解き，当座で切っていくような様子である[8]。

　ここでも，能と武道と生け花の関係を説いている。三者はぴったりと符合するわけではないが，堅実な稽古を重ねたうえで，本番ではそこから自由になる〈自在〉さの意義を主張していることはわかる。禅鳳が能と武道が「近い」と言う場合，この〈自在〉さに注目していると言える。この点を，武道伝書を読みながらさらに考えてみよう。

3　剣術における身構えと〈自在〉性

　武道家で能に精通していたのは，柳生宗厳の五男で徳川家の兵法指南役を務めた宗矩（1571-1646）である。宗厳が金春氏勝に伝書を相伝していたように，遅くとも戦国時代には柳生家と金春家とは交流があったが（両家の本拠地も近かった[9]），宗矩は自身で能を舞い，傾倒の様子が非難されるほど能に精通していた。そのため，宗矩や彼の後継者は伝書のなかで，たびたび能にかかわる比喩を用いている。

　たとえば，剣術には「懸待」という言葉がある。「懸」は主体的に攻撃をすることで，「待」は敵の攻撃に応対することである。宗矩の『兵法家伝書[10]』は，敵が「待」になった場合の対応として一所に視線を定めないことを説くなかで，能で言われる「二目遣い」のたとえを用いている。また宗矩の子息十兵衛三厳は，敵の動きが細やかである様子を能の「小拍子」にたとえ，それに対して大きな動きをとることを「大拍子」にたとえ，相手と異なるリズムをもつことを金春流の心掛けである「先にあつて我になき拍子」と重ねている（『月の抄』）。能のほうで，宗矩と三厳が言うような教えがあったかは確認できないが，敵と相対したとき，〈自在〉にリズムを変えることを能の音楽にたとえているのである。

　これらの記事から，柳生新陰流では伝統的に剣術と能との親近性が説かれていることがわかるが，重要なのは，能のたとえを用いるとき，「腰を据える」など身体のあり方ではなく，その場での臨機応変な対処に着目していることである。前述の「二目遣い」は，視点を固定せず状況に合わせた目の使い方，「大拍子」「小拍子」は相手との間合いの取り方についての言説である。つまり，当座での〈自在〉さの重要性を説いているのである。

　もちろん，剣術においても身体のあり方・身構えは重要であったが，それは初心者が学ぶべきものと位置づけられていた。『兵法家伝書』の冒頭に「三学」の一つとして「身構」を挙げ，「初学の入り口としてこれから学ぶ」とあり，同じく新陰流の伝書『朏聞集』には，「身を知ることが第一の心掛け」とあるように，身構えは敵とどう対峙するかを説く「五ヶの習」を学ぶ前に，自分自身と向き合う手段と位置づけられている。前林清和[11]は，剣術の構えは技術の習得階梯で「初心の段階から上級の段階に上達していくにつれて，身の備え→攻め→駆け引き→『構え』の否定＝無構え，というように，『構え』の意味合いが変化していくのである」と述べてい

る。すなわち，剣術における理想は，敵との対峙のなかで自由に変化し，身構えからも自由になることなのである。一刀流の伝書『一刀斎先生剣法書』で述べられているように，「構えを重視する者は，外見の実を求め，内面に偽りがある」のであり，「構えに心を取られている」状態なのである。

　そのために，どの流派の剣術伝書でも，敵との対峙の仕方，またそのときの「心」のあり方が力説されている。前述の「懸待」もその一例だが，そのなかでもとくに難解なのは「水月移写」である。水に映る月は確かに目に見えるが，その実体はない。これを敵の心のたとえとし，その水月をいかに自身と一体化させるかを説くものである。たとえば『兵法家伝書』は，相手との間合いを説くなかで，「太刀が当たる距離の内へ踏みこみ，敵に近づくこと」自体を「水月」にたとえ，そのときの心の作用を「移写」とたとえている。一方，『一刀斎先生剣法書』は，「移」が月が水面を移動することで，敵の心に自分の心を重ねること，「写」が月が水面に写ることで，敵の心を自分の心に写し出すことだと言う。

　柳生新陰流の最秘事の一つだけあって，非常に難解に感じるだろう。ただし，この「懸待」や「水月移写」は武道と能の近似性を考えるうえで，重要な視点を提供してくれる。そこで，少々話題が逸れるが，現代の身体論を援用してこの深奥なわざ言語を読み解いてみよう。

　ここで注目したいのは，日本における身体論の先駆者である市川浩の研究[12]で提示された〈同調〉と「脱中心化」である。市川は，17世紀の哲学者デカルトが唱えた心身二元論（精神と肉体を分離する考え方）に疑問を抱き，自己を世界や他者との関係において関係的存在である（他者がいるから自己が認識できる）と捉え，「一つの生成的構造にかかわる構造化の原理でなく，二つの生成的構造の間にはたらく構造の交渉原理」である〈同調〉から身体性を分析した。

たとえば，ボクシングを見ていた〈私〉が無意識にボクサーの動きに呼応して体を揺らしてしまう。こうした同調を「同型的同調」と呼んでいる。さらに，試合が白熱してくると，敵の動きを「なぞる」行為をし，ひいきのボクサーの動きを先取りしようとする。こうした同調を「相補的（応答的）同調」と呼んでいる。こうして，自己の身体はその自己の内部で完結しているわけではなく，他者や環境との結びつきで成り立っているのである。二つの〈同調〉は相互的，円環的に関係するが，議論をシンプルにするために，本章では二つをまとめて〈同調〉と捉えておく。

　市川の身体論においてこの〈同調〉と密接な関係にあるのが，「脱中心化」という考え方である。「他人の身になってみる」という言葉があるが，「脱中心化」はこの考え方に近いと言う。つまり「脱中心化」とは，〈いま・ここ・私〉が中心に存在しつつ，〈ここ〉は同時に〈よそ〉でもあり得ること，私は別の私あるいは他者でもあり得ることを了解することであり，「私のパースペクティヴは常に別のパースペクティヴでもあり得ることが把握される」ことである。

　武道伝書が説く「懸待」「水月移写」は，この〈同調〉と「脱中心化」を必要とする教えだと言える。武道は倒すべき敵と相対する行為である。ただし武道伝書が説いていることは，敵と厳しく対峙することではなく，効果的な攻撃をするために自分を相手に重ね合わせるような発想であり，その究極が「懸待」「水月移写」だと言える。自分が思い描いた攻撃（私のパースペクティヴ）に固執するのではなく，常に相手と〈同調〉するために，敵（他者）の動き（別のパースペクティヴ）にも中心を移すことができるよう説いているのである。現代では型を披露することが中心の技芸があるが，本来の武道は命を狙う敵と相対することが必須であった。すなわち，武道における〈自在〉性とは，自己の身体が敵の身体との関係性の

うえで成り立っているという理解を根本としている。武道伝書は，この明確な“形”がない関係性をわざ言語を用いて説くのだが，市川の身体論はその比喩を解きほぐす手がかりを与えてくれる。

　そして，この「脱中心化」・〈同調〉は能にも当てはまる。役者の身体はそれだけで完結していない。相手の役者，囃子方（楽器担当），そして観客が常に「別のパースペクティヴ」を示す。役者は自身の「脱中心化」とそれらとの〈同調〉を繰り返していくことが必要なのである。本章で言う〈自在〉性とは，役者がこの「脱中心化」・〈同調〉を稽古と経験をもとにして意識的におこなうことであり，武道も当座で同じ作用を必要とする点において，能に「近い」のである。

4　弓術における胴作と〈再現〉性

　市川が説く「脱中心化」は「中心化」と表裏一体である。「中心化」とは，一つのシステムとして成立する自己組織化，自己統一化の構造である。さらに「中心化」はある身体が世界とかかわり，自己を維持するための基本構造でもあり，「〈中心化〉が成熟した〈自己化〉を達成するには，逆説的のようであるが，つぎの〈脱中心化〉を必要とする」と，市川は述べている。この「中心化」という面においても，能と武道は似ている。

　この類似性を考えるうえで，注目したい武道が弓術[13]である。鎌倉時代から小笠原 流，伊勢 流といった弓馬諸式の故実様式が整備され，武家や公家社会に根づく。応仁の乱以降の戦国時代になり，実戦技術が重視されるようになると，日置弾 正 正次が登場し，近世の弓術興隆の基盤をつくった。この弓術と能の伝書から，両者の近似性がやはり見て取れる。

　まず，室町時代末期に編纂された能楽伝書『八 帖 本花伝書[14]』

を見てみよう。これは歴史から演出，囃子，作法にわたる能楽伝書で，編者未詳ながら世阿弥伝書や室町時代の複数の伝書から抄出した記事を包含している。この伝書の第五巻は裸身図を用い，「胴作」を詳述している。たとえば男役の体のつくり方を説明した第二図には，「胸を出さないように」「腰を据えるのが良い」と身構えの注意事項が具体的に述べられている。ここから，室町時代末期には能のカマエが成立したと考えられることが多い。加えて重要なのは，この姿勢が「弓の胴作のようにする」と説明されているように，能の身構えが弓術の胴作と重ねられている点である。

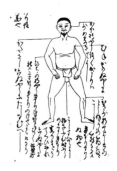

図 17 - 1　古活字版『八帖花傳書』

（法政大学能楽研究所蔵）

　日置正次を祖とする日置流や「新派」と呼ばれる日置流以後の近世の流派の伝書では，この「胴作」を詳述している。弓術において，基本姿勢は足踏（両足を踏ん張る）と弓構（矢を弓弦に張る構え）と胴作の三点セットで説明される。たとえば日置流雪荷道雪派の幕末の伝書『日置流射儀初学式』では，「左右に踏ん張った足の真中にまっすぐ立ち，臍下に気を集中し，体が浮かないようにする。さらに胸が出ないように，また身が縮まらないようにする」と説明されている。すなわち"腰を据える"姿勢である。この胴作は，足踏・弓構とともに常に意識し続けるものとして位置づけられている。

　もちろん，弓術でもその場・状況に合わせた臨機応変さが求められる。そこで弓術はさまざまな分野の伝書に見られる「真・行・草」を用いて，胴作を理論化している（真行草はもともとは書道の書体のことで，「真」は正式な形，「草」は正格を崩した形，「行」はその中間を指す）。たとえば同じく雪荷道雪派の伝書『日置流射学教直

注 書巻』では，「真の胴」は巻藁（藁でつくった太鼓型の的）稽古・
具足（甲冑）弓に用い，「行の胴」は遠矢に用い，「草の胴」は差し
矢（近距離で射る）に用いると言う。至近距離でしかも短時間で多
くの矢を射る場合，“腰を据える”ことを意識することは不可能だ
ろうが，それを「草の胴」と呼んでいるように，あくまでも「胴
作」という基本的意識からは離れないのである。

　能において，基本姿勢がこの胴作と似ているというのは，もちろ
ん“腰を据える”という意識に共通性があるからだろう。ただし，
腰に重心を置くことは他の武道書でも説かれていることであり，弓
術に限ったことではない。では，なぜ能役者たちはとりわけ弓術と
の親和性を感じ取ったのだろうか。それは弓術においては〈再現〉
性が重視されているからではないだろうか。

　たとえば剣術伝書では，その場での臨機応変さが重要視されてい
た。身体を的確に動かすための身構えも説かれていたが，それは自
在な対応をするための出発点であり，身構えに縛られず，そこから
離れることも求められていた。それに対して弓術伝書では，記述の
中心は「こう体を動かしなさい」というパターンと，「こう動かし
てはいけない」というパターンであり，基本的に決まった型通りに
弓を引けば，的確に的（敵）を射ることができるという考えに基づ
いている（当然，不測の事態についても言及がある）。

　以上のように，弓術で重視されているのは常に力みなく弓を射る
動作を繰り返すことであり，この〈再現〉を可能とするのが胴作な
どの基本所作である。弓術も本来は戦場で用いられる武術であり，
いつでも同じ所作が〈再現〉できるわけではないだろうが，矢を射
る環境，射る対象が変わっても射る方法を大きく変えるのではなく，
胴作などを規範に，稽古の成果を常に〈再現〉できるようにするの
が弓術の基本的な考え方だと思われる。

　この身構えに対する考え方を基準に，剣術・弓術と能を比較した

場合，演出が固定化した江戸時代以降の能は，後者に近いことは言うまでもない。能に限らず芸術行為の稽古・練習は，本番で最上のパフォーマンスをするためのものであり，それが即興的に当座でできるわけではない。理想のパフォーマンスは稽古・練習で形づくられるものであり，それを当座で〈再現〉するのである。

このように常に精確な〈再現〉を可能とする身体を構築すること，これは市川が言う「中心化」と重なる。稽古は基本的に〈私〉が中心である。〈私〉の身体を鍛錬し整え，習得した技術を安定的に〈再現〉することを目指す。ただし重要なのは，能も弓術もこの「中心化」に「脱中心化」が内在していることである。

5　「カマエ」とは

能・武道に限らず，稽古と本番の関係は「守・破・離」「序・破・急」「真・行・草」などの言葉とともに，さまざまな芸道で説かれている。しかもその言説の多くは，堅実な稽古と本番での自由な発想の関係を述べるもので，〈自在〉性と〈再現〉性の関係は芸道においては最もオーソドックスな修道論の一つだと言える。ただし，それぞれの芸によって，この二つのバランスや説明の仕方に差異がある。剣術においては〈自在〉性が，弓術においては〈再現〉性が重視されていると考えられる。もちろん，剣術では〈再現〉性を求める稽古に立脚した〈自在〉性なのであり，弓術では〈再現〉性を獲得した先に〈自在〉性を意識している。能においても，金春禅鳳が「埒を破る」ことを説きながら，一方で稽古を重視し奇をてらうような工夫を戒めていることを念頭に置けば，〈自在〉性と〈再現〉性が能という技芸の両輪であったと考えられる。能は室町時代から江戸時代にかけて，芸の質が変化して身体と使い方も変化していった可能性が高いが，けっして〈自在〉性から〈再現〉性へ

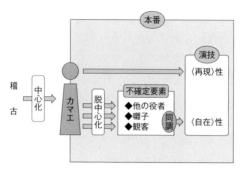

図 17 - 2　カマエの図解

変化したわけではない。禅鳳が能の〈自在〉性を説くときは，それを重視する剣術をわざ言語とし，『八帖花伝書』が〈再現〉性を説くときは，それに重きを置く弓術をわざ言語とした，というだけだと考えられる。その伝書が誰に向かってなにを教授したいのかによって，主張したいことの力点が変化することがあっても，能も武道もこの二つは常に不即不離の関係にあったと捉えるべきだろう。

　では，これまでの武道との関係を踏まえて，能の身体の根本である「カマエ」はどう説明できるだろうか。江戸時代の能楽伝書において，カマエ（身構え）を詳しく説明するものは少ないが，そのなかで『花伝深秘抄』（1745 年写。法政大学鴻山文庫蔵）という金春流系の伝書には，「身構えは弓を射るときの腰の据え方のようにする。体はまっすぐにして胸を固くしないようにして，腰を強く張り出し，顎を出さないように首筋・腰・踵の三点が釣り合うようにする」と，今日のカマエとほぼ同じ姿態が説かれている。大事なのは，同書にはそれに続けて「習熟して，『心』を安定させ，『形』と『気』が一体となったら，当座での工夫を第一とするべきである。ただし，『面白い』と思う道に行くのではなく，『正しい』と思う道に行かなければならない」とも述べている点である。「腰を据える」

姿勢のカマエは動かない姿勢と捉えられることが多いが，ただ稽古を〈再現〉するだけの身体のあり方なのではない。〈自在〉性へと向かうためのシステムでもある。稽古の鍛錬により「中心化」された身体の象徴であるのと同時に，当座の不確定要素と〈同調〉し「脱中心化」へと拡張していく動力にもなる，これがカマエの内実だと言える。そして能と武道が「近い」のは，腰を据える姿勢が似ているからなのではなく，〈再現〉性と〈自在〉性を表現し得る身体の機構が近似するからである。だからこそ，両者が互いに，名状し難いこのシステムのわざ言語になり得たのだろう。

【注】

1）生田久美子・北村勝朗編，2011，『わざ言語 感覚の共有を通しての「学び」へ』慶應義塾大学出版会。なお，これから述べる能楽におけるわざ言語の研究としては，横山太郎，2016，「わざ継承の学を構想する―能楽の技法を中心とする学際的な研究のために」『能楽研究』40 号，pp. 161-174。同氏，2017-2018，「近代能楽のわざと表現（1）―（6）」『観世』pp. 84.5-85.1。などがある。

2）以下，能役者と兵法の関係については，表章，1976 年 1 ― 7 月，「能楽と武道」『武道』を参照した。

3）以下，引用文は，以下の所収本文を現代語訳した。林屋辰三郎，1973，日本思想大系『古代中世芸術論』岩波書店。

4）以下，禅鳳の伝書は，以下の所収本文を現代語訳した。表章・伊藤正義編，1959，『金春古伝書集成』わんや書店。

5）注 4，pp. 457-458。

6）たとえば，以下が代表的な研究である。石井倫子，1998，『風流能の時代 金春禅鳳とその周辺』東京大学出版会。石井は，蹴鞠の能と類似しない点（嫌ひ所）についても詳述しているが，紙面の都合上，本章ではその点には言及しない。

7）能と生け花の関係については，以下を参照。伊海，2011，「金春禅鳳の芸論といけばな」『切合能の研究』檜書店。

8）注 4，p. 470。

9 ）大森宣昌，1967，「武道と能楽─特に柳生家と金春家について」『立正大学教養部紀要』創刊号，pp. 1-74.

10）以下，武道伝書は，以下の所収本文を現代語訳した。今村嘉雄ほか編，1982，『日本武道大系』同朋舎出版。

11）前林清和，2007，『武道における身体と心』日本武道館。

12）市川浩，1975，『精神としての身体』勁草書房。ここで市川の研究を援用するのは，西村秀樹の研究（2019，『武術の身体論　同調と競争が交錯する場』）に触発されたからである。立合いに勝つためには，相手の間合いに合わせ，相手の動きになり切ることと，それと同時に相手の動きを見切りそれに応対することが求められる。西村は，前者を「同調」，後者を「競争」と位置づけ，それらの相互作用により，武術が成り立っていると考え，「水月移写」は「同調」から「競争」へと転換していくシステムであると読む。この西村の論は，市川の研究だけでなく，多岐にわたる身体論に基づいており，かなり複雑だが，本章で触れられなかった「間身体性」という考えだけここで紹介しておきたい。武道では「間合い」という言葉がある。〈私〉が敵と相対するとき，敵の呼吸や動きを感じながら「間」をはかるが，当然敵も同じように間合いを取る。つまり戦う場でも互いの「間」が重なり合うように共鳴するが，西村はこれを「『間身体性』が貫く世界」と言う。この「間身体性」はフランスの哲学者メルロ＝ポンティの思想に基づいている。この概念を説明するうえで，たびたび引かれるのが次のような例である。Aさんが B さんの手に触れ，「温かい」と感じたとする。それは B さんが A さんに"触れられた"ことによって生じる感覚でもある。このように〈私〉の感覚は他者のそれと相互的・循環的な関係性を結んでおり，それぞれの主体性が絡み合って自己と他者の共時的世界が成り立っているという考えが「間主体性」である。たしかに，〈私〉の身体を自己の内部に完結させない点は，先の武道伝書の記述と重なるが，武道は身体という存在そのものを問うているわけではない。身体論を一直線に芸にかかわる伝書の記述に結びつけるのは難しいが，技芸者がいかに身体と向き合っていたのかを考える端緒になるだろう。

13）弓術の歴史については，以下に拠る。石岡久夫，1993，『近世日本弓術の発展』玉川出版会。

14）日本思想大系『古代中世芸術論』所収本文を現代語訳した。

スポーツと性欲

廣瀬立朗

● スポーツをすると性欲が高まる？

　スポーツをすると性欲が高まる。健康系商業誌および健康系サイトでは，こうした特集がしばしば組まれ「精力を高めるスポーツ○選」といった記事が見られる。これらの記事は，運動によるテストステロンの増減と性欲を結びつけて論じていることが多い。

　テストステロンは，骨格筋および神経組織において，エルゴジェニック，同化，および抗異化作用をもつホルモンで，男性では，テストステロン値が低下すると，精力減退，筋肉増強・維持能力の低下，性欲減退が起こる。しかし運動によるテストステロンの上昇は，運動中と運動後のわずかな時間で，一過的なものに過ぎない。実際に疾患のない健康な男性において運動によるテストステロン値の上昇が男性機能を高めることを実証した論文はほとんどなく，日本語で紹介されたものもない。

　ここでは，その2013年に発表されたテストステロンと男性機能の関連を明確に記した論文を紹介することで，一般紙と最新の研究との異なる点について見てみよう。

● テストステロンと男性機能の相関を論じた Must アイテム！

　テストステロンが男性機能を高めることを証明したのは，フィンケルシュタインの「男性における性腺ステロイドと身体組成，筋力，性機能」という論文になる。この論文では，明確にテストステロンの服用による男性機能[1]の向上が確かめられている。

　ランダムコントロール実験で，20歳から50歳までの健康な男性
198人を被検者とした。まず全員にテストステロンを抑制する薬を
投与した。テストステロンを全員一時的に減少させている。

　プラセボゲル（偽薬）を服用させたグループと，1％テストステ
ロンゲルを1.25g服用させたグループ，2.5g服用させたグループ，
5g服用させたグループ，10g服用させたグループの5つに分けた。
これらすべてのグループに16週間毎日薬を投与した。テストステ
ロンを投与すると筋量の増加に伴って，体脂肪率に変化が見られる
ため，それらの値も同時に計測した。大腿筋面積の計測をすること
で筋量を計測した。また皮下脂肪面積についても計測している。加
えて，筋力はレッグプレスを用いて計測している。これらと同時に，
性欲と男性機能も同時に評価した。

　その結果，体脂肪率は，プラセボ投与群と，テストステロン
1.25gと2.5gの群で増加した。皮下脂肪も，プラセボ投与群と，
テストステロン1.25gと2.5gの群で増加。これは，テストステ
ロンの減少で脂肪量が増加したことを示している。

　除脂肪体重と大腿筋面積は，プラセボ投与群およびテストステロ
ン1.25g投与群で減少した。これは，テストステロンが減少した
ことにより，筋量も減少したことを示している。

　レッグプレスによる脚力の強さは，プラセボ投与時のみ低下した。
そしてテストステロンの投与量を減らすと，性欲と男性機能が低下
した。テストステロン容量依存的に体脂肪減少，筋量増加，男性機
能が回復することが示された（図1）。

　つまり，テストステロンが減少すれば，男性機能は低下する。な
お，セクシャル・デザイア（性欲）については，実験の前後で5段
階のアンケート（1．すごく減った，2．少し減った，3．同じ，4．
少し増えた，5．すごく増えた）を実施している。その結果から「テ
ストステロンが減少すれば，性欲も減少する」という回答が得られ

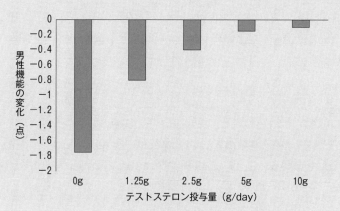

図1　テストステロンを抑制後に16週間服用させたときの男性機能の変化
服用させるテストステロン量が増えるほど男性機能は回復した。

た。こうした実証研究を踏まえることで，初めてテストステロンと
性欲の関係が論じられるのである。

● スポーツは性欲を減退させる？

　じつはスポーツと性欲については，日本でも戦前から論じられて
きた。ただし，戦前においては性欲を減じるためにスポーツが利用
されている（この点については第15章参照のこと）。

　抗生剤が普及する以前，性病は人類にとって脅威とされてきた。
1900年前後には，世界中でさまざまな対策が講じられている。こ
の脅威に対抗すべく，国際的な公衆衛生学の会議などが組織されて
いる。性病のなかでもとくに梅毒が最も恐れられた。性病は，性交
によってもたらされる。この時期から性教育の必要性が強調される
とともに，禁欲が必要以上に宣揚された。そして，性欲を減じるこ
とを目的としてスポーツが奨励されたのであった。

　実際に，スポーツと性欲の間になんらかの相関を見出すことは可
能なのだろうか。そもそも，そのような研究はあるのだろうか。

　「スポーツは性欲を減退させるか？」という問題について，ノースカロライナ大学が実施したアンケート研究がある。ハックニーらの「持久的トレーニングと男性の性欲」という論文である。

　その内容は，ジョギング，水泳，自転車の有酸素運動が性欲に与える影響を，アンケートを実施して検討するというもの。被検者は18歳以上の1,077名で，定期的に持久的運動をおこなっている北アメリカ在住の男性たちである。アンケート項目は，大きく3つに分かれている。1．ジェンダー（文化的性差）・既往歴に関する項目，2．運動に関する項目，3．性欲に関する項目となっている。

　2．運動に関する項目は，以下のようになっている。トレーニングの頻度（日／週），量（時間），強度，大会経験（マラソン，水泳，自転車），トレーニング年数および継続性，トレーニングの目的が問われている。

　3．性欲に関する項目は，性行為の回数，興奮の有無，欲求の有無，性的妄想（空想），充足感，親密さの要求度（人肌を求める度合），不妊の問題（無精子症・EDなど）が質問項目となっている。それぞれの質問は，各項目においてスコアがつけられるなど点数化されている。

　アンケート結果は，それぞれの項目で被検者を，低い・中間・高いに分類している。つまり，被検者の運動や性欲に関して，低い・中間・高いという3つのグループに分けて，運動習慣とセックス（性交）への関心やかかわりを比較している。

　その結果，持久的トレーニングの頻度，時間，強度がそれぞれ高い被検者ほど，性欲が減退していることが判明した（図2）。さらに頻度，時間，強度が中間あるいは低い被検者では，年齢を考慮しても，高い被験者より性欲が高い傾向があった。

　このアンケートから推定される強度の「高い」とは，最大酸素摂取量の70％以上を指している。20歳であれば，心拍数158以上

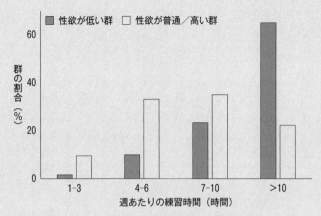

図2　週あたりの練習時間と性欲の関係
週あたりの練習時間が増加するに従い，性欲が低い群の割合が増加する。

（安静時心拍数を 60 とした場合）の運動強度である。これをわかりや
すくいえば，ジョギング中に息が上がって会話ができない，といっ
たレベルである。この強度でジョギングした際には，性欲の減退が
見られたということになる。頻度の「高い」は週 7 回以上，時間の
「高い」は週 10 時間以上となっている。

　この運動頻度，時間，強度と性欲の間には，相関があることがア
ンケート結果から判明している。ちなみに，この研究では激しい運
動がなぜ性欲を減退させるのかについては調べていない。

　「性欲の減退を目的としたスポーツの奨励」と前記したが，この
頻度，時間，強度からすると，単純化できないかもしれない。性欲
減退を目的とした場合の運動は，おそらく学校体育の時間内には収
まらないであろう。ちなみに，戦時下（昭和 12 年度）の高等科体練
科で男子週 6 コマ（1 コマは 40 分）だから，4 時間に過ぎないこの
程度で性欲は減退しないだろう。

　スポーツと性欲の相関についての論文は少ない。運動によるテス

トステロン値上昇と性欲を安易に結びつける議論がしばしばなされているが，問題があることもここで指摘しておこう。

【注】

1）ここでいう男性機能は，英語の「erection（勃起）」を指す。

【参考文献】

Joel S Finkelstein, Hang Lee, Sherri-Ann M Burnett-Bowie, J Carl Pallais, Elaine W Yu, Lawrence F Borges, Brent F Jones, Christopher V Barry, Kendra E Wulczyn, Bijoy J Thomas, Benjamin Z Leder, *Gonadal steroids and body composition, strength, and sexual function in men.* N Engl J Med. 2013 Sep 12 ; 369(11) : 1011-22.

Anthony C Hackney, Amy R Lane, Johna Register-Mihalik, Colin B O'leary, *Endurance Exercise Training and Male Sexual Libido.* Med Sci Sports Exerc. 2017 Jul ; 49(7) : 1383-1388.

おわりに

　コロナ禍で一年延期された東京オリンピック・パラリンピックは，2021 年 7 月から 9 月にかけて開催された。 3 か月間に及ぶ開催期間中の訪日者数は，94,700 人に上ったという。通常の観客動員数と比較すると激減ぶりが著しいが，これは大会委員会がコロナの感染拡大を防ぐためにとった方策であり，仕方のないことだった。無観客でおこなわれた競技は多かったが，大会が盛り上がらなかったわけではなく，世界中の人びとがメディアの前でアスリートの一挙手一投足に喜怒哀楽を爆発させた。

　東京での開催は，2013 年にアルゼンチンの首都ブエノスアイレスでおこなわれた国際オリンピック委員会総会で決定された。

　東京選出を受けて，政府はスポーツの世界展開に力を入れた。これには主に理由は二つある。一つは，2014 年から 2020 年までの 7 年間，開発途上国をはじめとする世界 100 か国以上の人たちに，世界のより良い未来のためにオリンピックとパラリンピック・ムーブメントを広げていく取り組み「Sports For Tomorrow」，通称 SFT である。もう一つは，1990 年代から世界各国が取り組み始め，2000 年代になって国連がそれらを集約し一元化した「開発と平和のためのスポーツ（Sports for Development and Peace）」，通称 SDP だ。二つの思想的背景が多くの部分でオーバーラップしていることは想像するに難くない。そしてこれらの理念を実現するための具体的実践の一つとして，政府が注力したのが青年海外協力隊の体育・スポーツ分野の拡充だった。

　日本の政府開発援助（ODA）を一元的に担い実施する機関である国際協力機構がおこなう海外ボランティアが青年海外協力隊で，その始まりは 1965 年に遡る。この年，ラオス，カンボジア，フィリ

ピン，マレーシアに計26名が派遣され，その歴史がスタートした。現在と当時は社会状況がまったく違っていて，日本人が海外に行くということが非常に稀だった時代に，政治・経済・治安が不安定で，マラリア・赤痢・コレラなどの病気が日常的に発生していて，言語・習慣・価値観がまったく異なり，インフラは脆弱で物質的には貧しい社会に単身で飛び込んでいく行為は，文字通り命懸けの実践だった。初期の隊員たちは，「日本の地を踏むことは，もう二度とないかもしれない」と決死の覚悟で出発したという。

なぜ1965年だったのか。

1945年，全土が焼け野原になった第二次世界大戦がようやく終わり，そこから猛烈な戦後復興を果たした日本は，1964年に初めてのオリンピックとパラリンピックを東京で開催した。こうして経済復興に区切りをつけた日本が次に目指すべきもの，それが国際化だった。オリ・パラというメガイベントはグローバリゼーションの体現そのものであり，ひと・もの・資金・情報のダイナミックな流動化は，鎖国時代のように他国との交流なしに一国が存立できる状況を許さなくなっていたからである。

さらにまた，なんの資源ももたない日本が国際社会で生き抜いていくためには，他国から原料を輸入し，製品化して輸出する貿易に活路を見出すしかなかった。国際化はいわば至上命令だったのだ。

このような時代を経て現在に至るまで，青年海外協力隊は世界各地での草の根活動を通した国際協力に貢献してきた。これまでの派遣国数は93，派遣ボランティアは46,640名に上る。そのうちの4,255名が体育・野球・柔道・バレーボール・卓球・水泳などの体育・スポーツ隊員である（JICAホームページ，2023年9月1日現在）。国際協力の柱の一つなのだ。

当該分野に注力するという傾向は，東京開催が決まる前後から一気に加速した。2010年頃，協力隊の派遣人数に占める体育・スポ

ーツ隊員の割合は年5％を超える程度だったが，2015年には15％を超え，2017年には20％程度まで急上昇したのである。

これは「東京2020をなんとしても成功させる」という政府の強い意志を表したものだ。日本の若くて専門性の高い人材を世界の開発途上国に派遣して，草の根からスポーツを普及・発展させる。彼らの活動によって現地社会のスポーツ熱は高まり，その楽しさと教育力・政治力・経済力・平和力などを再認識する。ひいてはそれが東京2020への関心を高め，大会の「成功」へとつながっていく。

つまり，スポーツはもはや単なる身体活動でもなければ，遊びでもない。それらを超えて，国際政治・世界平和・グローバル経済・基本的人権・地域活性化・環境・医療・福祉・人びとの生きがいなどと関連する，社会にとって必要不可欠なピースとなっている。

スポーツによって社会が変化する。それによってスポーツ自体も変化していく。両者は，再帰的な循環関係にある。

このようなスポーツのダイナミズムと現代的な機能を踏まえつつ，スポーツという日常的実践を通して私たちがいま生きている社会を考えてみる。これが，本書が目指したことである。本書を読んで，これまであなたが思っていたものとは異なる社会やスポーツのカタチがチラリとでも見えたとしたら，それは執筆者全員の望むところである。

最後に，今回も前書の『スポーツをひらく社会学』と同様，嵯峨野書院にはたいへんお世話になった。とくに鈴木ちよさんにはご苦労をおかけした。ここに記して謝意を表したい。どうもありがとうございました。

大野哲也

索　引

執筆者一覧

（＊印編者，執筆順）

＊大野 哲也（おおの てつや）／桃山学院大学社会学部教授　　　　　　　第 1 章

　福浦 一男（ふくうら かずお）／桐蔭横浜大学スポーツ科学部准教授　　第 2 章

　木島 由晶（きじま よしまさ）／桃山学院大学社会学部准教授　　　　　第 3 章

　井口 祐貴（いぐち ゆうき）／桃山学院大学法学部講師　　　　　　　　第 4 章

　大西 史晃（おおにし ふみあき）／桃山学院大学経済学部講師　　　　　第 5 章

　木原 弘恵（きはら ひろえ）／桃山学院大学社会学部准教授　　　　　　第 6 章

　水野 英莉（みずの えり）／流通科学大学人間社会学部教授　　　　　　第 7 章

　北村 也寸志（きたむら やすし）／西宮市立西宮東高等学校非常勤講師　第 8 章

　福井 元（ふくい げん）／日本体育大学スポーツ文化学部助教　　　　　第 9 章

　周 重雷（しゅう じゅうらい）／法政大学国際文化学部兼任講師　　　　第 10 章

　松本 直也（まつもと なおや）／桃山学院大学経済学部准教授　　　　　第 11 章

　竹内 靖子（たけうち やすこ）／桃山学院大学社会学部准教授　　　　　第 12 章

　水流 寛二（つる かんじ）／特定非営利活動法人キャンビズ代表理事　　第 13 章

　高井 昌吏（たかい まさし）／東洋大学社会学部教授　　　　　　　　　第 14 章

＊今泉 隆裕（いまいずみ たかひろ）／桐蔭横浜大学スポーツ科学部教授　第 15 章

　中川 千草（なかがわ ちぐさ）／龍谷大学農学部准教授　　　　　　　　第 16 章

　伊海 孝充（いかい たかみつ）／法政大学文学部教授　　　　　　　　　第 17 章

　濱田 武士（はまだ たけし）／総合地球環境学研究所研究員　　　　　　コラム 1

　堂本 直貴（どうもと なおき）／京都大学文学部非常勤講師　　　　　　コラム 2

　雨森 直也（あめもり なおや）／大理大学民族文化研究院副研究員（准教授）　コラム 3

　廣瀬 立朗（ひろせ たつろう）／桐蔭横浜大学スポーツ科学部准教授　　コラム 4

社会をひらくスポーツ人文学
　　——身体・地域・文化　　　　　　　　　　　《検印省略》

2024年3月25日　第1版第1刷発行

編 著 者　　今　泉　隆　裕
　　　　　　大　野　哲　也

発 行 者　　前　田　　　茂

発 行 所　　嵯　峨　野　書　院

〒615-8045　京都市西京区牛ヶ瀬南ノ口町39　電話(075)391-7686　振替01020-8-40694

© Imaizumi, Ohno, 2024　　　　　　　　共同印刷工業・吉田三誠堂製本所

ISBN978-4-7823-0624-6

スポーツをひらく社会学
―歴史・メディア・グローバリゼーション―

今泉隆裕・大野哲也 編著

社会でさまざまな「問題」を引き起こしている諸要素を社会学的に紹介しながら，スポーツを再検討するという「逆からの視点」を採用。多彩な分野の専門家を迎え，テーマからスポーツを考える。スポーツの最前線を学びたい人はもちろん，スポーツに興味はないが，社会学に関心がある読者にも役立つ一冊。

四六・並製・374頁・定価（本体2900円＋税）

ライフストーリー・ガイドブック
―ひとがひとに会うために―

小林多寿子 編著

珠玉のライフストーリー約90点を66人の研究者が丁寧に紹介。生き生きと描かれるライフストーリーのおもしろさ，奥深さ，豊かさが，きっとあなた自身のライフを深く見つめさせてくれるはず。

A5・並製・414頁・定価（本体3200円＋税）

系譜から学ぶ社会調査
―20世紀の「社会へのまなざし」とリサーチ・ヘリテージ―

小林多寿子 著

主に20世紀を通しておこなわれた社会調査の系譜をたどり，これまでどのような社会調査がいかなる方法でおこなわれてきたのか，何が明らかにされてきたのかを知ることによって，社会調査とは何かを理解することを目指したテキスト。

四六・並製・158頁・定価（本体1600円＋税）

嵯峨野書院